马背上的江山

王开 著

中国工人出版社

图书在版编目（CIP）数据

马背上的江山 / 王开著. —北京：中国工人出版社，2020.4
ISBN 978-7-5008-7406-5

Ⅰ. ①马… Ⅱ. ①王… Ⅲ. ①女真—民族历史—研究—中国 Ⅳ. ① K289

中国版本图书馆 CIP 数据核字（2020）第 059947 号

马背上的江山

出 版 人	王娇萍
策划编辑	葛忠雨
责任编辑	刘广涛
责任印制	黄 丽
出版发行	中国工人出版社
地 址	北京市东城区鼓楼外大街45号 邮编：100120
网 址	http://www.wp-china.com
电 话	（010）62005043（总编室） （010）62005039（印制管理中心） （010）62379038（社科文艺分社）
发行热线	（010）62005996 82029051
经 销	各地书店
印 刷	三河市国英印务有限公司
开 本	710毫米×1000毫米 1/16
印 张	17.75
字 数	290千字
版 次	2020年7月第1版 2020年7月第1次印刷
定 价	48.00元

序

英雄自有一片山水

中国历史上最后的封建王朝是清朝，它曾经创造了华夏实际管理最大的疆域版图（1300万平方公里），14亿中国人都知道这个概念。但在14亿人当中，知道赫图阿拉的人寥寥无几，至于清王朝与赫图阿拉的关系，说得清楚的掰着指头也能数过来。这看似夸张的说法，其实建立在尴尬现实的基础上。其原因在于，清朝给中国投射的光影太大，而赫图阿拉又太小，小到莫说出山海关，即便在辽宁省内，很多人也不关注它。

许多年来，赫图阿拉就这么埋没着，然而你若稍稍走近长白余脉尾部这条狭小的河谷就会发现，这一片山水带着英雄气质，它的封闭与落后，恰恰培养出了一种精神张力，这里的人生性勇猛而顽强，讲义气、慷慨、乐观，待人处事从大局出发，懂得以一时隐忍换取长远利益。因此，渺小的赫图阿拉干了一番惊天动地的大事，时间、坐标为明中叶万历前后，也就是历史上著名的建州女真部落起义。最初，作为统治中国百余年的明王朝，并未把贫穷而羸弱的边地少数民族组织起来的武装力量放在眼里，紧接着在一场接一场的战争中，骄傲的明王朝逐渐发现，这是一股洪流，而导引这股洪流滚滚向前的，是其中智慧超拔的领袖，他们是骨子里的政治家、军事家，不畏对手，精于谋略，且肯于吃苦。最重要的是，他们懂得团结可以赢得一切。后来的事实证明，他们不用熟读兵书，依靠天才加奋斗就夺取了全局性的胜利——从赫图阿拉的河谷出发，冲出辽沈平原，攻入山海关，进北京，建立大清朝。

这是北纬41°、东经124°地理线上一个完整的故事。它需要有人去挖掘并讲述，用文字呈现这片山水的草木，民族性格的来源，以及他们共同发力所锻造出的文化。这些文字集合起来，就是一本《马背上的江山》。事到如今，我早已摒弃了狭隘的民族观，也没有想无限拔高它，作为赫图阿拉的一分子，我写几百年前的人和事，是他们给予我的荣誉，我感谢他们。

我想每个人的一生都不平静，如果我们能够像他们一样，每个人都有可能成为英雄。同时，一个不可忽略的规律是，英雄产生于群体，他们是向心力和凝聚力，是灯塔，也是方向，一个国家有这样的英雄，那是人民的福气。

这一次，还要特别感谢中国工人出版社编辑的辛苦订正，让这本书得以面世。

王开

2020年4月

目录

一座城的味道

明万历三年（1575年）七月，太阳照耀着通往北京的泥土路，一队士兵机械地在尘埃中移动，他们不敢在长途跋涉的劳累中懈怠，人人强打精神，看押队伍中的囚车。囚犯形销骨立，披枷戴锁，刑罚和令人崩溃的站立销蚀了体魄，但那双隐藏在乱发后的眼睛，仍如鹰隼般锐利。量身定制的木笼卡住囚犯，他不得不保持僵硬的姿势，朝末日步步逼近——囚禁木笼内的重犯，是努尔哈赤的外公王杲……

一

太阳照耀着通往北京的泥土路，一队士兵机械地在尘埃中移动，他们不敢在长途跋涉的劳累中懈怠，人人强打精神，看押队伍中的囚车。囚犯形销骨立，披枷戴锁，刑罚和令人崩溃的站立销蚀了体魄，但那双隐藏在乱发后的眼睛，仍如鹰隼般锐利。量身定制的木笼卡住囚犯，他不得不保持僵硬的姿势，朝末日步步逼近——从历史长镜头闪回，调阅一下资料就知道，这件事发生于明朝万历三年（1575年）的七月，囚禁木笼内的重犯，是努尔哈赤的外公王杲……

公元2007年8月，辨着四百三十年前咯吱咯吱的车轮声，笔者在龙岗山访巡古勒城的旧日风云。时值正午，烈焰当空，烤得人像一根暮秋的野草。周围是静态的，偶尔吹一阵风，驱散浑身的燥热。黄沙小径两旁盛开着淡紫色雏菊，折几枝，放在鼻子底下嗅，便嗅出一个人的味道：王杲是古勒城第N代城主，官称建州都指挥，有关此人的个性描述是这样——“王杲，不知其种族，生而黠慧，通番、汉语等文字，尤精日者术”。

史载的“不知其种族”，指隶属部落。首先确认，王杲系女真族，骨子里生就的聪敏，又不乏狡黠。尤其难得的是，在文化荒漠的东北地区，他有机会接受良好的教育，凭着一股子聪明劲儿，居然学得不坏，“通番、汉语等文字”。此外，他还受人指点，精通高深莫测的相术。

这位建州都指挥的身世还有另一种版本。据说，他是凡察指挥使（努尔哈赤五世祖董山的叔叔）的后裔。凡察指挥使和亲侄子董山为争印闹得不可开交，明中央政府为平息风波，从左卫中分离出右卫，凡察指挥使领一部分人移居古勒城。

在明中央政府的干预下，建州卫、建州左卫、建州右卫三家割据，原系一家的女真人在苏克苏浒河流域划清界限，三足鼎立，人口、经济发展缓慢。明中叶，刚刚复苏的女真人经历“成化之役”，地方势力瞬间衰颓，建州右卫在大趋势影响下，走入低谷。这种状况维持到努尔哈赤的太外公，王杲父亲的一辈有所改善——这是未经考证的野史。说王杲父亲在五女山（桓仁县，高句丽王城遗址）虎口救下海西女真哈达部酋长的性命。海西女真有明朝罩着，日子比较好过。为答谢虎口夺命之恩，哈达部从经济入手，援助建州右卫，使这支女真逐渐走向兴旺。

事情的真伪尚有待考证，但说明建州右卫与哈达部的关系由来已久。王杲与哈达部酋长王台结亲，招惹明政府“跑路”后，就是哈达部提供的旁证。

二

努尔哈赤和外公的汉文化教育，都与明将有关。不同的是，外祖父师从抚顺御史张学颜，努尔哈赤得益于李成梁。但努尔哈赤的启蒙教育，归功于外祖父。早在嘉靖年间，张学颜御史和努尔哈赤的太外公私交就不错，汉官与少数民族酋长相处，图的是利益，譬如弄点上等人参、貂皮。而女真人则有点巴结的意思——明中央的高压政策悬在头顶，不采取迂回措施，讨生活异乎艰难。即使仰人鼻息，女真“贵族”的生活也较窘困，小到针头线脑，大到犁铧耕牛，无一不是边贸内容。具体地说，打破的粗瓷碟或粗瓷碗，焗了又焗，缺口像锯齿一样，也舍不得扔掉。

在佛阿拉旷野，曾找到几块粗瓷残片，从三道深蓝镶边和材料质地，能看出新兴政权下人们生活的日常场景。外孙尚且如此，酋长外公的情形也大致相同。日用品稀缺，迫使但凡有点本事的女真首领，都明里暗里地攀附边关汉官，期望在集市贸易中获利。铺垫了这个背景，张学颜和王杲友情的建立基础就容易理解了。王杲到张御史家长住，学习汉文化，也变得自然而然。这也是他的汉名“王杲”的由来。实际上，他姓“喜塔腊”，意为“岸边结网处”，名阿突罕。

王杲在张御史家住了几年，又跑回古勒城。他的跑，和外孙星夜逃离李成梁家性质不同——王杲的父亲屡犯边境，被明边将追杀，作为儿子，他必须收拾残局。努尔哈赤亡命奔逃，是因爱慕他的李成梁小妾给其通风报信，两人各骑大小青马，摆脱了李成梁的魔掌。

再说王杲，建州右卫乱成一锅粥，他只能挺身出来整顿秩序。不久，他上奏朝廷，要求承袭父职。毛遂自荐的信函投递到明朝中央，立即被予以肯定答复。从此，建州右卫走上强盛之路，王杲名声大噪。

努尔哈赤的爷爷在这段时间，和王杲结为儿女亲家。说起这桩婚姻，努尔哈赤的爷爷——觉昌安做了周密考虑。其时，建州左卫指挥使的桂冠已戴在努尔哈赤的爷爷头上，但建州左卫经济基础薄弱，穷则思变，联姻是脱贫致富的快速道路。于是，王杲成了努尔哈赤的外公。为了进一步巩固姻亲，努尔哈赤的爷爷又把孙女嫁给王杲之子。自此，爱新觉罗家族与喜塔腊氏家族的血缘之亲，凌乱而牢不可破。

有一个脑筋灵活的爷爷，一个精明强干的外公，努尔哈赤想不出息都不成。

三

站在古勒城眺望，东来的苏克苏浒河分成两条支流，流过胜利村，在古楼村汇合。“岸边结网处”的王杲，姓氏灵感就产生于这条河。一个“网”字，让人遐想四百三十年前河水的浩荡。俗话说靠山吃山，靠水吃水，王杲的资本积累，从水开始。

王杲是极具号召力又有点响马似的人物，从父亲手上接管古勒城后，做的第一件事就是加固城堡。然后，他抢占赶马河（苏克苏浒河）水上运输线。这条运输线非常重要，它是连通建州与抚顺关的唯一水路，谁拥有它的控制权，就等于开拓了一条致富路。而他所在的古勒城，恰好位于建州与抚顺的咽喉，凡参加边贸或进京朝贡的女真，谁都绕不过他。这样，他占据水上和陆路的双重优势，成了暴发户。

王杲的势力壮大后，想依附的人趋之若鹜。努尔哈赤的爷爷棋高一着，和王杲结为儿女亲家。不过，喜塔腊氏命短，生下三个孩子后撒手人寰。王杲还没有从丧女的悲痛中解脱，亲家登门拜访，支支吾吾地说出原委：“你女婿续弦，娶了个刁蛮女人，悍妇在爱新觉罗家耍大牌，长辈不尊，平辈不仁，虐待你外孙，我想……孩子到你这里来，最安全不过，我做爷爷的也就放心了。”

不看僧面看佛面，再怎么着，外孙身上也流着喜塔腊家族的血液，不能让他受气。虽然对亲家公不满，但出于爱心，王杲还是把外孙、外孙女接到了古勒城。

王杲对长外孙努尔哈赤格外疼爱，着力栽培，把汉文化积蓄悉数传教给他，当起未来帝王的启蒙之师。那时候他没有想到，自己死后，残酷的现实将把外孙磨炼成人龙。

在外公家，努尔哈赤打开知识视野，阅读了《三国演义》和《孙子兵法》，这些书籍，引导他进入奇妙玄奥的排兵布阵世界。而外公号令建州，一呼百应的强悍，也在潜移默化地影响着他的成长。这也是努尔哈赤与中国历史上其他开国帝王的迥异之处——少年时期参悟了权谋技巧，兴兵后结合实战，更易发挥运用。

食同桌，睡同寝，少年时期的努尔哈赤与外公形影不离，在他的眼里，外公的野心颇大，不是小富即安的人，外公认为，建州乃至整个女真都该归他管辖。但军费开支亟待解决，单靠收过路费行不通，得另外寻找突破口。鉴于此，王杲将敛财的目光投向明边界和辽东马市。

古勒城视野开阔，四周地势平坦，北面的莲花山隔着苏克苏浒河支流，城与山隔河相望；正西方的古楼村，因一座不知建造年代的钟楼而得名。沿村前公路，翻过岭，再走百余里，过萨尔浒水库，就会到达抚顺关。这条路，既是王杲的致富路，也是夺命路——他穿梭于这条路，抢劫目标聚焦在抚顺、沈阳、辽阳、孤山，不但抢边民财物，还诛杀汉官。嘉靖四十一年（1562年），王杲一次性就诛杀了十名边官。

如果大明法纪严明，只残害边官一桩罪也够判死刑，辽东军区最高指挥官下张通缉令就能要他的项上人头。但大明王朝的皇帝们，对于爱挑衅闹事的少数民族，惯施打一巴掌又给个甜枣的小伎俩。看似高压，其实是一定程度的放纵。所以，王杲猖狂行凶，明朝辽东军区并未予以痛击。

王杲就是瞅准时机，连明朝降民都敢光天化日下哄抢——有一伙女真人投奔明朝，王杲听到消息，跑到开原阻截，跟边官动武要人。边官不给，王杲率领近千骑兵进犯清河，不过，半路遇到伏击，没占着什么便宜。

细究王杲的性格，缺少外孙努尔哈赤的精明，羽翼未丰，先露狰狞。他抢边犯境，扰乱关市，极尽藐视明朝中央政府之能事。《清史稿》载，有一回，他贡马时耍酒疯，“王杲尤桀骜，据酒饮，至醉，使酒箕踞坐骂”。王杲醉翁之意不在酒，是在发泄心中对边官腐败贪婪的痛恨。他那次贡马，非瘸即瘦，都是淘汰的末流货。耍酒疯、贡劣马，王杲挨了一顿痛斥，心生恨意，纠结一批人，杀掠塞上。这时候，老师张学颜升迁至辽东巡抚，恼怒呕心沥血教导的学生作奸犯科，遂招王台，并下死命令，叫王杲归还劫掠的人、财、物。

王杲惧怕王台，心不甘情不愿地送回汉民。一物降一物，王杲怕王台，是因为他不具备相应的实力。王台曾拥有敕书五百道。嘉靖年间，敕书多寡象征财富多寡，王杲没有王台的敕书多，自然屈居其下。但王杲生性好斗，不安现状，敕书也是流动的，后期，他的实力日益增强，也曾挟制敕书五百道。努尔哈赤的爷爷仅有三十道敕书，脑筋活泛的他才想出结亲计谋。王台与王杲，其实就是在争夺敕书中结了仇。

四

万历皇帝登基第二年（1574年），王杲故伎重演，这一回，他诱杀了抚顺守备裴成祖。事情起因于建州的几名女真人逃往抚顺请降，王杲手下有将名来力红，为便于记忆，我们称他来力士。来力士闻讯，追赶到抚顺讨要，守备裴成祖不给。来力士一急眼，纵骑劫掠五个汉民。一报还一报，裴成祖变成受害方，问来力士要人，来力士也拒绝。裴成祖追讨，率三百骑兵包围古勒城。抚顺守备很理智，只围城，没轻举妄动——他想一网打尽。

事发时，王杲不在古勒城中，他带着二百匹马，三十驮土特产，正赶往进贡的路上。他闻知家里变故，贡也不进了，策马驰归。王杲毕竟诡诈，回到古勒城，施放了一颗烟幕弹：“将军幸毋畏。仓卒闻将军至，皆匍匐愿望见。”多年打交道，裴守备熟悉王杲的禀性，这颗烟幕弹没有让他迷糊。相反，他果断下达作战命令，三百多明军和女真兵零距离胶着。交锋的结果是，双方伤亡人数相当，但明军显然吃了大亏——裴守备和把总、百户尽皆丧命在来力士手上。

在巡抚张学颜看来，中原泱泱，地大物博，抢一点本无大碍，不闹出大事，政府会睁一只眼闭一只眼。但若诱杀官员，娄子无疑捅大了，会视你为颠覆国家，哪有不兴师问罪之理？但张学颜似乎太偏爱学生，本次大案，只作“绝贡市”草草了结。

即使重罪轻罚，王杲也扛不了多久。集市是建州女真的给养补充渠道，不许参加边贸，性质就像现在的贸易出口国被全面封禁出口，无法换取外汇，生存将受到威胁。于是，反贸易活动愈演愈烈。王杲也是，一城人吃不饱肚子，作为酋长，不会坐以待毙。他纠结土默特等部落卷土重来，大肆侵犯辽阳、沈阳，把辽东局势搅得乌烟瘴气。这样的顽固分子，无论是地方政府，还是地方军事机构，都不能再掉以轻心。此时，辽东军区最高指挥官换成了李成梁，他调集六万人马，血洗了古勒城，不过王杲及两个儿子在战乱中逃脱。

王杲最终被缉拿归案，还是亲家王台出卖了他，并派亲兵押往京城——城毁家败后，王杲逃到王台家避难。王台一向忠顺于朝廷，加之总兵李大人许以重金。见利忘义是人的劣性，得到宣谕后，王台和长子虎尔罕商议，放还是抓。虎尔罕的贪婪胜于其父，他握紧拳头，狠狠地晃了两晃，说：“无毒不丈夫，王杲素来与我们有仇，趁此机会，解决了他，又赚朝廷赏银，何乐不为。”王台阴森一笑。爷儿俩摆一道鸿门宴，王杲蒙在鼓里，乐颠颠地喝酒吃肉，喝到醉意蒙眬时，虎尔罕一递眼色，家兵一拥而上，抓了王杲。

按李总兵的允诺，王杲妻孥转赠王台。也就是说，努尔哈赤姥姥辈的女人，早侍阿突罕，夜睡王台侧。这般奇耻大辱，哪个血性男人不得咬断牙根，伺机复仇。这也是努尔哈赤与王台的矛盾根源。

王杲时期，修筑古勒城花了很多工夫。所以，李成梁围剿他浪费了不少脑细胞，最后用原始省力的火攻，才摧毁了坚固的防御。城陷，军民尽数被杀，其中包括来力士。来力士的死，引出努尔哈赤舅舅、祖父、外祖父的死。如果说，第二次古勒城之役是女真与大明王朝战争的导火线，那么，来力士之死，则是燃点。

凭王杲的机智，在迢迢进京路上，在饥渴和伤痛的煎熬中，他一定会反思自己的糊涂——不该参与策划和纵容来力士屠戮边官。你可以杀人如麻，杀人不眨眼，杀人越货，但谋害辽东守军的官员不行。这和抢掠财物是两个性质。

古勒城的应战措施，没什么精妙的战略战术，只是凭借险要死守。史载，古勒城修筑得甚为坚固。笔者不以为然——渤海国残存的墙基够惊人，城墙厚度难以想象，不是照样被契丹所灭，一把火烧得净光？一个小山寨，人力物力有限，所谓坚固，无外乎石头墙垒砌得高一点儿，木头桩子埋得深一点儿，寨子里的人口密度大一点儿罢了。这么点儿实力，应付女真部落绰绰有余，但想和大明王朝玩硬的，等于拿鸡蛋碰石头。

机智狡黠的王杲，玩智力游戏的水平与外孙相去甚远，甚至不可同日而语。或者说，外孙吸取外公的经验教训，在1587年至1616年漫长的时间跨度内，不停地打打杀杀，但就是不和大明王朝硬碰硬。

五

灭绝性的屠戮，再密也疏。古勒城惨案看似结束，实质是下一次的预演。山寨荒芜没多久，便再现生机——王杲的儿子回城，哥儿俩在废墟上重筑山寨，召回逃走的部落遗民，复垦狩猎，恢复生活秩序。

有了血的教训，王杲的儿子们开始变得俯首帖耳，不像父亲那样扰边。辽东守军逐渐放松警惕，任他们重建家园。但在今天来看，辽东守军低估了古勒城女真的少壮派的野心，他们其实在聚集实力，一旦时机成熟，元气充沛，劫掠将是疯狂的、报复性的。

古勒城第二任城主叫阿台，他的弟弟在沙济城，与兄长遥相呼应。史载的沙济城地理位置模糊，站在古勒城眺望，也难觅踪影。好在它是这段历史戏的配角，无关宏旨。阿台，努尔哈赤的亲舅舅，超越来力士的勇，不抵父亲的智，受替父报仇的信念蛊惑，没多久就重蹈犯边覆辙。

古勒城新生派来势汹汹，骑兵横扫抚顺、开原乃至沈阳，一路深入汉军守地，肆意掠夺，烧杀不断。所到之处，汉军无可匹敌，人人闻风丧胆。阿台威胁边境安全，终于上了辽东守军的黑名单。但他对此无所顾忌，一味率军东突西驰，掳获汉族人口充当奴隶，抢夺财物以充军需。

阿台终于让大明王朝头大了，咬牙跺脚地要对他严加制裁。制裁的手段，是一贯采用的老办法——擒贼先擒王，捣毁老巢。于是，古勒城再次陷入危机——明军围剿山寨，阿台及城内百姓被困。

大难降临，谁能力挽狂澜，出面摆平这次流血冲突事件？一对父子充当了中间人的角色——建州左卫首领觉昌安及其子塔克世。父子俩十分不愿蹚这趟浑水，努尔哈赤的祖父圆滑老练，性格中缺乏亲家公的桀骜、反叛，任一方诸侯期间，从无犯边劣迹。他的个人信条里面，一切以朝廷意志为转移，又尽量不伤害本族利益，在中央和地方之间，主权和从属之间，他左右逢源。而长孙努尔哈赤的性格，综合祖父和外公两个人的优点，所以成就大业。当然，这是以后的事。我们还得关注努尔哈赤的祖父和父亲，为什么在别人避之不及时来到古勒城。

实在没有办法，他们的孙女、侄女都在古勒城——很长一段时间，女真人内流行混乱的婚姻制度，长辈娶小辈，内亲互相嫁娶，诸如阿台与爱新觉罗家族的复杂关系——塔克世是阿台的姐夫，阿台的妻子是塔克世的侄女、觉昌安的孙女。塔克世的儿子努尔哈赤，既是阿台的外甥，又是阿台的内弟。如此层层交错，构成严密的亲缘网络。他们究竟出于何种目的？事实是，女真混乱的婚姻制度，源于动荡的时局下，他们出于生存艰难的考虑。部落与部落，部落与外族的厮杀，力量不足将占下风，甚至遭灭顶之灾，只有联合对抗才能产生作用。而联合对抗最可靠的保证就是缔结婚姻。亲上加亲，亲戚套亲戚，你我难分彼此，外人才不敢轻易窃取。努尔哈赤起兵后，全盘照搬这一习俗，频繁与部将、蒙古等结亲，形成庞大的姻亲网络，就是为了捕捞明王朝这条大鱼。

努尔哈赤的祖父和父亲介入古勒城战事，是受人之托——总兵李成梁考虑到建州左卫的政治影响，以及左卫与右卫的关系，采纳图伦城主尼堪外兰的歪主意，请父子俩出面劝降阿台。

李成梁偏听偏信，没料到另一颗棋子——图伦城主尼堪外兰，实则垂涎左卫指挥使由来已久，想利用左指挥使父子进城劝降之机借刀杀人。尼堪外兰，向来有依靠朝廷辖制建州之志。怎奈先有王杲，再有觉昌安父子，建州之主的桂冠很难戴在头上，这次尼堪外兰认为是天赐良机，于是自荐向导，其用心相当阴险。他双管齐下，一是用李总兵之威诱逼觉昌安父子劝降，二是在城外喊话，扰乱民心。略施小计，这两个目的就轻松实现。剩下的，是直捣黄龙。尼堪外兰作茧自缚，机关算尽，没想到努尔哈赤会在之后追杀自己，最终自己失去利用价值，被明廷出卖。

六

觉昌安父子俩冒险去古勒城，一是迫于李成梁之托，二是舐犊情深，不忍自家骨肉冤死。

受人之托虽违背意愿，但救自家骨肉义不容辞。觉昌安父子心情复杂，进入古勒城，看见孙女像一只受惊的兔子。觉昌安心疼地抱住她，塔克世眼角潮湿，安抚侄女。侄女放声号啕，挣脱爷爷的怀抱，叫他们马上离开。任务没完成，父子俩怎么走？他们要见阿台一面，陈明利害，保住全城老少的性命。但侄女拼命赶父子俩走，两人还没解其中深意，阿台就走了进来。

阿台怒气冲冲，横眉立目，拔刀相向，咒骂福晋的两位亲人狡诈。未待觉昌安父子明白，人已被绳索捆绑——这是尼堪外兰的连环计。在觉昌安父子进古勒城之前，尼堪外兰就暗地送信给阿台，说觉昌安劝降是为了窃取建州右卫的名号和属地。阿台信以为真，所以一见着父子俩的面，立即予以扣押。

两人进城后，尼堪外兰再施毒计，进言李总兵：阿台之罪，投降朝廷也是一死，觉昌安是阿台的爷爷丈人，他肯于真心劝阿台投降吗？觉昌安父子老到精明，万一识破意图，跟阿台一起造反呢？ 李成梁冷汗直冒，懊悔劝降计划的冒失。尼堪外兰观察到李成梁的犹疑，再进言先下手为强。毒招早已思谋好，只消轻轻说出来。果然，李成梁默许。明军让尼堪外兰向城内喊话。尼堪外兰站在城墙外，大喊：快投降吧，总兵大人说，谁杀死阿台，谁做城主。古勒城顿时陷入内乱。李成梁伺机放火箭，城里火起，满地哀号声。混乱中，阿台、觉昌安父子被杀——努尔哈赤和尼堪外兰的血海深仇，就此结下。

古勒城之役，努尔哈赤因祸得福，失去父祖而换来指挥使大权，为他登上历史舞台提供了契机。他利用政治身份做资本，囤积财富，招兵买马，在征战中拓展地盘。

草根下的王城

佛阿拉是努尔哈赤创业时期的转折点，在历尽劫难的王城里，他的能量得到最大限度的释放。他没有丰富的知识储备，却网罗了一大批优秀人才，为其舍生忘死打天下；他没系统钻研深奥的兵法理论，战争是最好的课堂，带出一支军纪严明、勇敢善战的军队；他为拓展领土、施展抱负，宁可把女儿当筹码交易；他又堪称改革家，大刀阔斧地进行政治制度的改革；关注文化，倡议发明满文。他既精于策划分裂，又善于搞团结，不屈者兵戎相见，臣服者大肆笼络。

一

拉开中国历史的胶片，显现一个王朝的两张遗照。一张是迟暮的它坐着罗圈椅，垂垂老矣，鸠形鹄面；另一张罗圈椅上的它是个婴儿，眼神晶亮，活泼健康。第一张照片，拍摄地点在河北，背景是承德避暑山庄；第二张照片，拍摄地点在东北，背景是赫图阿拉西南的鸡鸣山。

两张底片的主角，是压轴封建史画卷的清帝国。中国从先秦、秦汉、三国两晋南北朝乃至辽、金、西夏、元、宋、明，没有哪一段历史像清帝国的遗照这样如此耐人寻味。

坐落于兴京罗圈椅的城堡叫佛阿拉，这座古城堡比赫图阿拉资历深，隐藏得更深。

公元1438年六月，女真酋长李满住跋山涉水，投向佛阿拉的怀抱。李满住的老家居图们江上游，爷爷叫阿哈出，元末明初女真的著名首领之一，初为胡里改部落首领。阿哈出的女儿风华绝代，燕王朱棣北征蒙古到图们江，倾心于她，纳为妃子。燕王继位，阿哈出摇身一变，做了国丈。成祖赐他汉姓李，全名李诚善。爷爷改姓，儿子、孙子一以贯之，从此一族流着女真血液，姓着汉族姓氏。永乐元年（1403年），明王朝在胡里改部设建州卫，国丈阿哈出任指挥使。

李满住的父亲是阿哈出的长子，母亲是斡朵里部落酋长猛哥帖木儿的妹妹。斡朵里部与胡里改部互相通婚，两部亲上加亲，关系密切。因此，明成祖朱棣说："猛哥帖木儿，皇后之亲也。"永乐三年（1405年），成祖遣使诏谕猛哥帖木儿入京，授予建州卫指挥使，与阿哈出为明王朝同驻边关。永乐八年（1410年），女真人多归附明王朝，朝鲜地方不满，制造"毛怜卫土门惨杀案”。猛哥帖木儿兼管毛怜卫，与朝鲜军血战数月，伤亡惨重。永乐九年（1411年），迫于朝鲜压力，猛哥帖木儿率部西迁，流徙至凤州（今吉林梅河口山城镇北）。永乐十年（1412年），明王朝组建建州左卫，猛哥帖木儿任指挥使。

辖建州左卫的猛哥帖木儿，并不是政治俊杰，而是各派势力竞相争取的一方枭雄。在动荡不安的社会时局下，他本人及他把持的女真力量是抢手货。明政府恩惠有加，朝鲜李氏王朝则另辟蹊径，授予猛哥帖木儿为“上万户”，意在拉拢女真投靠朝鲜。

“万户”和官职不挨边，相当于公爵。爵位分三六九等，李氏王朝的“上万户”只是虚衔。猛哥帖木儿对这个爵位不感兴趣，没有“一边倒”，原因很简单——猛哥帖木儿是皇亲，胳膊肘不能往外拐。

永乐二十年（1422年），成祖朱棣第三次御驾亲征漠北，抗击鞑靼的骚扰。效忠明王朝的猛哥帖木儿随驾出征，平定鞑靼之乱，再立军功。因为誓保朝廷，得罪了蒙古，猛哥帖木儿最终死于七姓野人之手。

猛哥帖木儿死后葬在朝鲜会宁。一百多年后，努尔哈赤振兴建州女真，在苏克苏浒河北岸、赫图阿拉以西修筑兴京陵，即永陵。另葬猛哥帖木儿的衣冠冢。

众所周知，猛哥帖木儿是努尔哈赤的六世祖，李满住和努尔哈赤是连带亲属关系，李氏一族迁居佛阿拉，为以后努尔哈赤崛起于建州奠定了基础。

二

宣德皇帝死后，明英宗继位。李满住为逃避蒙古人的欺凌，打发儿子到京城上贡，趁英宗高兴，求乞朝廷准许其徙居婆猪江（今鸭绿江支流浑江）。英宗怜悯其悲苦，特批辽东总兵“计议安置，勿驰边备，勿失夷情”。明朝任命李满住接任阿哈出，为建州卫指挥使。

李满住率部族逃脱蒙古人的虎口，又不幸闯入朝鲜国雷区——一部分高句丽人曾在婆猪江（桓仁县浑江，属鸭绿江上游）建立王城，尔后迁徙吉林，扎根朝鲜半岛。高句丽转了这半圈，用去七百余年（公元前37年—668年）时间。但他们没有忘记旧日巢穴，时不时踮起脚尖眺望婆猪江。

当高句丽人的视野里模糊出现穿靰鞡的女真族时，他们心怀忌恨，开始大肆袭扰女真。

看人别扭大打出手近似无赖，实质上，高句丽虽淡出建州，但并没有想放弃曾盘踞的地盘。加之女真人弱小可欺，它便想靠打压手段迫使女真俯首帖耳。虽为首领，李满住深感孤掌难鸣，女真人不敌朝鲜人，每次冲突都吃大亏。女真人只好忍气吞声，放弃富饶肥沃的婆猪江流域，搬迁到佛阿拉。

此时，凡察接任猛哥帖木儿，任建州左卫指挥使，执掌建州左卫。

凡察接任建州左卫，另有原因：早在洪武年间，猛哥帖木儿是抵御东海倭寇和残元势力的一支中坚力量，猛哥帖木儿一死，北疆再无有效力量抗击北元的残余武装，更别说对付穷凶极恶的倭寇了。女真内部群龙无首，北方局势陷入混乱。明政府为稳定边疆，以夷治夷，升猛哥帖木儿的弟弟凡察为建州都督佥事。佥事虽为副职，但权力很大，建州左卫的大小事务都要他审核。

佥事的美差不是捡来的，凡察作战勇敢，十五岁任建州左卫指挥，效命兄长。后来，猛哥帖木儿遭蒙古人暗算遇难，二侄子董山被俘虏，他本人侥幸逃脱。虎口逃生的凡察收拾残部，挽狂澜于既倒，领导建州左卫抗击朝鲜，替明政府牵制了偷窥东北地区的侵略者。最重要的是，他在斡木河拼死救出明使裴俊，给朝廷留下了良好印象。这些是凡察火线升职的外部条件。

在蒙古、朝鲜的夹击下，建州左卫的日子十分不好过，劫后余生，“上万饥民，成群结队，涌到朝鲜乞讨”。凡察万般无奈，想起一个人。这个人，就是外甥李满住。正统二年（1437年）正月，凡察进京朝贡，上书英宗：“居邻朝鲜，为所困，欲还建州，又为所阻，乞朝命。”英宗批准。

李满住自然愿意凡察搬来佛阿拉同住。两人是血脉亲情，虽然弄不清凡察和猛哥帖木儿是亲兄弟还是异母同父的兄弟，总的来说是兄弟。李满住和凡察是外甥舅舅的关系，又同娶李的家将的女儿为妻，变成连襟。凡察的侄孙女又嫁给李满住的儿子。亲上加亲姑且不论，浅析一下部落联盟的主要因素——李满住恐惧江对岸的朝鲜偷袭，凡察想找地儿安顿。基于两种需求，建州女真经过半世纪的辗转，终于在特定的历史条件下合二为一。

初来乍到的女真人穷困至极，族长们率先垂范，号召平民发扬采集、狩猎的传统，大力垦荒，发展农牧业。一番惨淡经营，女真人终于在佛阿拉安营扎寨。

经过一段时间的休养生息，聚集于苏克苏浒河、浑河流域的女真实力逐渐壮大。人口及栖息条件的改善，促使诸派分流，形成李满住、董山和凡察等为首的“建州三卫”。

需要说明的是，建州诸部一分为三，事出猛哥帖木儿的次子董山藏有明政府颁发给父亲的旧官印。董山和叔父凡察围绕新印旧印展开口水战，官司打到明朝中央——两印都是你发的，咋办吧。废印有损明朝的光辉形象，明英宗想了个折中的办法：从左卫再剥离一个右卫，叔侄俩各掌一卫。两边皆大欢喜。实际上，这也是分裂民族的一种手段，使他们长期陷于权力的追逐和部落争斗中。

中庸之道比较合乎明王朝对东北少数民族实行的“分治”政策。化整为零，各享资源，人口经济独立后，再合就很难了。不过，不管怎么说，三卫在苏克苏浒河上游形成新兴势力，为建州女真的发展打开了新局面。

李满住的实力较强，他审时度势，频繁遣使进京进贡马匹、貂皮，极尽溜须之能事，与明朝搞好关系。马匹、貂皮较为笼统，估计礼单上开列的贡品还应加上虎皮、豹皮、雄鹰海东青和东珠。建州地广人稀，土产丰富，以女真人的狩猎技能，捕捉飞禽走兽小菜一碟，每一样供奉都足以讨得大明皇帝的欢心。

当官不打送礼人，上级贪敛，才给下级可乘之机，一层一层疏通，金字塔尖上的就是皇帝。追根溯源，皇帝才是最大的贪污犯。李满住高频率地送礼，回馈也丰厚，明政府隔三岔五地升李满住的官。没多久，他跃升为建州三卫的重量级人物，大有一统三卫的趋势。

李满住堪称跑官要官的行家里手，自己加官晋爵，更不忘举荐儿子。朱家惨淡经营，大明江山的保鲜期接近大限，举国官衔“通货膨胀”，左右一张空头支票，做个顺水人情给他，替中央治夷何乐不为。双方一拍即合，他的儿子被封为副千户。这个官职相当于县级武装部，在辖区有限的地方，称得上是个人物了。

爷儿俩着实风光，大有号令建州的迹象。但好景不长，蒙古兵东移，胁迫羽翼未丰的建州女真联合对抗明朝。蒙古信使傲慢蛮横，操着鄙夷的腔调说："李指挥使，我们大汗瞧得上你，才与你合作。别忘了，当年你是被我们赶出凤州（辉发河上游）的。"李指挥使一听凤州两字，如遭雷击。他怎么能忘记女真在蒙古的欺凌下，被迫背井离乡，逃离建州的悲惨。他咽下一口窝囊气，作揖答谢大汗抬爱，请大汗且容自己考虑。送走信使，李指挥使把自己关起来左思右想，陷入两难：这真是怕什么，来什么，瓦剌桀骜不驯，称霸北方，这位大爷凶顽残暴，连明帝国都打怵三分，碾死女真不跟碾只虫子似的。明中央政府也不能得罪，毕竟靠人家庇护混饭吃，何况又没亏待自己，恩将仇报的结果是自寻绝路。

李满住进退维谷，蒙古信使再度来催。见李满住迟疑，使者知他不愿意与蒙古合作，面露不悦，把茶杯攥在手里，稍一用劲，捏成碎片。杀鸡给猴看，李满住被吓得一激灵。为躲过眼前这一劫，他硬着头皮联合诸部，冒险袭扰开原、沈阳、抚顺三座城市。

闻东北三座重城被袭，明英宗大怒。一查，领头闹事的竟是李满住，越发怒不可遏，声言讨伐建州，严惩不讲良心的蛮夷。李满住预感势态不妙，带兵躲藏起来。

三

说归说，做归做，明中央政府并没有真想武力镇压李满住，而是仍采取怀柔政策，给他捎信儿，告诉他，只要不与明朝为敌，就既往不咎。李满住窃喜，从帝国温柔的口吻中，精明的他嗅出一丝外强中干的味道，迅速调整了计划。这个自以为聪明的错误抉择，为佛阿拉的毁灭埋下了伏笔。

李满住在第一时间内回应中央，忏悔过失，为表其诚，亲自入朝贡马谢罪，接受明朝的招抚。他在京城逗留数日，酒宴笙歌，出街入市，好不惬意。临走，他的大包小包塞满了朝廷赏赐的礼物。

送礼是沟通疏浚的良药，微妙关系的黏合剂。为官之道，这是顶主要的一项，关键时刻会成为撒手锏。大字不识一箩的塞北蛮夷深谙此理，儒家文化熏陶出来的帝国官员们，更是精通娴熟。别怪大明的各级官员腐败，政令不通，实在是人的劣性作祟，好东西送上门，谁也难以拒绝。

皇帝们热爱朝贡，朝贡使上下级关系升温，大明帝国对建州稍微放了点心。一块石头没落地，局势又出现新变化——朝鲜新国王就任，挖空心思地拉拢建州女真。李满住人穷志短，面对物质诱惑，故伎重演，对朝鲜秋波频送。

天底下没有白吃的午餐，朝鲜一改常态取悦李满住，无非看重建州的实力，想借鸡生蛋而已。朝鲜人的算盘打得够精，这枚“蛋”委实不小——兴京至吉林以北的大片土地。

李满住不像他的舅舅猛哥帖木儿那样誓死报效朝廷，而是用情不专，脚踩两只船，但是放浪的妇人行径瞒不过北京的眼睛。中央对李满住丧失信任，下诏撤职。这个举措很果断，再犹豫几天，李指挥使可能就投靠朝鲜了，建州恐怕将易手他人。

撤职是第一步，还有第二步。

如果说，犯边可以原谅，那么倒戈绝对大逆不道。明中央政府再宽容，割肉卖血之事绝不能干。虽然北夷南倭搅得明政府焦头烂额，但女真不识好歹，那就腾出一只手，快刀斩乱麻，给花心的建州一点颜色瞧瞧，叫它尝尝帝国的铁拳。

打蛇打七寸，无论如何，从宣宗朱瞻基乃至宪宗朱见深，几代皇帝已经认定，佛阿拉和婆猪江（李指挥使于正统十三年，即1448年，回旧居地打猎，勾起旧情，同年三月率部重返）均属建州大本营。这次，一定要拔掉这根肉中刺。为加大打击力度，明政府巧施反间计，约附属国朝鲜夹击建州。朝鲜方面没含糊，点头答应出兵。

朝鲜不惜与建州在“蜜月期”撕破脸皮：一是它觉得李满住已失去利用价值；二是收受了明政府的好处；三是事态很明朗，朝鲜必须在建州和北京之间选其一，建州与明王朝谁的拳头硬，朝鲜心知肚明。鉴于以上三点，在劫难逃的建州，将被两把快刀剁成肉酱。

屠城计划于成化三年（1467年）九月启动，距董山被杀才短短几个月。两国大军分路夹击，辽东守军大举进发，朝鲜军涉过鸭绿江，直捣婆猪江，李满住和儿子及部众被杀得一个不剩。苦心经营的沿江城寨，顷刻间变成废墟。

董山是猛哥帖木儿的次子，努尔哈赤的五世祖。前面讲过，父兄死，董山被虏，后赎回。董山在老家过不下去，奏请朝廷与“李满住一处居住”。

中央念董山悲苦，准奏。正统五年（1440年），董山和叔父凡察佥事率领三百多户女真，投奔表兄李满住。

野心在填饱肚子后膨胀，流浪中的董山顾命不暇，一旦稍稍稳定，欲望就来了——持其父旧官印，和叔父争夺建州左卫指挥使的官职。明政府为平息这场风波，把建州左卫设成二卫，即建州左卫、建州右卫，与李满住的建州卫合称“建州三卫”。俗话讲，一山难容二虎，三卫鼎立，李满住只有重返婆猪江，执掌建州卫；董山（下面称董指挥使）留居佛阿拉，执掌建州右卫；凡察沿苏克苏浒河而下，在古勒山重建城寨。

三卫事件结局圆满，但女真的赤贫现象尚未解除，这与生存地、战乱有关，更与大明帝国有关。

明英宗的心思在于防御瓦剌，土木堡兵败，他沦为阶下囚。经使节杨善多方斡旋，英宗千辛万苦地回到北京，登时蒙了——龙椅上坐的是兄弟朱祁钰。没办法，为脱牢狱之苦，英宗以逊位为前提，换句话说，是自己承让的。实逼无奈，英宗在南宫做了太上皇。南宫复辟后，英宗疲于整顿朝纲，平定内乱，好歹政局稳定，去阳寿到限，生病驾崩。

方头大耳的朱见深，曾一时清明，启用贤臣，拨乱反正，为名臣于谦昭雪，以德报怨地恢复叔父景泰帝的名号，整修其陵墓。“三把火”烧完，成化皇帝大施弊政，豢养西厂特务且不说，最令人捉摸不透的，是他笃信佛道，宠爱比他大19岁的宫女万氏。忌妒使人变态，万氏由于亲生儿子早夭，竟百般毒害朱见深临幸的嫔妃，差点坑他断子绝孙……

平心而论，英宗做了一些实际工作，但他命运多厄，壮志未酬身先死；朱见深之流，玩的就不着调了。这样的国家首脑，哪儿还有精力大张旗鼓地改革，把经济建设当第一要务来抓。荒唐的游戏，使政体败坏，四肢千疮百孔。明朝对东北少数民族实行的民族分裂和歧视政策，导致女真人内部弱肉强食，相互火并，进一步贫弱。

四

苏克苏浒河上游土肥草壮，建州女真在这片土地上经过一段休整，又变得生机勃发起来。

遍地葱茏的草木适合养马，建州女真的畜牧业因占地利而迅猛发展。站在佛阿拉的废墟之上，赫图阿拉与佛阿拉平坦的河谷尽收眼底，遍地黍稻，膘肥体壮的马匹在青青草木间徜徉——这一幅农牧图绝非虚构，它与五百年前的农牧图高度重合。史载，兴京地区的农牧业在努尔哈赤时代达到兴盛的顶峰，之所以迅猛发展，固然顺应时代需求，也与人民的生活有关。佛阿拉早期发展畜牧业有两大因素：一是女真历来是马背上的民族，几千年迁徙流转，他们离不开马；二是明帝国军队需要良马，但中原驯马技术远远落后于北方少数民族。中原的马多骈于槽枥，北方的马则自由奔腾，形体俊美，骨骼健壮，深受官方和民间青睐。鉴于综合需求，佛阿拉的畜牧业迅速兴旺。

指挥使董山颇有经济头脑，很会赚钱，命令部族大批养马，不只为提高生产力，而是更多瞄准明帝国内忧外患，急需战马的巨大市场。不出所料，明帝国为求购女真马匹，相继开办了开原马市、广宁马市。马市开通，逐渐转变了佛阿拉的贫困窘境。

宣德六年（1431年）十一月乙亥载，“朝廷非无马牛而与之为市，盖以其服用之物，皆赖中国，若绝之，彼必有怨心，皇祖许其互市，亦是怀远之仁”。这是说，开办马市并非为自己考虑，而是以怀仁之心，怜悯女真日常生活用品皆仰仗内地才开的马市。

通货有无，本双方互惠，怀远之仁乃粉饰辞令，其实开办马市于明帝国是利大于弊。女真通过马市输入内地的，多是珍贵稀有物产；明帝国输出的多属日用消耗品。女真输出的是原生态，明帝国输出的是科技。从交易方式看，是买方市场，明帝国占主动权，女真陷于被动。供应方的马匹、人参、山珍等出售价格，无一不受明帝国地方官的宏观操控。更有甚者，明帝国还长期拖欠货款，给女真打白条，制约了女真生活水平的提高。这也成为后来努尔哈赤起兵造反的借口之一。

然而，马市毕竟是一条货币流通渠道，改善了建州女真的生活状况，为民族进步创造了条件。

美中不足的是，两个马市都距离佛阿拉太远，参加贸易不方便。精明的董山建议明朝辽东总兵再增加一个马市——以董山的机智，佛阿拉的困难他是一个字不说，只大谈在佛阿拉附近开设马市对朝廷的好处，譬如加强与朝廷往来，加大马匹的贸易数量，扩大对女真的布匹、耕牛、日用品销售，促进边贸经济，等等。要达到目的，首先许之以利，一大堆的好处，朝廷怎能视若无睹。于是，明廷责成地方官在抚顺关开设第三个马市。

通过抚顺关马市，佛阿拉的经济在短期内空前活跃，还疏通了建州女真进入抚顺的屏障，无意中为以后努尔哈赤攻击抚顺铺好了路。可以说，没有马市的兴起，建州女真与明帝国的互通几乎是一潭死水，而董山的交际手段使这潭水活了起来。但是，马市也直接激化了边地民族与明朝地方军政的矛盾，因为政策虽好，但执行起来却走了样。首先，女真人参加马市需要朝廷发放的敕书，为争夺敕书，女真内部时有争端；其次，把持地方军政的官员趁机揩油、刁难，导致女真人不满，积压久了泛滥成灾。

正当董山的势力日渐壮大的时候，明帝国官员腐败的触角已伸至四海之内。蒙古瓦剌错步上前，四路大军进逼京师，朝野上下一片哗然。董山受蒙古胁迫，加之仇视汉官欺压，与蒙古遥相呼应，经常抢劫边城，弄得生灵涂炭。

这是建州女真与大明帝国的摩擦升级之始。随着时局变化，裂痕继续加深——鸭绿江岸的朝鲜拉拢董山，意与佛阿拉建交。董山见表兄李满住老迈，称霸之心日甚，亦欲趁机一统建州。老天帮忙，多了个朝鲜友邦，董山乐颠了。

没有史书证明，不知道当时朝鲜做了哪些许诺，但董山秘密去了一趟朝鲜有据可查。他去朝鲜很方便，从婆猪江（桓仁浑江）乘船渡鸭绿江，神不知鬼不觉。等明朝获悉，董山已经搞完封使仪式返回佛阿拉。

朝鲜给他的官职很有诱惑力——中枢密使。明帝国显然陷入被动，因为董山几次申请升职，政府都借种种理由搪塞。在这种情况下，朝鲜与佛阿拉私交，对明帝国极为不利。明宪宗没有想万全之策挽救僵局，反而叱责董山不忠。董山愈加怀恨，变本加厉，纠结女真各部大肆骚扰辽东边境。

明帝国对少数民族的一贯错误政策，肌体机能的高度腐败，致使边疆政局不稳。先兵后礼虽为下策，明帝国也不得不频频施用。为保边境安全，明朝派人邀请女真各部进京，接受招抚，董山亦在邀请之列。宴会上，董山等人因痛恨边吏腐败而出言不逊。明宪宗很生气，但没有表露，宴会结束后，照例赠送各酋长衣服和帽子。

董山扬扬得意，心想：“我等下里巴人在国宴上言辞不恭，冒犯天尊，皇上非但没大发雷霆，反而大加恩赏，看来，朝廷不过如此，叫唤孩子多吃奶，以后该闹还得闹，闹得越欢，赏赐越多。”接受赠送，酋长们告辞宪宗准备回家。这时候，鸿胪寺通事王忠说话了：“董山等坐骂不敬，贪求无厌，扬言归且复判，请遣官防送。”明宪宗一拍大腿：“对，不能便宜了这小子。这么让他走，岂不放虎归山，贻害无穷。”他旋即改了主意，命礼部派人以护送的名义监视董山，扣押于广宁。

董山没算出这步棋，落入陷阱。他应该知道，明中央政府早有心降伏包括李满住在内的女真首领，只是打着招抚的幌子诓骗几位酋长进京。以帝国威严压制女真，叫小子们规矩点，而董山这只出头鸟，是一定要打掉的。

首领被擒，佛阿拉顿成无主之城，人们惶惑不安，预感到即将来临的劫难。明政府也正是这么部署的，发动大军分道对“建州老营”实行大规模清剿——左军渡浑河，越石门岭，至分水岭；右军渡鸦鹘关，逾凤凰城、摩天岭，至婆猪江；中军下抚顺，经薄刃山，过五岭，渡苏克苏浒河，至虎城。

朝鲜国王受明朝威逼利诱，也派军队涉过鸭绿江助攻建州。这次清剿是毁灭性的，佛阿拉城首当其冲，比李满住的根据地（婆猪江）早几个月遭到破坏。城内一千一百多名居民死的死，伤的伤，除少数侥幸逃跑外，其余皆被发配烟瘴之地。

喧闹的佛阿拉成了一座死城，明军血洗它之后，又一把火焚烧净光。大火熄灭，一切归于沉寂。

五

公元1587年，是大明帝国平平淡淡的一年。黄仁宇写道：“当日四海升平，全年并无大事可叙，纵是气候有点反常，夏季北京缺雨，五六月间时疫流行，旱情延及山东，南直隶却又因降雨过多而患水，入秋之后山西又有地震，但这种小灾小患，以我国幅员之大，似乎年年在所不免。”

那么，万历十五年发生的事情，真的无关宏旨吗？答案是否定的。洪涝、旱灾给国家人民带来的损失不好估量；山西地震更非小灾小患，“房屋坍倒，死者无算”，事情还小吗？还有，这一年，大明帝国的天空连续陨落两颗巨星——海瑞和戚继光。海瑞死于十一月三日，戚继光死于十二月十二日。

文臣武将之死没有激起太大的波澜，大明帝国这驾大车转动着迟滞的车轮，在泥泞中缓缓跋涉。而它游离的目光还没有留意，建州苏克苏浒河南岸的佛阿拉城，努尔哈赤正在称王。

正月里的佛阿拉，每一粒冰雪都洋溢着喜庆的气氛。人们张灯结彩，置办酒席，敲锣打鼓地庆祝双重节日——大金之后，女真人再次拥有了自己的王国。

从赶集卖山货的小贩剧变为王的努尔哈赤，环视着欢喜的族人，回顾起兵五年的艰苦，不觉心潮澎湃。

二十五岁那年二月，辽东总兵李成梁设计斩杀古勒寨二千多名女真人，遇难者当中，有舅舅阿台、阿海，父亲和祖父。杀父之仇，不共戴天，但他惹不起李总兵，转而将复仇的怒火烧向奸细尼堪外兰。借着这个由头，他以闪电般的速度，兼并了大小十几个部落。

十几场仗，场场是硬仗，努尔哈赤靠计谋和勇敢取得胜利。

攻翁科洛城，努尔哈赤下令纵火烧城。他选定一栋房子，站在房脊朝城里射箭。冷不防城中飞出一支箭，射伤努尔哈赤。他用力拔下，顿时血流如注。总指挥负伤不下火线，继续指挥战斗，又一支箭疾飞而来，正中努尔哈赤的脖子。这种箭阴毒，镞尖带双倒钩，努尔哈赤再次忍痛拔出，硬生生地扯下两块皮肉。有人要登上梯子搀扶，他摆手制止。努尔哈赤清楚地知道，一旦敌人发现他受伤，必借机反扑，吃掉他的军队。那么，一切将前功尽弃。他不许别人靠近，自己走下房。一着地，他便晕厥瘫倒。

努尔哈赤置生死于度外，兵将折服，誓死捍卫他。

第二次攻打翁科洛城，很快攻陷。士兵抓获射伤努尔哈赤的人，绑缚到他面前，请处酷刑，以雪前恨。但努尔哈赤却当众释放两人，还赏赐牛录额真的官职。这么干的唯一目的是收买人心，争取猛士投奔其帐下，甘心效命——做一名合格的军事家和政治家，光受战火洗礼是不够的，还需要机智过人的胆识、卓越的指挥才能、英勇顽强的斗志、海纳百川的气量、深谋远虑的成熟。努尔哈赤具备这些素质，他由弱变强，逐一吞并女真部落，短短五年就从波勒密城迁址佛阿拉城，建立新国。

努尔哈赤为什么迁城佛阿拉？笔者想，他是循着五世祖董山的足迹而来的。而祖孙俩中间，竟隔着一百二十年光阴！一百二十年，所有的尸骨已变作花朵，所有的弓箭已变作朽木。努尔哈赤选定凝聚刀光剑影的佛阿拉筑新城，谁能说他不是为感受祖宗的血性，胸藏振兴女真的激情呢。

努尔哈赤决意重振五世祖的遗风，倾力修复废弃的城郭。他修建的城池结构严谨——外城、内城、城内城。1595年，朝鲜人申忠一奉命出使建州，目睹佛阿拉城的壮观，颇为惊讶。他在《建州纪程图记》中，详细地记载了全城布局。总的来说，三重城郭等级森严，外城一层石磊，一层椽木，再一层石磊，一层椽木，层层垒砌，高达十余尺；内城设四门与外城通，有瞭望台、锥堞；核心区又垒砌木栅栏，划定王的起居区域。

但这样的“壮观”是相对而言的，从建筑学角度来说未免笨拙，更无法与四川、广东的碉楼比，碉楼屹立千年岿然不动，堪称建筑史上的奇迹，佛阿拉几百年光景则破败得一塌糊涂。也难怪，一个胸怀奇志的王，他首先考虑向外扩张，脑子里还没有享乐主义的概念。山城里有涂白灰的泥土房，站岗放哨的木楼，全副武装的卫兵，在他看来，已经很像样子了。

王要施展他的抱负，十六年后弃城而走，佛阿拉再次归于大野。但这个“归”字，彰显着豪放和势不可当的锐气，意味着建州女真凤凰涅槃。王和他的臣民走了，大自然无情地淘汰风蚀空城，四百年后能看到的，只能是臆测中的轮廓。

在隐蔽于两块土地之间的田埂上，如果不是特别留意，绝对想不到门的概念——疯长的草和灌木遮盖了洞状缺口，战马、将领、士兵乃至红颜女眷，大批脚印蛰伏在幽暗时光中；劫掠的人口、物质如滚滚尘沙，遁隐于植物的根须下面。

沿洞状缺口上行五百米，有一个天然土台，土台上长着成片的幼龄桦树和柞树。树下铺满厚厚的枯草，枯草丛中，赫然几道清晰的土梗。土梗或交错，或平行，呈地基形状。参照朝鲜人申忠一绘制的佛阿拉城图测算，这就是努尔哈赤的“大内宫殿”。

努尔哈赤的智谋远胜五世祖，在他的“大内宫殿”里，他源源不断地策划征讨计划，从1587年至迁城赫图阿拉（1603年）的十六年中，大大小小的讨伐从未停止。他的八旗军队所向披靡，飓风般席卷海西女真、野人女真和不受招抚的蒙古部落，将千里之外的沃土纳入建州管辖。

六

看看称王后的一系列举措就知道，努尔哈赤是具有远见卓识的。天生的开创性和非凡的想象力，常人难以企及。至于他的长相，朝鲜人申忠一如是说：“不肥不瘦，躯干壮健，鼻直而大，面铁而长。”

鼻梁挺直，面色似铁，身体健硕的女真新国王，刚一建国就打了个以少胜多的漂亮仗。

战场摆在古勒城。他少年时玩冰尜的地方。古勒城给了他太多记忆和伤痛——母亲早死，撇下他和兄弟舒尔哈齐。爷爷疼爱两个没娘的孙子，却对刻薄的儿媳妇（续弦）束手无策。没办法，在和外公王杲商量后，他送两个孙子去了古勒城。外公精通汉语，每天教授外孙汉文化，看到外孙一点一滴的进步，他的内心颇感慰藉。

王杲，这位一代帝王的启蒙老师死得很惨——磔刑。和袁崇焕一样，他也被大明帝国千刀万剐。只不过，两人罪名各异。之后，舅舅、父亲、祖父、堂姐，一大家子人都丧生在古勒城。这样一个伤心之地，努尔哈赤提也不愿提。

但是现在他必须来了，应战以叶赫贝勒纳林布禄为首的九部联军。

叶赫贝勒何许人呢?

叶赫部落属海西女真，原住海西江，海西江现在有一个美丽的名字——松花江。海西女真包括四大部落：叶赫、哈达、辉发和乌拉。努尔哈赤统一建州，称王佛阿拉，四大部落极度恐慌，哈达部和叶赫部争相送女给努尔哈赤为妻。所以，从内亲角度来看，纳林布禄是努尔哈赤的大舅哥。

纳林布禄以为攀结姻亲，努尔哈赤就好驯服了，仗着大舅子的身份，狮子大张口，向妹夫索要土地。做妹夫的，怨舅哥耍无赖，心里不高兴，也没好话：土地又不是牛马，怎么能随意割裂呢?

纳林布禄碰了一鼻子灰，觉得没面子，于是海西女真四方会谈，专题讨论如何“修理”建州。会后，四部信使同赴佛阿拉，就土地问题进一步磋商。进门即是客，再不济主人也得设宴款待。但宴会一开场，双方就火药味熏天。

纳林布禄的使臣言语轻狂：“我主云：‘欲分尔地，尔不与；欲令尔归附，尔又不从。倘两国兴兵，我能入尔境，尔安能蹈我地耶！’”

努尔哈赤闻听，一刀把酒桌劈成两半，好你个叶赫，讹诈我？既然你不仁，我也不义。他当众羞臊对方一番，写张回帖交给信使。

努尔哈赤不买账，差点气疯纳林布禄。看来，妹妹那颗“糖衣炮弹”是白送了，人家吃了糖，炮弹竟原物奉还。政治敲诈不灵，妹夫狡诈狂妄，只有诉诸武力，一决雌雄。纳林布禄怂恿哈达、辉发、乌拉等九个部落联合征讨建州，企图消灭建州新兴政权于萌芽。

做顶尖级的军事家，必有临危不乱的心理素质。敌我力量悬殊，清醒、理智地观察分析，是取得战争胜利的前提。为了打好这场仗，努尔哈赤做了充分准备。

自幼生长在古勒城，努尔哈赤对周围的地形了如指掌。在敌人必经之路，他选择险隘，精心部署：道路旁埋伏精兵，崖岭安放滚木礌石，河口设粗大横木。翌日黎明，披甲带刀的努尔哈赤号令点将，他要开战前动员大会。会前，他带领诸王大将“祭堂子”，乞神祇保佑建州凯旋。其实，努尔哈赤心里澄明，大兵压境，光靠天佑是惰性的依赖，要争取胜利，还得鼓舞、激发将士的必胜信念。他给士兵们做战前讲话，认真分析敌我形势。他说，四部联军就是“纸老虎”，你软他就硬，你强他就弱。乌合之众远道而来，军力疲惫，不熟悉地形，没有主帅。咱虽然人少，但个个奋勇，以一当十，凭据天险，胜利永远属于我们。

这段长篇讲话极具鼓惑和煽动性，校场上吼声如雷，发誓不拿下联军决不收兵。发完誓，一支热血沸腾的队伍出发了。

努尔哈赤带出的这支军队的战斗力绝对一流。在这场大战前一年，也就是万历二十年（1592年），日本侵略朝鲜（壬辰倭乱），朝鲜求援明朝。努尔哈赤听说，主动请缨率兵支援朝鲜。不晓得明朝怎么想的，大概是没看得起建州女真这支非正规军，怀疑他们的战斗力，没给露脸的机会。而下诏李如松，集结保定、山东、辽东等地驻军，渡江抗日援朝。事后证明，明朝的决定失策了。假设它允许努尔哈赤率军援朝，与倭寇激战难免会削弱建州的军事力量；建州主力拉到朝鲜战场，一时半会儿撤不下来，就没有精力统一海西女真；顺带着，骁勇的女真骑兵也能驱逐倭寇出朝鲜，半岛局势稳固。但明朝调集作战主力奔赴朝鲜，造成腹地空虚，给努尔哈赤以可乘之机，才在古勒城大战后，引爆兼并海西女真的全面战争。

努尔哈赤当天到达军事要塞扎喀城，宿营城里，以逸待劳。第二日，他抢先赶到古勒城，专等玩一出“关门打狗”的好戏。九部联军没有详尽周密的战略计划，盲人瞎马，误打误撞，行至建州地界，先攻黑济格城。不料，黑济格城是块硬骨头，啃不动。联军掉头再攻古勒城。行军途中障碍重重，联军单排逶迤，长蛇似的九部联军出现在打击范围内。努尔哈赤一递眼色，大将军额亦都拍马出列，率前锋冲下山，迎击敌人。

《孙子兵法》讲诱敌深入，在文化贫瘠的东北少数民族，没有熟读领会的条件，但豪杰们是天生的军事家。他们更注重实战，兵法，在落后民族的理解，就是经验的积累，战场的灵活应变。额亦都大将军引逗联军像猫戏老鼠，三招两式就把叶赫的布斋贝勒引入埋伏圈。布斋贝勒马失前蹄，被一刀杀死。纳国舅一见哥哥死了，顿时晕厥。叶赫兵连损两主，乱成一团，联军队伍溃不成军。

努尔哈赤见时机成熟，挥师下山，团团包围联军。战役结果，除斩杀四千叶赫联军，缴获三千战马、铠甲等，还俘虏了乌拉贝勒布占泰。布贝勒后来成了努尔哈赤和舒尔哈齐两兄弟的女婿，为讨好建州，他回头又把侄女嫁给了努尔哈赤。布贝勒的侄女，就是大妃阿巴亥。

七

古勒城惨败像驱不散的阴云，笼罩在海西女真上空，人们预感到，无孔不入的努尔哈赤如一场暴雨，腰刀、箭镞就要兜头而下。四大部落的贝勒如坐针毡，他们隐约嗅到死亡的味道，不知道如何才能躲过这一劫。和谨慎沉着的努尔哈赤相比，他们莽撞、少谋略、不懂用兵之道，简直愚蠢至极。

四部贝勒虽愚蠢，但对厄运来临的判断却惊人一致。只是他们没想到一点：即便不联合收拾建州，建州迟早也要将其逐个吞灭。他们是棋盘上的棋子，什么时候将死，取决于努尔哈赤全盘布局的韬略。再者，海西女真四大部落，除辉发部落外，其余三大部落与努尔哈赤的关系都错综复杂——既是亲人，又是仇人。当后者遮蔽前者，扩大疆土的战争亦蕴含刻骨的复仇意味。

哈达部，酋长万，汉译王台。努尔哈赤与王台的宿仇，始于外公王杲。万在万历初年势力强大，又忠顺朝廷，多次立功受封，所以当时称汗，以部落为国。其时努尔哈赤的曾祖携儿子们居赫图阿拉，史称“宁古塔贝勒”，因受董鄂部袭扰，多次求助万酋长。努尔哈赤的曾祖为笼络关系，命三儿子索长阿之子娶了万的女儿，以求万借兵抵御董鄂部落。

哈达、宁古塔、古勒三城堡，形成一条姻亲链——努尔哈赤的祖父和万结为亲家，王杲和努尔哈赤的祖父成为儿女亲家。按等量代换公式计算，万和王杲也成了亲家。

万为人暴戾，效忠朝廷而欺压同族。王杲其实就死在万的手上。万历元年，王杲骚扰辽东，巡抚张学颜命万酋长抓捕。万趁机联合诸部请求开放马市，马市一开，万果然献上王杲所俘汉军。古勒城事件后，万出卖了去哈达部落避难的王杲，并亲自督监囚车进京。

万抓获亲家有功，明朝封他为龙虎将军，两个儿子晋升为都督佥事，赐黄金二十两，大红狮子苎丝衣一袭。万升官发财，心里美滋滋的。但他没想到，王杲的外孙牢记大仇。万死后，努尔哈赤把这笔账转嫁给他的儿子。

万死于努尔哈赤起兵前十个月，其时，哈达部落已分崩离析，儿子们为继承父亲的权柄打得不可开交。几经苦战，年仅十九岁的五儿子孟格布禄获胜，承袭龙虎将军、左都督之职。

古勒城之战后，孟格布禄部落势力渐衰，叶赫部落欲称霸海西，出兵哈达。孟格布禄无奈，送三个儿子到佛阿拉做人质，求援于努尔哈赤。努尔哈赤立即出兵两千支援——难缠的妹夫纳林布禄贝勒横插一脚，用计挑拨孟格布禄疏远妹夫。纳林布禄通过明朝的开原地方官，转交给孟格布禄一封信，内容如下：你若杀佛阿拉二员大将，将赎回三个儿子人质；杀掉两千援兵，我把你所求的叶赫女儿与你为妻，以修前好。孟格布禄梦想美人入怀，一时忘记了背信弃义的后果。他这一激动，葬送了哈达部落。

纳林布禄给孟格布禄写信的内容，被努尔哈赤获悉，决定发兵哈达——叶赫不打你，我来打。1599年九月，努尔哈赤的大军抵达哈达城。孟格布禄已有准备，因此这场战役打得很苦，建州军损失严重。激战六昼夜，努尔哈赤终于克城，活捉孟格布禄。但努尔哈赤没有处死他，而是赠予貂帽、豹裘，带回佛阿拉软禁。哈达部落投降的军民，努尔哈赤下令编入户籍，随军迁往建州。

孟格布禄在佛阿拉过了一段不错的日子——努尔哈赤把女儿嫁给他，让他做建州的女婿。但岳父大人心思诡秘，不久放出风来，说女婿犯了罪，砍掉了他的人头。其实，孟格布禄人在屋檐下，吃饱穿暖后不可能偷鸡摸狗，想拉帮结派也没人听他的，暗杀、反叛什么的更是白日做梦，这应该是岳父大人硬给安个罪名处斩，只是苦了女儿，年纪轻轻就要守寡。

孟格布禄的死讯传到中央，触动明政府敏感的神经：努尔哈赤怎么又杀部落酋长，再杀下去，海西女真还不让他杀绝了，南关（哈达部落谓明朝北方的南关）岂不危急？于是，明朝派人前往佛阿拉诘问。努尔哈赤不想惹恼明朝，便想了个“子妻母”的弥补措施——叫女儿改嫁孟格布禄的儿子。

万历皇帝不想让南关空着，第二次派人责令努尔哈赤送孟格布禄的儿子回家，掌管哈达部落。孟格布禄的儿子命运多舛，刚回哈达部就遇到饥荒。哈达部无粮，求朝廷赈灾。明政府见死不救，致使哈达饿殍遍野，鬻妻子、奴婢为食。努尔哈赤借机周恤，让女婿迁回佛阿拉。孟家女婿不知是计，以为是岳父大人怜悯，欢欢喜喜地到了建州，安心做起了臣民。这一回，哈达部落彻底灭亡。

第二个被吃掉的是辉发部落。

这是一颗无足轻重的棋子，随便捡走便扫清障碍。

接下来的重头戏在乌拉部落。

古勒城，九部联军战败，建州兵活捉布占泰，捆绑着推到努尔哈赤跟前。努尔哈赤问：“下面跪的是谁呀？”布贝勒回答：“乌拉贝勒满泰弟布占泰也，生死唯贝勒命。”努尔哈赤说：“你辈纠合施暴无辜，天也要谴责。昨天交战斩了布寨贝勒，现在俘获你，按理，你当死罪！今见你面，何忍心杀？古语说，‘生人胜杀人，与人胜取人’。”说完，努尔哈赤命人释放布贝勒，并赐猞猁裘给他压惊。

话不在多，有理有节，暗藏几分自信骄傲，又人情味十足，在场之人无不折服。唯努尔哈赤自知，以君子之心度小人之腹的宽宏，是表演给大家看的。阴一套、阳一套，撒起谎来脸不红心不跳，黑起心肝来眼不眨手不抖，作为封建社会的政治家，这是必要的交际手段。

“放”等于软禁。布占泰在佛阿拉一住三年，三年中，他咳嗽都不敢大声，生怕努尔哈赤听见，琢磨他又耍什么花招。好不容易取得信任，努尔哈赤却要放他回家了。大汗想得周到，担心布占泰离家三载，恐有变故，安排人护送。努尔哈赤猜得没错，其时布占泰的哥哥已死，叔叔听说侄子回来，要杀他夺位。幸亏有建州使者保护，布占泰才得以安然无恙。

为表答谢，这一年的十二月，布占泰把女儿嫁给舒尔哈齐。转年正月，他又与叶赫诸部和努尔哈赤盟誓修好。但布占泰性情自负，不愿屈服。刚盟完誓，他就联络人亲近叶赫，又将嫂子的一副铜锤送给努尔哈赤的大舅哥纳林布禄，使原本努尔哈赤所辖的部落产生分裂。

布占泰的所作所为，努尔哈赤看在眼里，愠怒在心。他考虑用联姻的方式扼制住阳奉阴违的布占泰。又一个十二月（万历二十六年冬天），布贝勒来佛阿拉拜访。这次，努尔哈赤把侄女（舒尔哈齐的女儿）嫁给他，另赐甲、敕书等。又三年，十一月的佛阿拉迎来乌拉部落的美少女阿巴亥。她刚来时天真稚气，不知道自己其实是一个筹码——阿巴亥嫁给大她三十多岁的大汗努尔哈赤，是以和亲换和平。

随着阿巴亥的出嫁，布占泰成了佛阿拉的女婿兼亲家。如果单图拉近距离，或让布占泰甘于效忠的话，他在佛阿拉的地位已然确立，但依附不是他的性格，这么费心地做样子，不过是权宜之计。

布占泰忙着到处攀亲，和建州套完亲戚，又和蒙古明安订立婚约——聘明安之女。聘礼丰富贵重，有镫、貂、猞猁裘、金银、驼马。明安照单全收，却绝口不提嫁女儿。布占泰气得要命，派使者诉求努尔哈赤，话说得声泪俱下：我昔时被擒，蒙你错爱，使我得主乌拉，又把公主许我，对我恩情甚深。我却寡恩，聘叶赫、蒙古女，不敢告诉你。今蒙古受我聘礼而反悔，我甚觉羞耻！求你再许位公主给我，我定当岁岁携两公主来朝。

努尔哈赤早看出明安戏耍布占泰，但不作声，等他受不了耻辱来求自己，再让他知道蒙古和建州谁更可靠。话音一落，努尔哈赤暗暗窃笑：布占泰，你就是千变万化的孙猴子，也逃不出我如来佛祖的手掌心。此番我捞你这只落水狗，让你对我感激涕零。

努尔哈赤满足乌拉贝勒的心愿，或许还有另一个原因——这一年是万历三十一年（1603年），努尔哈赤从佛阿拉迁都赫图阿拉，距离正式称汗还有十三年。

八

努尔哈赤早已识破布占泰的为人，只是没到揭牌的时候，他有的是耐心，让侄女婿表演够了，自己钻进口袋，再收拾也不迟。这个计划只是下策，从内心讲，努尔哈赤赏识布占泰的悍勇，期望他心甘情愿地归顺建州，不然，他不会送嫁两个侄女后，又不惜以女儿下嫁。

努尔哈赤迁都后的第三年初春，乌拉部落蜚悠城的人投奔努尔哈赤，说不堪布占泰虐待，要归附建州。努尔哈赤命弟弟舒尔哈齐，儿子褚英、代善和几位大将军进兵蜚悠城，收平民远归建州。布占泰不许所辖的屯寨居民叛逃，派兵在半路堵截，欲杀害岳父和两位舅哥。但事与愿违，在交战中，乌拉兵一败涂地，损失惨重。

隔年正月，努尔哈赤再次举兵乌拉，痛击狼心狗肺的侄女婿。乌拉再败，大伤元气。为保存实力，布占泰故伎重演，求岳丈修好。他说："我数背盟，获罪于君父，若更以女子妻我，抚我如子，我永赖以生矣。"

按努尔哈赤的一贯作风，布占泰三番五次闹腾，早该一刀结果了他。出于爱惜人才，努尔哈赤对待他有出奇的耐心，竟然真将女儿嫁给布占泰。布贝勒摇身从侄女婿晋升为准女婿。

布占泰并没有兑现诺言，相反，还和岳父争风吃醋，做岳父的情敌——扬言要娶努尔哈赤已下聘礼的叶赫美女东哥。更让努尔哈赤不能容忍的是，他竟箭射建州籍的三位妻子，即努尔哈赤的女儿和两位侄女。

努尔哈赤深知，拉拢和感化策略在布占泰身上不灵，耐心更是达到极限，消灭乌拉部落的时候到了。其实，布占泰的所作所为，早在整个建州燃起愤怒的火焰，这也正是努尔哈赤想看到的，他要利用这团火，焚烧乌拉。他心意已决，亲率四儿子皇太极、五儿子莽古尔泰挺进乌拉。途中所经之处，乌拉部落下属的城寨尽皆被克。

布占泰这次真害怕了，乘小舟在乌拉河上向岳父大人求情："乌拉国乃父国也，幸毋尽焚我庐舍、粮食。”说完，他下跪叩头。

努尔哈赤立马乌拉河，发表即兴演讲，大意是，谴责女婿忘恩负义，用心歹毒，羞辱爱新觉罗家族的成员，引起公愤，才领兵来见。布占泰知道，这场大祸想平息不太容易，他有点束手无策。无奈，他和岳父大人商量，送人质去建州。努尔哈赤再次放了布占泰一条生路。

转眼到十二月，乌拉部落出现十分异常的自然现象——有白气屡屡蒸腾。布占泰以为是上天暗示时机，遂故态萌生，幽禁建州籍的三位妻子；送人质到叶赫；预备娶美女东哥。消息传到努尔哈赤那里，气得他率兵三万，大举进攻乌拉部落。这一回，他要彻底摧毁这个反复无常的小人。

乌拉部落倾巢出动，抗击建州大军。最后时刻，努尔哈赤仍想招布占泰投降。开国“五大臣”和代善、阿敏等人强烈反对，定要踏平乌拉而后快。事情压到现在才解决，努尔哈赤就为触发众志成城的气氛和情绪，但他却说：“我何天宠，自少在兵间，遇劲敌，无不单骑突阵者！今日何难率汝辈身先搏战。但虑诸贝勒、诸将或一二夷伤，我所深惜，故欲出万全，非有所惧也。今汝辈志一，既可决战。”

字里行间包含慈父的疼爱，帝王对部下的珍惜，听者无不动容。于是，万马齐鸣，无数铁蹄踏破乌拉。布占泰侥幸逃脱，躲到叶赫部落避难。

叶赫部落与佛阿拉更是血肉至亲。纳林布禄的父亲叫杨吉砮，是孝慈高皇后的父亲，皇太极的外公。皇太极的外公系蒙古血统，祖先姓土默特氏，所以皇太极的性格因子中，遗传了蒙古人的特征。

努尔哈赤起兵之初，曾经到过叶赫部。杨吉砮慧眼识人，认定努尔哈赤必成大器，想把女儿嫁给他：“我有幼女，俟其长，当使事君。”当时，叶赫部落强盛，努尔哈赤想攀附还找不到借口，一听此言，心中狂喜。他有点迫不及待：“君欲结姻盟，盍以年已长者妻我？”努尔哈赤的意思是，既然你诚意联姻，干脆把大女儿嫁给我算了。杨吉砮认为长女虽好，却配不上努尔哈赤，说：“我虽有长女，恐未为佳偶。幼女端重，始足为君配耳。”杨吉砮说的幼女，是指孟古姐姐，即皇太极的生母。杨吉砮所言不虚，孟古姐姐成年后，果然标致婉约，沉鱼落雁，出嫁佛阿拉后，努尔哈赤对其甚为宠爱。

杨吉砮还有个哥哥，叫清佳砮，即古勒城大战中被额亦都杀死的布寨贝勒的父亲。杨吉砮和清佳砮后来遭辽东总兵李成梁暗算，死于著名的“市圈计”。老哥儿俩一死，小哥儿俩继承父亲的职位，分掌叶赫部落。小哥儿俩一个驻东城，另一个驻西城，东西城首尾相顾，实为一家。

从常理上看，妹妹嫁到佛阿拉，又深受宠爱，叶赫和建州该多亲近，相互照应。然而，事实并非如此。随着努尔哈赤的实力日益强大，佛阿拉成为王国的代名词，纳国舅再也坐不住了。他想出跟妹夫要地的主意，话一出口，努尔哈赤断然拒绝：“我为满洲，尔为扈伦，各有分地。我毋尔取，尔毋我争。地非牛马比，岂可分遗？”

一个蛮横，另一个强硬，妹夫和舅哥，由口舌战升级为兵戎相见。但舅哥的智商不如妹夫高，古勒城之战一败涂地，还搭上堂兄的性命。手足情深难舍，即使死，也要让灵魂归乡。纳林布禄含着眼泪，求努尔哈赤交还堂兄的尸体。努尔哈赤这件事做得比较狠——他令人举起叔伯大舅哥的尸体，一刀劈成两半，把手中的一半抛给纳林布禄——亲人和仇人，没有不可逾越的界限，只是角色转换而已。

古勒城一败，海西女真惧怕努尔哈赤，求和结盟。四大部落的使者来到佛阿拉，与努尔哈赤结盟联姻——美女东哥嫁努尔哈赤，金台石的女儿嫁代善的儿子。金台石，是杨吉砮的小儿子，皇太极的娘舅。联姻的事情商定，接下来是结盟，仪式隆重，宰牛马告天，设酒、块土、肉、血和骨各一器，让我们来看看拜把子兄弟说的什么，“即盟之后，苟弃婚，背盟约，如此土、如此血、如此骨，永坠厥命！若始终不渝，饮此酒、食此肉，福禄永昌”。努尔哈赤也发了誓，话里话外带有警告性：你们履行盟约，大家相安无事；反之，我必征讨。

结盟也好，联姻也好，大家心里清楚，这不过是场郑重其事的游戏而已。就像小孩子过家家，玩得不高兴了，踹碎泥碟子、泥碗，你一拳我一脚的乱成一团。

玩政治，玩的就是心跳。

九

毫无疑问，叶赫是个出美女的部落。东哥、孟古、晚清时代的慈禧，都是引英雄帝王竞折腰的尤物。同时，她们又与国家利益紧紧地捆在一起。我们曾把女人远离战争当成颠扑不破的名言，事实上，此话相当没道理。先看荷马史诗《伊利亚特》，战争硝烟就因美丽的海伦点燃。中国历史上的类似事例屡见不鲜，稍微了解点清前史的人都知道，东哥“一女亡四国”。毫不夸张地说，这是男人为争夺女人而战的典型案例。

孟古姐姐远嫁佛阿拉，哥哥纳林布禄亲自护送。婚后，妹夫、大舅哥明争暗斗，做妹妹的夹在中间，感情遭受极大摧残。万历三十一年（1603年）秋天，努尔哈赤从佛阿拉迁至赫图阿拉，孟古姐姐突然生病，眼见命之不保。努尔哈赤伤心欲绝，在十几位妃子中，孟古姐姐是他的最爱。病重的孟古姐姐思念母亲，努尔哈赤立即打发人去叶赫接岳母。没想到，纳林布禄不许母亲见妹妹临终一面。努尔哈赤闻知既疼又恨，痛骂大舅哥。不久，孟古姐姐含恨离开人世。

孟古姐姐一死，像剜掉努尔哈赤的一块心头肉，他恨大舅哥，发兵征讨叶赫，一口气拿下二城七寨，方才稍稍泄恨。

但事情远没有结束，努尔哈赤心病不除，不会善罢甘休。灭掉辉发部和乌拉部之后，海西女真只剩下最后一座孤城——叶赫。他要让它最后死，死得比谁都难看。

家仇加扩张的雄心终于按捺不住，征伐叶赫的战争终于吹响号角——努尔哈赤的女婿布占泰贝勒兵败逃亡叶赫，其时，纳林布禄已死，弟弟金台石继任。努尔哈赤几次要求“引渡”建州要犯、女婿布占泰贝勒，叶赫就是不交人。恼怒的努尔哈赤举兵克城，一连拿下叶赫辖地的十九座城寨。为孤立叶赫，他厚待降将，赏赐他们金帽、冠服。

叶赫见事态不好，求救于明朝，明朝派兵带火器增援。努尔哈赤不想让明朝横插一脚，亲自去抚顺游说，还给游击写了一封信，为自己讨伐叶赫申辩：一、攻打叶赫，因为它违背盟约；二、东哥女已聘我，又悔婚；三、藏匿建州要犯。三条罪状，没有一条与明有怨，为何厚此薄彼呢？明中央政府从实际利益出发，没理会努尔哈赤的辩护词，继续进兵。努尔哈赤怕腹背受敌，只好撤兵。

1616年，努尔哈赤登基称汗，第一次对明用兵，攻抚顺、清河。辽东经略杨镐（萨尔浒大战的总指挥）谕叶赫发兵。九月，金台石突袭建州，俘虏四百多人，杀八十多人。明中央政府非常高兴，赏叶赫白金两千两、彩缎二十四。

大舅哥屡屡与努尔哈赤作对，建州与叶赫已势同水火。萨尔浒大捷后，努尔哈赤将锋利的矛头再次指向叶赫。他知道，明朝一时半会儿还不能从兵败的阴霾中清醒，这刚好给他时间消灭宿敌。

饶是如此，一向谨慎的努尔哈赤在出征之前，仍放出假情报，声称要进攻沈阳，以牵制明军。但他的真正目标在叶赫，大军向西走了一段后，突然掉头扑向叶赫。金台石没做一点迎战准备，很快被努尔哈赤包围。战争，最怕仓促应战，叶赫兵死伤惨重。金台石携妻带子，登城向下一望，心知大势已去。

他终究是皇太极的舅舅，娘亲舅大，皇太极不忍，从西城赶过来劝降。皇太极没到之前，金台石已对劝降的建州大将费英东说了一段慷慨激昂的话，他说："不用拿好言好语骗我，看你们的神色，是想把我骗下去杀死。石城铁门已为你们所破，再战也不能取胜。这里是我祖父的领地，我生于斯，长于斯，宁愿死于斯。"

皇太极了解舅舅的个性，苦劝舅舅投降。金台石要求见儿子德尔格勒。皇太极叫人找来后，金台石仍然不下城。皇太极急了，就捆绑表兄弟吓唬他。皇太极的表兄性情刚烈，说："我年三十六，乃近日死耶！杀可也，何缚焉？"皇太极没办法，带表兄去见父汗。努尔哈赤扮演君子，说："他是你的表兄，要善待他。"表兄缴械，舅舅却拒不投降，皇太极的舅母只能带着小儿子下城。金台石走投无路，对城下的皇太极做最后嘱咐："大丈夫怎么能受制于人？你是我的外甥，姑且念在你母亲和几个舅舅骨肉至亲的分上，照顾我的子孙，我虽死足矣。"说完，他举火自焚，但自杀未遂，缚后被努尔哈赤下令吊死——金台石死了，于私，努尔哈赤泄了愤；于公，铲除了女真统一路上的强敌。

纵观世界发展史，还没有哪个阶段、哪个人能像努尔哈赤那样，把旗帜的作用发挥得淋漓尽致。某一个政权草创之初，它的内部管理机制是不健全的，甚至是混乱的，从而使各种分工产生盲目性和随机性。如果它拥有一个智囊团，确立法令规则，责任和权力则较为明晰；反之，松散得五花八门。

努尔哈赤在弱小时谈不上严密的法度，一朝实力增强，他马上意识到，权力分配和军队建制是成败的关键。基于这种考虑，迁到佛阿拉后，他立即着手建立制度。

佛阿拉面北的山坡宽敞、平阔，现在是庄稼地，一片挨着一片，在秋天炽热的阳光下，秸秆干瘪而了无生气。但1587年至1602年，这里曾是呼声震天的练兵场。

建州士兵除每日的必练科目，还有“水练”和“火练”。越坑跳涧的训练方法，和现在的特种兵训练类似。这些勇敢顽强的士兵，被编制到各自所属的“旗”里面，受旗主管辖。作为高级指挥官的旗主，直接听命于努尔哈赤。

努尔哈赤的旗建制灵感，来自女真的狩猎生产。女真人出围打猎时，不论人数多少，皆依族寨结伴。当中的首领叫牛录额真，管九个人。显然，牛录额真是低微的官职。努尔哈赤将牛录的单位人数扩大到三百人，这个低微的官职就有些分量了。努尔哈赤设置的每旗人数是这样计算的：旗主叫固山额真，副职两人，叫梅勒额真，管辖五甲喇，一甲喇一千五百人；每甲喇设甲喇额真一人，管辖五牛录；每牛录设牛录额真一人，管辖三百人。每旗人数为七千五百人。

在佛阿拉，努尔哈赤的兵员人数有限，只组建了四旗，即黄、白、红、蓝。这四旗是八旗的雏形。搬到赫图阿拉后，随着降伏部落的增多，有生力量急剧膨胀，努尔哈赤又将四旗扩充为八旗。旗属人员并不是随便划一拨儿人编制，而是以地域为主、血缘为辅精心组成。这样划拨既便于管理，再有，它又利用了人性——作战中有亲人、朋友伤亡，必将激起生者仇恨，大大增强战斗力。

这种军制非常厉害，不但是军事制度，还兼行政职能和经济职能。各旗主既是军事长官，又是行政长官。“以旗统人，即又以旗统兵”，可谓军政合一。战士们穿上军装冲锋陷阵，脱掉军装，又是农业生产第一线的劳动者，修理农具、耕种庄稼、放牧牛马等。牛录额真这时候成为基层行政人员，负责落实上级领导下达的各项任务指标，统筹安排诸如户籍登记、查勘田地、分配财物、税收、房产及日常事务。

最后，八旗还充当司法诉讼部门。努尔哈赤设置了“四审制”，即一审由理事官承办，正听讼大臣复审，诸贝勒定议，努尔哈赤终审。

在文化教育有限的背景下，努尔哈赤甫一开国就迅速订立了责权明晰的法规制度，以八旗为纲，使每一旗都成为一个组织严密的社会团体，形成独特的社会结构，为女真振兴起到积极的作用。

十

额尔德尼（努尔哈赤称他“巴克什”，意为博士、学者。以下称额博士）在佛阿拉的地位，绝对不逊于三位城主。但佛阿拉没有这个人的气息，他的气息湮没于沟壑衰草。以他的特殊性，应居住内城，距努尔哈赤的“宫殿”咫尺之遥——这个人，是继汉官龚正陆之后，努尔哈赤帐下另一位精通满、蒙、汉三种文字的才子。

龚正陆是南方人，被掳到佛阿拉。他学历不高，世居江南，对关东少数民族理解不深，给努尔哈赤撰写的公文、翻译的文件多文理不通。额博士则不同，他出生于都英额，是地道的土著。

都英额，今抚顺市清原县英额门镇，是山清水秀，富庶纯朴的小镇。清原人介绍英额门是和珅的老家，没说是额博士的故乡。不知道这说法准确与否，私下想，就算是和珅的老家，不知要推算到他的第几辈祖宗。清原人不认额博士为乡党，只因他的品牌不抵和珅响亮——英名和骂名，效应性相等，甚至后者在特定背景下会被无限放大。其实，额博士比和珅聪明得多，世界上有几个人能发明文字呢？

额博士十七岁时投奔努尔哈赤，做了一名文职官员，承担后金国往来信函的撰写、编辑工作。

金代女真曾拥有文字，分为大、小两种写法，由国家法律颁布施行。沿袭至明朝晚期，努尔哈赤统一女真战争前，两种大、小字体竟遭废弃。女真文字水平倒退，只剩下语言作为思想感情的交流工具，极大地阻碍了民族的发展与进步。

明中叶以后，蒙古文字流行，这是女真使用蒙文之始，也是努尔哈赤执意重新创造女真文字的动因——努尔哈赤既懂蒙文，又懂汉文，兴兵之后，与明朝、朝鲜的外交文件，均由龚正陆捉笔操刀。这位师爷肚子里的墨水少，文辞字意一知半解，写出来的文章莫说锦绣，简直一团糟。建州内部的法令公文，也由龚正陆先写汉文，再转译蒙文，转来转去，往往词不达意。

为适应建州政权发展的迫切需要，努尔哈赤遂下决心创制女真文字。

创制文字颇费周折。在一次专门议会上，理事大臣噶盖先发言：“以蒙古文字传习已久，难以更制。”努尔哈赤反唇相讥：“汉人念汉字，学与不学者，皆知；蒙古之人念蒙古字，学与不学，皆知。我国之言，写蒙古之字，则不习蒙古语者，不能知之。”噶盖据理相争，努尔哈赤愠怒：“你以习他国之言为易乎？”这话是嘲讽噶盖“崇洋媚外”，令他甚是难堪。努尔哈赤又问一直没吭声的额博士，让他说说看，这事怎么办。额博士的想法其实和噶盖一致，只是看努尔哈赤教训噶盖没志气，他噤若寒蝉，经努尔哈赤一问，沉吟着说：“以我国之言，编成文字最善。”

额博士的态度有点耍滑，以本国语言编本国字，再笨也知道是好事，但难度太大，等于无中生有。这提醒了努尔哈赤，心想：我国使用蒙文轻车熟路，何不在此基础上改造呢？他灵机一动，一锤定音：“不如以蒙古字编成国语。”额博士和噶盖鼓掌赞成努尔哈赤的创意。兴奋之余，努尔哈赤提示，可以加圈点以区别蒙文。

额博士和噶盖作为发起者之一，承担起研制女真文字的重任。惜噶盖命短，在同年的战争中被杀。他死后，额博士独担大任，足不出户，不舍昼夜，终于脱稿完成。努尔哈赤喜不自禁，宣召众大臣共同庆贺。宴会的盛况不亚于开国大典，人们轮番向额博士敬酒。额博士喝得酩酊大醉，蒙眬中，他仿佛看到了前途的光亮。

雄才大略之人，思维敏锐胜于常人百倍。不久，他的预料变为现实——1616年正月，赫图阿拉满地冰雪，银装素裹衬托着热烈和欢乐——努尔哈赤正式称汗，建立后金国，年号天命。登基大典那天，额博士在赫图阿拉的大政殿宣读告天表书，一人之下，万人之上的显赫，使他的声誉攀升到顶点。

荣誉与官爵加身，敦促他倍加勤勉，将努尔哈赤汗的言行整理为《档子》，即著名的《满文老档》，为后世留下珍贵的历史资料。

额博士切实体验到“学而优则仕”的优越性，在后金国开疆拓土的大业中，他兵不血刃，不战而屈人之兵，立下了汗马功劳。但玩政治等于玩火，额博士再聪明，也有马失前蹄的时候——他预知皇太极迟早要做新主，出于私心，也参与了争储斗争。

额博士与皇太极接触甚密，引起其他诸子的忌恨，众人合谋收拾这个见风使舵的才子。常在河边走，哪能不湿鞋。1623年，即天命八年，额博士被告收受汉官礼物。经查实，额博士被革职抄家，贬为庶人。然而，事儿还未完，转过年，额博士家的婢女状告他又收受朝鲜使臣送的绢、珍珠和东珠。一查，又是事实。多说无益，努尔哈赤当机立断：斩立决。咔咔两声，夫妻俩都做了主子的刀下鬼。举世无双的文字发明家死了，只留下串串字符，一页页书稿。

十一

佛阿拉是努尔哈赤创业时期的转折点，在历尽劫难的王城里，他的能量得到最大限度的释放。他没有丰富的知识储备，却网罗了一大批优秀人才，为其舍生忘死地打天下；他没系统钻研深奥的兵法理论，战争是最好的课堂，带出一支军纪严明、勇敢善战的军队；他为拓展领土、施展抱负，宁可把女儿当筹码交易；在军事家的棋盘上，每个人都是棋子，族情、骨肉情、兄弟情、夫妻情牢牢掌控；桃园三结义的盟誓、严肃美好的婚姻契约，在政治家眼里，像一张随意践踏的废纸。他又堪称改革家，大刀阔斧地进行政治制度的改革；关注文化，倡议发明女真文字。他精于策划分裂，却又善于搞团结，不屈者兵戎相见，臣服者大肆笼络。

天生奇志的人，狭窄的空间盛不下他的豪情，终有一天，“汗”要取代“王”。万事俱备，他谢幕离去，留下精彩的剧情供人品评。

第三位主人走了，佛阿拉在寂寞中废弛，它抗拒不了时间的磨损，像一个迟暮美人，风采尽失，形容枯槁。如今，赫图阿拉的至尊地位反衬托出它的尴尬。人们很少去想，没有佛阿拉的艰苦创业，就谈不上赫图阿拉的璀璨。在多维的历史进程中，佛阿拉经历生存与死亡的激烈争夺，承载了沉甸甸的重负。它的山石刻下文字的笔画，土地竖起新制度的旗杆，诞生并养育了莽古尔泰、德格类、巴布泰、阿巴泰等一代勇士。

佛阿拉隔着硕里加河对峙呼啦哈达山（烟突山），与东北五公里的赫图阿拉呈三足鼎立。佛阿拉的游客是种地放牧的农夫，赫图阿拉却诱八方来朝。冷落与荣耀昨是今非，现代人和大清王朝的历代帝王们犯了同样的错误，只花大力气宣扬赫图阿拉，赞美的诗文激情澎湃；而佛阿拉却成了被遗忘的角落，一任荒芜。

然则，这未必不是好事，废弛透着苍劲、悲怆，耐人寻味，唤醒记忆。孑立于残山剩水间，生命与生命相望，穿越历史与现实，叩问价值的含义。赫图阿拉不然，它被修复得近乎完美，锦绣山河，皇寺磬音，歌舞楼台，哪儿还能体验到风云际会、勇士喋血的雄壮。

窃以为，历尽千劫的古迹，埋没大野最好。崇山峻岭，嵯峨迤逦，登顽石，观云海，气魄吞天。荒，就让它荒着；败，就让它败着。收拾了残局，或者加紧复原（破坏）都不合适——它的脉象在薄土厚沙里藏匿，你一惊扰，它就失了原魂。像雁门关，残砖碎瓦支撑着民族的精神意志，多少年雷劈火烧、枪林弹雨，关门兀自岿然。稍一接近，它迫人的气势逼得你踉跄倒退——你不敢小觑它的一沙一石，一叶一花。

所以，佛阿拉的静是大静，化万物于无形。几道土埂，一坡矮树，默默传递离我们越来越远的声音。

杂记波勒密

褚英与父亲的融洽亲密，在建州女真实现统一计划的初期达到高潮，成为继承汗位的一号种子选手。但他由此走向悲剧人生，大权在握的他骄纵、跋扈，引起大臣和众家兄弟的公愤。最终，他被努尔哈赤下令处死。

努尔哈赤对代善的宠爱和器重，在褚英被废黜之后逐渐显露。赫图阿拉建立八旗制度，代善以大贝勒身份掌管两红旗。萨尔浒大战后，他被立为嗣子。后被人告发与大妃阿巴亥有染，他痛失大位。

一

夏季的野草封锁了草仓河，稀薄的河水缠绕着波勒密城，一柔一刚，一动一静，城与水刚柔相济，气势非凡。努尔哈赤十九岁时搬到波勒密城居住，当时是万历五年（1577年），距外公王杲被杀于北京午门两年。

从辽阳城回到赫图阿拉的努尔哈赤，转眼到婚娶年龄，一向精明的祖父替他择婚，迎娶号称辽东首富佟百万的孙女佟佳氏。这门风光的亲事未能改变努尔哈赤在家中的卑微地位——出身哈达部落的刁蛮后娘敌视他，一双眼睛像两团烈火，随时要把他烧焦。塔克世惧内，老婆虐待亲生儿子也是敢怒不敢言。努尔哈赤幼时有外公呵护，而外公撒手人寰后，祖父这一柄保护伞起不了多少作用。性情中渗透了外公的刚烈的努尔哈赤，绝不在后娘的眼皮底下苟且偷生，何况外祖父是被后娘、干爹出卖的。出于仇恨的情绪，他愤然带着新婚妻子来到波勒密。

五年中，他疼妻爱子，勤苦劳作，挖人参、采野果，到清河、开原、抚顺赶马市，用土特产交换日用品。日复一日的平淡生活，逐渐抚去外公惨死给他造成的心理阴影。虽然不能彻底驱散，但他没有因此想与明朝为敌。他清楚地知道，掂量掂量自己的身价，实在是痴人说梦。所以，这个二十多岁的青年，这段时间心态平和，并努力维持生计。

五年后，李成梁的当头一棒，粉碎了他的个人梦想。万历十一年（1583年），二十五岁青春年华的努尔哈赤，在波勒密获悉李成梁血洗了古勒城，斩首二千三百余人。战乱中，娘舅阿台、祖父和父亲均被杀。屠杀外公尚可忍耐，这一次，他的忍耐到了极限。或者说，漫长的等待让他终于找到展示自己的舞台。因为在此之前，他仅仅是个小贩，而今，小贩要抖擞精神，唱一出人间大戏。

二

努尔哈赤成家第四年，长子褚英降生，这时，东果格格已经三岁。像天下所有的父亲一样，努尔哈赤对两个掌上明珠爱不释手。而他与褚英的感情更亲密，毕竟，这小子是爱新觉罗家的未来掌门人。

这一年，距古勒城之役还有四年。也就是说，褚英四岁时，父亲努尔哈赤才开始创业。

古勒城之役后，波勒密一改世外桃源的和谐，燃起讨伐复仇的烽火。父子嬉闹的声音，被建州征战的马蹄、鼓角替代，褚英无忧无虑的童年提前结束了。在父亲主持的“建州争霸赛”上，他见惯了刀光剑影，历练中险象环生。十五六岁的孩子披挂铠甲出征，在战事中独当一面，为父亲立下汗马功劳。

褚英之果敢、智勇不逊于他的父亲，建州开战十年，先后两次获赐封号。第一次崭露头角，他十八岁（1598年），率领建州女真的军队远征松花江流域，缴获人畜一万余。努尔哈赤喜出望外，赏赐儿子“洪巴图鲁”，封他为贝勒。

同年，他和兄弟代善、叔父舒尔哈齐征瓦尔喀部。夜里行军，天空突然阴晦，闪现白光。舒尔哈齐疑心不吉利，欲班师，褚英与代善坚决反对。抵达蜚悠城，众人收取屯寨五百个，还顺便收拾了找碴儿的姐夫布占泰。摆平布占泰是场硬仗，这也是军事史上以少胜多的经典案例之一——乌拉贝勒集合一万人，在半路拦截来犯之敌。建州兵力仅有数百，情势大不妙。褚英和弟弟代善表现冷静，策马高呼：“上每征伐，皆以寡击众，今日何惧？且布占泰降虏耳，乃不能复缚之耶？”褚英利用父亲的威名给士兵打气，他说：“大汗每次征讨都以少胜多，我们怕什么？况且我姐夫乃我父汗手下败将，今天我们只不过再多俘虏他一次罢了。”

这句话很厉害，鼓舞了士气，建州军队两路夹击，在乌碣岩大败乌拉军队。以下是战果：缴获五千匹战马，三千副铠甲，杀敌三千。初出茅庐，战绩骄人，努尔哈赤十分欣喜，嘉奖儿子“阿尔哈图土门”的荣誉称号。

褚英与父亲的融洽亲密关系，在建州女真实现统一计划的初期达到高潮。努尔哈赤特别看重年轻有为的长子，这时努尔哈赤年届五十，离退居二线的日子不远了，他考虑立褚英继位。但也有顾忌，因为他发现了长子的缺点——心胸狭窄，居功自傲。思来想去，褚英成为继承汗位的一号种子选手。

三

褚英由此走向悲剧人生，大权在握的他骄纵、跋扈，引起大臣和众家兄弟的公愤。如果褚英能够及早纠正错误，笼络人心，继位的就不是皇太极。可惜褚英变本加厉，给了皇太极弹劾的理由，后者串通“五大臣、四大贝勒”，到父亲那里告长兄的黑状，说嫡长子勒索兄弟们的财物、马匹，还扬言继位后诛杀不听话的弟弟及大臣。

褚英不认账，查无实证，事情也就罢了。在父亲连珠炮似的追问下，他竟然拒绝申辩。褚英的还击方式，符合他的率性。他没有耍滑头，以百般抵赖摆脱围攻，甚至强词夺理，一副委屈相，以骗取父亲的理解，保住王位继承人的桂冠。自恃功高的犟种，迎着浪头上，惹恼了父亲，被剥夺财产不算，眼看即将加身的龙袍也弄丢了。

失宠的褚英“意不自得，焚表告天自诉，乃坐咀咒”，又被剥夺军权。褚英成了闲人，心情焦躁，恼恨父汗和众贝勒孤立他，便想法子报复。趁父亲、兄弟出外征战，他在庭院摆设香案，焚烧黄表纸，跪求苍天，诅咒亲人战死沙场。这是潜伏在褚英肉体中的毒素，操纵他行事阴损。如果说前番的一意孤行情有可原，但这一次的妇人式忌妒，促使努尔哈赤断然采取措施，下令处死褚英。

皇太极的心计多于褚英百倍，兄弟俩内讧，褚英必败无疑——褚英实在令人惋惜，如果逞强时稍微冷静一点，急流勇退，做低姿态，只要父亲倾向他，皇太极就算再精于算计，也只能怅然作罢。然而，褚英的性格里挑不出“使诈”两字，他是直筒子脾气，先犯众怒，再与父亲决裂，将自己送到风口浪尖，被政治狂飙卷入深渊。

四

如果褚英熟读历史，他决不会干这等蠢事。历史上，皇室的械斗案例太多了，父子情、兄弟情，在熏天的权力欲面前通通黯然失色。皇权争夺战，不掺杂丝毫情感。大家刀来剑往，招招封喉。而褚英的亲兄弟代善，则做得游刃有余。虽然痛失继承父亲汗位的际遇，但他审时度势，及时退出残酷的夺位战，落了个完满结局。这一点，他比褚英明智。

代善小褚英三岁，太公、祖父被杀古勒城时，他在波勒密呱呱坠地。新生儿的哭声和杂沓的马蹄声混响，代善瞪着惊奇的眼珠，打量母亲佟佳氏及兄长褚英时，父亲正举旗发誓替父祖报仇——代善尚在襁褓，波勒密就给了他一个兵戈铁马、雄厚恢宏的意象。他的婴儿期，父亲给的玩具是马鞭、铁甲和头盔。所以，代善在人生初始，血液中已浸入斗智斗勇的因子。

人们通常所指的遗传，是说一个人与另一个人的某种基因特征相似。代善出生成长在杀伐不断的家庭，有一个人敬人畏的父亲，耳濡目染，他以少年勇冠三军一点儿也不奇怪。他首次随长兄征战乌碣岩就表现不俗。在激战中，他像抓小鸡一样抓住乌拉将领，将其横空拦腰斩断。班师回建州后，努尔哈赤嘉奖儿子英勇克敌，赐号“古英巴图鲁”。

将军仅凭勇敢是不足取的，足智多谋、头脑清醒才属上游。代善的智谋，青出于蓝而胜于蓝，等于父亲的军师。努尔哈赤征战乌拉，克逊扎塔、郭多等三城，与乌拉女婿布占泰相遇。布占泰拥兵三万，在富勒哈城扎营。后金随军将领请战，努尔哈赤沉吟不决，代善说：“我军远伐，利速战，虑布占泰不出耳。出而不战，将谓之何？”他的观点是，我军远征，应速战速决，既然来了，为什么不战呢？话里话外，懊恼火父亲犹豫，也是兵家常用的激将法。果然，努尔哈赤说：“我岂怯战，是恐怕你们被伤，要想个万全之策。既然众将主战，还有何犹豫。”王命一出，代善身先士卒，大败乌拉。

努尔哈赤对代善的宠爱和器重，在褚英废黜之后逐渐显露。赫图阿拉建立八旗制度，代善以大贝勒身份掌管两红旗。此时，上至宗室大臣，下至士兵、伙夫，众人心明眼亮，努尔哈赤有意把对褚英的希望全盘移植给代善。这两个儿子，于他来说太重要了，一为长子，一为次子，他们的母亲都是原配佟佳氏。

五

佟家与努尔哈赤，藏着鲜为人知的秘密——据佟氏家谱记载，努尔哈赤年轻时曾住在佟家，与佟家的女儿情投意合。后经两家协商，两人婚配。这桩婚姻可谓门当户对，努尔哈赤的祖父任建州左卫指挥使，哈哈纳扎青的爷爷是辽东首富。严格一点儿说，佟家比努尔哈赤家更有实力。努尔哈赤的祖父也是看中佟家雄厚的经济基础，才缔结这桩婚姻。努尔哈赤的祖父为孙子的前程铺路，是有先见之明的——努尔哈赤兴兵，人吃马喂，消耗钱财无数，光靠抢劫远远不够，它需要背后有一个强大财团的支撑。这一神秘的财团就是佟家。佟家为努尔哈赤的事业默默奉献，努尔哈赤对此感激不尽，逢书信来往，必自称佟·努尔哈赤。他搬到佛阿拉的时候，在与朝鲜往来的信件上，还在自己的名字前面标注佟姓。

上述的博引，意在交代褚英和代善兄弟在努尔哈赤心中的不可替代性。他们两个人从某种意义上说，是佟家血脉的延续。褚英没有把握好命运走向，努尔哈赤便将全部期望转而寄托在代善身上。

平心而论，代善的智勇不在父兄之下，他看似宽柔，实则坚定。努尔哈赤在六十岁生日时袭击抚顺关，就是代善一手策划。代善出主意袭扰抚顺关，本欲捋一捋大明王朝的老虎须，试探它发威的吼声能否震碎山河，顺带给父汗一个特别的生日礼物。然而，计划一旦落到实处，努尔哈赤的心里便敲起了鼓，虽然积累多年的战争经验，但女真的散兵游勇和明朝的正规军毕竟性质不同。努尔哈赤心里没多少底气，又不便流露，恐人小觑。心理负担或多或少地影响了行军速度，可巧，途中突遇大雨，大军浑身透湿，只剩下一口牙齿是干的。努尔哈赤越发觉得出师不利，欲掉转部队回赫图阿拉。代善见父亲打退堂鼓，力谏："我师即入明境，遂引还，将复与修好乎？师既出，孰能讳之？且雨何害，适足以懈敌耳。"代善理智分析形势——开弓没有回头箭，既然来了，就不要忌讳，何况天降大雨，正好麻痹敌人。

努尔哈赤深以为然，采纳代善的建议继续行军。半夜，风停雨住，后金军借天之助，凌晨抵达抚顺关，准时发起攻击。令所有参战的后金将士意外的是，貌似威严的抚顺关居然像一块豆腐，随便一捏就碎成渣。后金连端五百寨堡，抢劫三十多万人畜，财物更是不计其数。这还不算，代善偕皇太极等几位大将，把大明王朝的援兵也给来了个一勺烩。

代善的军事才能，于抚顺关战役中只现冰山一角，在接下来的萨尔浒大战中更是展现得淋漓尽致。不夸张地说，后金与大明王朝的生死大决战，如果代善缺席，胜负很难预料。在四大战役中，代善主持了三场：战前，建州方面获得情报，一股明军已出清河。清河距鸦鹘关百里，威胁后金西境。代善和女婿李永芳（抚顺关投降的汉官，努尔哈赤妻以族女）等人认为清河道路狭窄崎岖，行军速度缓慢，可先集中兵力打击抚顺。

大战一开，代善就给了明王朝一个下马威，他把骁勇善战的杜松堵在萨尔浒附近的吉林崖，打得杜将军不知所措；然后挥师尚间崖，支援阿敏和弟弟莽古尔泰，两军会合，再败北路军马林；而东路军与杜松、马林相比，其景之惨，不忍目睹。刘綎虽是指挥有方的将军，实战经验居四路大将军之首，但手持尚方宝剑的经略杨镐不待见他，军队配给不是一般的差——兵多老弱病残，武器装备落后，人员组成混杂，等等。一个杂牌军，就算刘綎是块铁，又能打几根钉？

更重要的是，战争，很多时候是打信息战，这是颠扑不破的真理。无论过去、现在和将来，截获敌人的信息，都是双方千方百计要做的。所谓知己知彼，百战百胜。可怜刘将军占全了不利因素，又不重视战场信息，西路军与北路军溃败，他竟毫不知情，还在心急火燎地赶往赫图阿拉。代善正是钻了刘将军消息不灵的空子，冒充探子送假情报。刘将军上当，其军队被埋伏的后金兵杀得尸横遍野。刘将军本人，被砍掉半张脸后还挥舞大刀横冲直撞，直到力竭死去。

萨尔浒大战的结局，使后金对明朝由防御转为进攻，代善本人成了这场战争最大的受益者——因战功卓著，努尔哈赤立他为嗣子——他正式接替哥哥褚英的太子位置。

六

似乎是天意，兄弟俩一挨帝王的边儿，命运之神就变脸。不过，代善失宠的原因有点儿不上台面——他被人告发，与大妃阿巴亥有染。告发者是当年告发达海与婢女通奸的侧妃德因泽。努尔哈赤雷霆震怒，吩咐人核查。调查结果显示，代善与大妃关系暧昧。这一“暧昧”，事情就变得扑朔迷离。代善身为太子，与大妃吃几回晚宴，多说几句话也属正常。面对努尔哈赤的审讯，大妃阿巴亥的还击直截了当：你叫我与大贝勒多往来，嘱咐我母子三人日后靠他照顾。怎么，我和他来往多了，你吃醋？努尔哈赤哑口无言，他的确叮嘱过代善，自己百年之后，要照顾好大妃母子。

努尔哈赤搬起石头砸自己的脚，心情抑郁，终日烦闷，一边是心爱的大妃，一边是嫡子，事情不管虚实，传播开来终究是帝王家的丑闻。努尔哈赤权衡再三，下决心处罚两人——一个废黜，另一个免去大妃身份。

从这件事处理的结果看，努尔哈赤还算温和理智。如果将两人一起杀掉，等于承认儿子与老婆淫乱；不处罚，等于是光屁股作揖，转圈丢人。他心里虽然清楚，儿子与老婆究竟近到何等程度，但又不能对任何人讲，打掉牙齿和血吞，一为稳定人心，二为维护尊严。

代善被父亲罢黜了继承人的位子，他没一点哀怨，更没有效仿长兄进行愚蠢的反抗，而是以平和的心态坦然接受。

父亲死后，代善和皇太极继位机会均等，但他牵头拥立皇太极，避免了争夺皇位的内部火并。皇太极登基第一年，代善率部攻打锦州大凌河，大败吴襄——吴三桂的父亲。就在代善埋头苦干的时候，皇太极为巩固帝位，开始对诸贝勒打压排挤，先是阿敏获罪，再是莽古尔泰被降为多罗贝勒。代善心知肚明，不能再赖着和皇太极并坐了，否则，八弟的屠刀将按在自己颈上，要保全性命，必先诚意让贤：“上居大位，我亦不当并列。今请上南面，我与莽古尔泰侍坐于侧，诸贝勒坐于下。”面南背北的座位，四贝勒你独坐吧，没有人跟你分享权力。

皇太极挤对兄弟的目的达到了，凭他的智商，情知代善的性格隐忍宽宏，暗觉亏欠。代善与之前并无二致，仍率军远征察哈尔、掠山西、攻朝鲜。似这等忠贞，皇太极再狡狯，也被其诚感动。当有人告代善攻下朝鲜，违旨私发财物时，皇太极不买账，叱责告密者：“朕与兄礼亲王敬爱有加，何不体朕意若是？”历经种种考验，皇太极已经对兄长彻底放心，选这时候告黑状，在他看来，是挑拨君臣、兄弟关系，当然不会给好脸色。

代善的至忠感染了皇太极，兄弟情义在权力地压榨下，也露出可爱的一面。天聪四年（1630年）十一月，皇太极与代善去叶赫打猎，代善马失前蹄，脚踝受伤。皇太极慌忙下马敷药包扎，哭着说：“我忽略兄年事已高，不便驰马，兄长你自己怎么不珍重呢？”皇太极这句责备，抵得上一百句口蜜腹剑的虚情假意，代善痛苦的脸上露出诚挚的微笑。

皇太极死后，代善再次等来机会，但他又与帝王宝座失之交臂——联合诸王、贝勒和大臣，拥福临继位。这是代善明智的选择，如果他站出来争夺皇位，多尔衮必不相让，加上誓保豪格的一派势力，三方酣战，只会一败俱败，一损俱损。他从朝廷大局出发，克制住个人欲望，使清帝国的皇权实现了成功过渡。

重蹈覆辙的二贝勒

阿敏在波勒密出生，他心机敏捷、胆识超群，博得伯父努尔哈赤的欢心。八旗制度一创立，阿敏便独领镶蓝旗，跃居“四大贝勒”之列。阿敏一生虽功勋卓著，但也未得善终，被幽禁十年而死。

一

阿敏出生于波勒密城，幼年随父征战女真各部落，军事才能显著，深受伯父赏识。某年某月，阿敏被努尔哈赤调任新兵营管理军务。新兵营的本职工作，无非训练新入伍的士兵，教他们擒拿格斗、骑马射杀。训练新兵是份苦差，任务艰巨，却意义重大，不然努尔哈赤不会把任务交给阿敏。他器重二侄子，即使弟弟叛乱，他也没有舍得杀掉阿敏，不但没杀，反而委以重任，提携阿敏参政议政。

史料没有记载兴兵屯驻扎过多少士兵，极大可能，苏子河两岸扎满了帐篷。不容回避的问题是，明帝国统治下的建州，物资奇缺，苏克苏浒河没有大型坚固桥梁，阿敏巡查士兵营，交通工具是舟。驾舟横渡不轻巧，四百多年前，苏克苏浒河水深莫测，流速很快，小木筏子水上漂，说不准几个浪头就给掀翻。所以，光靠胆大不够，驾舟之人还得识水文、懂观测。

总之，阿敏的官儿当得辛苦，勤勤恳恳地为伯父效力。他从无父亲的非分之想，初受打击，落魄新兵营，完全是受父亲舒尔哈齐的牵连。

舒尔哈齐欲与兄长分道扬镳，将家眷、财产及部分亲兵转移到黑扯木。分裂计划还没来得及全部实施，他不幸被兄长发现，毫无疑问，叛国的大罪按律应杀头。三个胆大包天的人第一时间内被缉拿归案——亲王舒尔哈齐、大儿子阿尔通阿、三儿子札萨克图披枷戴锁，对指控罪名供认不讳，只求速死。动刑在即，努尔哈赤突然摆手：且慢，还少一位呢。他派兵传信，叫阿敏速回大本营。

阿敏接到信，料知父子四人性命休矣——他知道父亲在冒险，曾劝阻父亲收心，因为跟大伯父斗没有好下场。舒尔哈齐去意已决，视儿子的苦劝为耳旁风，终于大祸临头。恐惧、悔恨不顶用，阿敏只能听天由命，策马狂奔，从新兵营赶往大本营。一路上马蹄嘚嘚，尘土漫天，阿敏汗流浃背，忐忑不安……

阿敏被皇太极和代善从刀口下解救出来，两位皇子力保他与叛乱无干，努尔哈赤便释放了他。其实事情没这么简单，大业未成，舒尔哈齐竟敢蛊惑军心，自我削弱，谋反叛乱，实在罪不可赦。努尔哈赤野心勃勃，必然诛杀不殆，杀一儆百。出人意料的是，他一杀一放，等于打完一巴掌又给一个甜枣。

努尔哈赤为什么这样做？理由如下：一、舒尔哈齐功高，几乎与努尔哈赤平起平坐；努尔哈赤进京送礼，舒尔哈齐走外交路线积极斡旋。二、后金的大臣、将领、士兵多有他弟弟的亲信，真斩尽杀绝，闹不好，会有人趁机武装暴动，多年心血将付之东流。三、也是最重要的一条，舒尔哈齐与李成梁是儿女亲家，舒尔哈齐的女儿嫁给李成梁的儿子。舒尔哈齐之所以敢和兄长平分秋色，李成梁这个后盾的作用不可低估。这笔账，努尔哈赤不糊涂——数年后，舒尔哈齐不明不白地死掉，李成梁还送厚礼吊唁。努尔哈赤惊得暗吸口凉气，庆幸自己当时没冲动。

二

既要杀，又要杀得心服口服，还得留下活口，善待之，使之为我用。努尔哈赤具备作为领导的心理素质，两只拳头有软有硬。他推出一系列举措——饶恕阿敏，将他父亲的军队、财产全部转承其名下，让他跨入“四大贝勒”之列，地位仅次于长子褚英，并独统镶蓝旗。此举意在笼络大臣、将领、士兵：大家看好了，他们父子负我，我却以德报怨，你们哪个不心悦诚服?

上述决策的出台，是努尔哈赤睿智，善于驾驭全局的表现。但这里头不排除亲情的因素，他没有立斩兄弟，改囚于赫图阿拉的西大狱，或多或少流露出内心的不忍。失去父亲的阿敏地位崇高，大权在握，这是努尔哈赤有心补偿，笼络侄子，真可谓用心良苦。

阿敏逃过一劫，变得失魂落魄，郁闷茫然。训练之余，时常一个人在河岸边彷徨。河里的蒲棒沙沙响，他呆望起伏的绿浪神思恍惚——父亲被囚，兄长和弟弟命归黄泉，家中的两个小弟弟，日后还要依靠他照顾。伯父厚赏重用，自己唯有感激涕零，竭力报效，在残酷的政治斗争中保全身家性命，为伯父的千秋伟业洒尽热血。

阿敏一心扑在工作上，没有命令，从不擅自脱岗回大本营。实际上，赫图阿拉已经变成一根刺，扎他，让他心疼——父亲被关押于西大狱，父子情深，阿敏趁回大本营办公务之机，偷偷探望过几次。他扒着土墙，伸长脖子，轻声呼唤父亲。昏暗的光影中，父亲颤巍巍地爬起来，眯起眼睛，端详他。看着肮脏的囚徒父亲，阿敏心如刀绞：那个驰骋疆场、威风凛凛的人没了，代之以胡须花白，浑身异味，眼珠混浊，骨瘦如柴。他鹰爪似的手指抓着食物，嘴巴贪婪地咀嚼，喉咙里发出咕咕的吞咽声。他根本不问战情，不问家中境况，仿佛世界上只剩下一件事——吃。吃饱了才恢复意识，他木然地告诉儿子，少来看他这个活死人，免得惹祸上身。一会儿，他又说，跟伯父混，要多长几个心眼，你的命在他手里握着。阿敏忍泪点头。每次临走，父亲眼里又流露出害怕孤寂的恐惧，紧紧抓住他的衣袖，费好大劲儿才掰开，然后头也不回，大步流星地匆匆离去……

生为人子，阿敏想哀求伯父释放父亲。但阿敏深谙伯父的性格，迫于压力，他不得不按捺思念，忍受感情的杀戮。这种杀戮持久、残忍，深入骨髓。惊魂未定的他不敢碰那根刺，一碰，就将闯下大祸。现实要求阿敏，履行职责是转移感情的最好方式。

两年后，父亲最终死在伯父手中。父亲的死，在阿敏的预料之中，伯父老谋深算——二侄子阿敏地位显赫，功勋卓著，对自己感恩戴德，谅他小子不敢轻举妄动。后金政权逐渐巩固，发展态势良好，正万众一心地抢夺大明帝国的土地和城池。此时不杀，更待何时？于是，四十八岁的舒尔哈齐，蒙难于万历二十九年（1601年）八月十九日。

父亲惨死后，新兵营像阿敏治疗伤痛的诊室，他就是自己的医生。深夜寂静无人时，阿敏步出营房，躲到河边，倾听着苏克苏浒河的滔滔水声，舔舐内心的流血。阿敏是个聪明人，于己不利的时局，他分析得一清二楚：摆在面前的路只有一条，誓死追随大伯父，以免落得父亲的下场。

随着后金对明朝战争的深入，他和军队离开新兵营，投入各大战役中去。这段往事，他在戎马生涯中逐渐淡忘。

阿敏毕竟是舒尔哈齐的儿子，多年之后，竟也重蹈老爹的覆辙。他变得居功自傲，忘记了新兵营的痛苦，派人到黑祉木，意图继续经营，与堂弟皇太极决裂。阿敏的过激行为幸好被人及时劝阻，皇太极大度，亦不追究。他返回盛京，仍以主将身份参加永平之战（1630年）。

永平是块硬骨头，八旗军队与明军展开野地争夺，但八旗军队伤亡惨重，连失城池。在极其不利的情况下，阿敏残杀汉族降官，引起汉人的强烈抵抗，翌日败给祖大寿。兵败，班师回盛京，屁股还没坐热，阿敏就被众人弹劾。皇太极伺机下令，囚禁二贝勒——皇太极早预备好菜刀，只等阿敏像长兄褚英那样自己跳上案板，任其宰割。

三

1585年，波勒密迎来两条新生命，努尔哈赤的三儿子和四儿子。但他后来对这两个儿子不看重，因为他们的母亲身份低微，个人才能更是远远比不上褚英和代善。

三阿哥阿拜和四阿哥汤古岱一生无甚建树。四阿哥干得最出名的一件事，是在滦州、永平之战中，因兵力不足、指挥不当而连失四城，自己受罚，还连累了贝勒阿敏，使阿敏与皇太极的隔膜加深，为阿敏的悲剧人生埋下了伏笔。

阿敏虽功勋卓著，但未得善终。努尔哈赤在位，他服从伯父。皇太极继位后，兄弟间起了摩擦。最激烈的一次，阿敏奉命攻伐朝鲜，从义州一直攻到江华岛，朝鲜国王李倧和弟弟设宴款待，恳求阿敏停止进攻。宴会结束，岳托等人申请回国。阿敏却说：“我喜欢朝鲜王城的壮丽，既然来了，还回去干什么。我和杜度一起居留在此屯兵耕田。”心存二志的阿敏拉杜度入伙，无非瞅准皇太极与褚英皇位之争的旧隙，他认为杜度是褚英长子，必怀恨皇太极夺位。不料，杜度的回答让阿敏不悦。杜度说：“皇上是我的叔父，我怎么能远离他，而与你同留朝鲜？”阿敏的想法没人赞成，只得与朝鲜签订了兄弟之盟，回到辽东。

世上没有不透风的墙，阿敏想长期留居朝鲜的意图，传到了皇太极的耳朵里。皇太极表面装聋作哑，暗中却给阿敏记账，等待清算时机。

永平惨败，皇太极对这位叔伯兄长极为恼火，怪他连失四城、屠杀降军。对此，阿敏居功自傲，不买皇太极的账。皇太极是什么人？诱褚英引颈刀下，逼阿巴亥生殉的人，一个阿敏，他要收拾易如反掌。阿敏本人也有性格缺陷，得罪了不少宗室大臣，皇太极于是打定主意，索性借机扫清障碍。他宣阿敏回京，却让他驻在离盛京十五里的地方。三天后，皇太极召集贝勒、大臣上殿，当众宣谕阿敏的罪状。皇太极先翻旧账，说：你老爹当初欲移居黑扯木，我老爹惩治了他。你失去老爹，我老爹疼爱你如同己出，分给你财物、奴仆，“四大贝勒”你位居第二，等等。接着他话锋一转，数落阿敏的种种不是——我父子待你不薄，去了趟朝鲜，你居然不想回来。俘虏了美妇进上，又反悔讨要，我不能因一个女人伤了兄弟和气，把那异族女人还给你。还有，按规定，诸贝勒子女婚嫁必须禀告皇上，你阿敏却私自将女儿嫁到蒙古。招待宴会，我没有参加，你对此心怀怨愤……一大串罪名，哪个能够消受，一个“囚”字出口，谁也不替他求情，这里头既有阿敏的错误，也不排除众人落井下石。

历数后金名将，唯阿敏父子结局最惨，他们乃努尔哈赤父子最亲的亲人之一。舒尔哈齐被亲兄长囚禁几年，找借口被杀掉。冥冥之中，阿敏落得与父亲同样的下场——皇太极沿袭父亲的惩治手段，囚禁阿敏达十年之久。十年，足以耗干一个人的锐气、勇气、血气，摧毁一个人的意志、斗志。

大将幽禁斗室，与世隔绝，犹如猛虎困守牢笼。万兽之王被折磨成一只病猫，就算放出笼，能不能恢复虎虎生气也让人担忧。阿敏被禁斗室，如同猛虎失去自由。所谓区别，他的自由在纵马驰骋，虎的自由在啸傲丛林，两者的精神支撑点同样在疆场，一旦被囚，失去自由，等于被宣判死刑。

这个刑期是漫长的，不如一刀斩断痛快。武将不似文人，文人流放荒蛮之地，相当于幽禁。漫漫荒野，渺无人烟，走无路，逃不脱，万般无奈，只剩下一条活着的路。这等活法，考验一个人的胸襟，活得好，另辟蹊径也会名垂千古。被流放而坚持下去的人里头，苏武是一位，流沙千里，朔风劲吹，身体的水分干枯，精神却越发坚挺——作为外交使节，他笃信总有一天会回到长安。多年后，他脱身沙漠，其时，符节已坏得不成样子，汉服亦破烂不堪，堂堂汉使竟穿着一件羊皮袄上朝面君。

这些事情，阿敏是做不到的，甚至也做不了达海。达海被监禁后，仍借星光读书、翻译。他不放弃生的信念，一出狱，立即被重新起用。阿敏的悲哀在于，他没有在长达十年的狱中给自己的精神和思想定位，为自己找出路。其实，他完全可以做一些事情，譬如反省、静思，就算没有中原文化底蕴做原动力，想一想生身之父与伯父间的角逐，也会获得一些启示，以诚恳的态度，缓和与皇太极的矛盾。

阿敏入狱十年，从此与后金战事无关，从龙入关也没有他的份儿，他像一潭死水，逐渐枯竭蒸发。

莽古尔泰和德格类的结局

他功高位显，屡奖屡罚；他粗鲁火暴，弑母屠兄；他壮年早逝，罪累子女、弟妹——莽古尔泰，努尔哈赤的第五个儿子，“四大贝勒”之一。他一生沙场喋血，死后却被夺爵毁碑，为什么落得如此下场？是与皇弟皇太极不和，惨遭暗算？还是性格缺陷，在所难免？

德格类确实比哥哥莽古尔泰绵软，他综合了父亲和母亲的性格特点，做事比哥哥谨慎，不一味逞强。努尔哈赤和皇太极均喜欢他的稳而不失勇。

一

他功高位显，屡奖屡罚；他粗鲁火暴，弑母屠兄；他壮年早逝，罪累子女、弟妹——莽古尔泰，努尔哈赤的第五个儿子，“四大贝勒”之一。他一生沙场喋血，死后却被夺爵毁碑，为什么落得如此下场？是与皇弟皇太极不和，惨遭暗算？还是性格缺陷，在所难免？

莽古尔泰出生于佛阿拉城，生母为富察氏衮代。莽古尔泰的性格极像母亲，简单直爽，不藏玄机。天命五年（1620年），富察氏获罪而死，就与她的性格有关。她的长子死后获罪，也与性格有关。母子俩未得善报，究其因，性格是隐形的杀手。

凡事具有两面性，头脑简单常常作战勇往直前，莽古尔泰的功绩就建立在“勇”字上。二十五岁，他随父出征乌拉部。建州兵强马壮，沿乌拉河而下，连下六城。兵至金州，杀得兴起的莽古尔泰请求渡乌拉河屠城，努尔哈赤脸一板，说：“无仆何以为主，无民何以为君。人杀光了，你给谁当主子。破了他的城，毁掉粮草，令其归顺，为我所用才好。”经父汗一提示，莽古尔泰自觉鲁莽，面红耳赤地退下。

冷兵器时代，“勇”字是制胜法宝。每个人都有弱点，也有他的长处。莽古尔泰靠着勇，在1616年（天命元年）建国时，被父汗授予和硕贝勒，与大贝勒代善、二贝勒阿敏和四贝勒皇太极并称“四大贝勒”，成为后金政权的核心人物之一。

1619年，萨尔浒大战爆发。按战略部署，莽古尔泰协助父汗御敌界凡城，伏兵萨尔浒谷口，摆下口袋阵。心浮气躁的明军杜松部渡河时遭重创，率部突围向吉林崖冲击。莽古尔泰和大贝勒代善早在等他钻进口袋，明军一入阵地，兄弟俩扎紧袋口，把杜松部困在吉林崖。杜松见增援无望，战死。杜松一死，莽古尔泰和代善飞马赶回兴京，直插富察山野，伏击南路军刘綎部。明朝南路军消息不准，误中代善的诱敌之计，被全歼于阿布达里岗。

萨尔浒战役提高了莽古尔泰的威信，努尔哈赤对他多了几分喜爱。但是，转年他就被牵连进一桩无头公案。这件事让他背负了一辈子恶名，常被后人挂在嘴边——弑母邀宠。

1620年，衮代与努尔哈赤夫妻感情破裂，努尔哈赤一纸休书休了衮代。亲娘被父亲休了，好说不好听。亲娘失宠，做儿女的也跟着倒霉。莽古尔泰心有继位的抱负，亲娘和父汗一拍两散，他怕连累自己，为取悦父汗，杀死了亲娘。

衮代是否为莽古尔泰所杀有待考证，但这件事使他名声扫地。欲速则不达，莽古尔泰因亲娘的死，从此与汗位绝缘。

人的天性是自娘胎里带来的，江山易改，禀性难移。衮代心直口快，得罪了努尔哈赤，抱憾而死。她不加掩饰的特性，也遗传给儿子莽古尔泰，为他的悲剧人生埋下了伏笔。因涉嫌弑母，莽古尔泰在人前矮了三分，要扭转被动局面，只有在战场上舍命厮杀。

天命六年（1621年），镇江守将陈良反叛，投明将毛文龙。情势急转直下，努尔哈赤派莽古尔泰和代善，火速赶往金州，将金州城百姓迁至后金占领的复州。接下来的几年，莽古尔泰充任先锋，转战于各大战场——1625年，他率本部骑兵攻克旅顺口。同年，察哈尔林丹汗侵科尔沁部，克勒珠尔城被困，莽古尔泰率军增援。林丹汗一见后金大军旌旗劲旅，自知抵挡不过，望风而逃。天命十一年（1626年），后金征喀尔喀蒙古巴林，命诸贝勒袭击锡拉穆楞。抵达后，大家推说长途行军人困马乏，想明日再战。莽古尔泰却当下拍马出阵，率兵连夜渡河偷袭，攻下锡拉穆楞，缴获丰厚。

莽古尔泰不是为出风头，引起父汗的重视，这就是他的性格，有一股子愣劲、闯劲。他想的是，你们不去，我去，不信拿不下锡城。另外，他有较强的好胜心：都说不行，我偏不信邪。这一点，很像他的母亲。

迎难而上，无所畏惧，是莽古尔泰的优点。广宁之战、宁远之战，不论局势有利无利，他都从未退缩。赳赳武夫，可做将帅，但不可做帝王。努尔哈赤在宁远战败，气急攻心，病发而死。皇太极上下其手，软硬兼施，登基继位。莽古尔泰自知不是对手，屈为臣子，随皇太极冲锋陷阵。

天聪元年（1627年），莽古尔泰奉新君之命，率军攻明右屯卫。同时，他抽出一支部队，围困塔山，组织运送粮草。天聪三年（1629年），皇太极实施征明计划，莽古尔泰和多尔衮、多铎作为后续部队，合兵协同作战。这场战役，他大败明总兵赵率教，活捉副将臧调元。接着，他招抚潘家口守将。喘息未定，他又随皇太极进洪山口，逼遵化、克通州，直抵北京。北京被困，朝野上下顿时混乱。袁崇焕又远在山海关外，短时间内回不来，北京城危在旦夕。不得已，北京负隅抵抗，以待援军。千呼万唤，援军总算来到。莽古尔泰派叔父巴雅喇堵截，自己与多铎殿后。中途遇一股明溃军，莽古尔泰率军将其歼灭。之后，莽古尔泰随皇太极又打败明山海关援兵。

皇太极继位前后，是明与后金交战最频繁的时期，较量已处于白热化状态，战事一场接一场。只是明王朝败多胜少，越退越近家门口，皇太极则如虎扑食，招招致命。本想划地而治的皇太极，彻底改变初衷——下决心入关，把崇祯皇帝从龙椅上撵下去。

二

按说，莽古尔泰不计安危，亡命苦战，不论从情感还是政治需要，皇太极都应尊重他的五哥。然而，君臣的微妙关系没有在战火考验中改善，反而在并肩战斗中恶化。天聪五年（1631年），皇太极围攻大凌河。莽古尔泰和弟弟德格类、叔父巴雅喇策应城南的正蓝旗，在城南十五里处，浴血奋战，击败吴三桂之父——大明总兵吴襄，并活捉监军张春。

击败吴襄，活捉监军，乃是大功。但白旗伤亡也很大，莽古尔泰的作战人员大为减少。大将无兵，等于折手断臂，莽古尔泰心痛。围大凌河时，他奏请皇太极，说白旗部队伤亡过大，言外之意，您别总让我打硬仗。皇太极不念其功，话中带刺，说："闻尔所部兵每有违误！"这话说得很是伤人，我部冒死作战，你却说我误兵。莽古尔泰当时火了，和皇太极较真："宁有是耶？"皇太极步步进逼："若告者诬，当治告者，果实，尔所部兵岂当无罪？"皇太极的狠劲就在这里，他话里的意思是，如果是诬告，治罪诬告者；如果是事实，你该当何罪？一句话把莽古尔泰的战功抹杀了。莽古尔泰忙活半天，无功反罪，气得火冒三丈："上何独与我为难？我固承顺，乃犹欲杀我耶！"莽古尔泰话有所指，争执已不在误兵上。积怨爆发不可收，莽古尔泰大骂皇太极。亲弟弟德格类见事不好，呵斥哥哥行为不端，为了给皇太极面子，当众挥拳殴打了莽古尔泰。莽古尔泰吃软不吃硬，恼羞成怒，抽出腰间短刃，气喘如牛。这就是历史上著名的"御前露刃"。有生以来，还没有人敢对皇太极如此不尊。皇太极盛怒之下，揭莽古尔泰的老底，拿弑母说事儿。莽古尔泰被击中软肋，呆住了。当晚，莽古尔泰空腹喝酒，酩酊大醉，来到皇太极帐外叩头请罪。皇太极拒不接见。大凌河激战后，在一次议会上，大贝勒代善和诸贝勒合议，以莽古尔泰行为不敬，革去和硕贝勒，降为多罗贝勒，削五牛录，罚银万两，甲胄、雕鞍马十匹，素鞍马两匹。

本该有功，却落罪名；本该重奖，却予重罚。鲁莽的结果，让莽古尔泰吃了大苦头。但是，这是表面化的结论。今天来看，难保皇太极不是心怀诡计，引莽古尔泰上钩，以借机削弱他。莽古尔泰为什么说皇太极独与他过不去，也是有矛盾前科的。后人认为，弑母事件可能是出于皇太极的阴谋。先说有可能继位的几位大贝勒，代善、阿敏、皇太极、莽古尔泰。代善老成持重，皇太极不敢轻易撼动；阿敏是侄子，隔层肚皮差成山，努尔哈赤的汗位宁传儿子也不会传侄子。再就是莽古尔泰，欲除绊脚石，皇太极必须千方百计。于是，就有了说不清道不明的弑母案。莽古尔泰一下子被打翻，失去了参与竞争继承权的机会。

皇太极继位后，莽古尔泰内心不服，时不时搞点小别扭，闹点不愉快。皇太极刚继位时，为缓和关系，年节都要亲自登门拜访三大贝勒。代善和阿敏皆以礼相待，而莽古尔泰却不，他冷嘲热讽、夹枪带棒，弄得皇太极很是尴尬。小过节也算不得什么，关键是，皇太极在天聪三年（1629年）为加强汗权，削去三大贝勒每月轮班执政的大权，引起三人不满。十月，皇太极准备对明用兵。三大贝勒竟联合抵制这次军事行动，皇太极甚是生气。抵制用兵，就是抵制汗权，没把皇太极这个大汗放在眼里，这才是症结所在。

随着时间的推移，兄弟俩的裂痕继续加深。天聪四年（1630年）冬天，皇太极出猎。在行猎过程中，莽古尔泰的仆从强夺低级士兵的猎物。士兵索要，莽古尔泰袒护仆从，不予归还。有人告到皇太极那里，皇太极不高兴，责备莽古尔泰巧取豪夺，丢了名声。莽古尔泰不情愿地把猎物还给士兵。事情到此也该结束，但莽古尔泰却做了一件令人啼笑皆非，而在皇太极看来是侮辱的事情——他把鹿还给士兵，野猪献给皇太极。不知道莽古尔泰出于什么样的想法，也许是想讨皇太极的好，也许是想羞臊皇太极。皇太极气炸了肺，说："你怎么这样鄙俗，这东西我能要吗？"

正是这类不大不小，翻脸不值得，不翻脸干生气的摩擦，兄弟俩的关系越来越僵。所以，"御前露刃"事件不排除是皇太极刻意为之。此后不久，有大臣进言，莽古尔泰不应与皇太极并坐。这等拍马屁，恰好拍正穴位，皇太极欣然接受。莽古尔泰被赶下合议理政权的座位，皇太极为面南独尊又扫清了一个障碍。

废除并坐议政制度后，皇太极将汗权紧紧握在手心。莽古尔泰再粗暴，也自觉无力争锋，两人的关系逐渐回暖。天聪六年（1632年），皇太极把罚他的牛录人口等还给莽古尔泰。兄弟俩言归于好。随后，莽古尔泰随皇太极征伐察哈尔，追击林丹汗。林丹汗败走青海。接着，后金军攻明朝的大同、宣府，莽古尔泰表现上佳，皇太极亦被他的诚意感动。

十二月，莽古尔泰患疾病身死。皇太极很是伤心，率贝勒及嫔妃前往吊唁，下令厚葬。皇太极还在中门内设帷幄，亲自为五哥守灵。但是，三年之后，出了一件事，极大地挫伤了皇太极的自尊心。他恨得咬牙切齿，捣毁五哥墓碑，夺了五哥爵位，他的妹妹莽古济、一个儿子被处死，其他儿子被逐出宗室——兄弟俩的温和期昙花一现。

皇太极为什么这么恨莽古尔泰，还给予最严厉的惩罚？莽古尔泰死后，部属冷僧机揭发他曾与妹妹莽古济和弟弟德格类盟誓谋逆。皇太极就此展开调查，莽古济的丈夫为己舍妻，出面做证，并搜出莽古尔泰私造的"大金国皇帝之印"。阴谋篡位，皇太极无论如何也是不容许的，不管你死了还是活着，都要受到制裁。了解自己，不了解他人的莽古尔泰，不但害了自己，还连累了亲人、子孙。不知避锋芒；不知小不忍，则乱大谋，莽古尔泰的性格，最终酿成人生悲剧。

三

笔者对德格类的同情甚于莽古尔泰。客观地说，德格类是被哥哥拉下水的，属于被动犯罪。哥哥与皇太极的纠纷，他不得不将感情的天平倾向前者，毕竟两人为一母所生。德格类心知肚明，偏向哥哥，就等于把生命交付给魔鬼，但为了哥哥，他没有第二条路。

德格类降生于佛阿拉，哥哥莽古尔泰当时已九岁。他睁眼就看到母亲的笑脸，顽劣的哥哥，威严的父亲。学会走路了，他看到佛阿拉的全貌：西南地势高而平坦，砌石墙做屏障。父亲、叔父、内大臣等的房子相距不远，由南向北，一座挨一座。两层木楼的瞭望塔在全城中心点，站在瞭望塔上，方圆数里都能尽收眼底。城分内外，城中有城，各开一个大木门。人们要进城，或到山下，必须通过两道门岗，未经允许谁也不能随便进出。

佛阿拉城内的井水不够吃，每天上午，山下运水进城，一听到吱呀吱呀的木车轮声，德格类就知道送水人来了。冬天河水封冻，山下运来大量冰块，德格类喜欢亮闪闪的冰块，常常在城门口等送水人，跟他讨冰块吃。

初来佛阿拉，城里条件艰苦，没有桌椅，议事或宴会大家皆席地而坐。这也是习惯，女真人在山林中打猎、煮东西，喜欢就地一坐，休息和吃饭。德格类初谙人事时，条件改善多了，父亲多年打拼，财富越积越多，大家不再饿肚子、穿不起衣服。因此，德格类的衣服比莽古尔泰小时候好得多，又不像哥哥那样淘气，衣服总是穿得干净整洁，母亲常责骂莽古尔泰不如弟弟懂事。

德格类确实比哥哥绵软，他综合了父亲和母亲的性格特点，做事比莽古尔泰谨慎，不一味逞强。努尔哈赤和皇太极均喜欢他的稳而不失勇。

德格类少年时跟随父兄出战，表现突出，努尔哈赤授予他台吉称号。稍长，战火中煅烧出来的德格类已能独立带兵作战。天命六年（1621年），被萨尔浒大捷鼓舞的后金，频频发动战争。德格类奉父汗命，率侄子岳讬、硕讬掠明奉集堡。奉集堡一攻即破，德格类刚要班师，一个八旗兵忽然发现一队明军。按计划，德格类还有下一个攻击目标，如果攻击突遇的明军，到达下一个目标的时间会延迟。德格类果断采取行动，包抄上去，速战速决，大败明军。之后，他快马加鞭赶到海州。

海州没有抵抗，官民开门迎接。德格类大喜，遂下军令：一、不准扰民；二、不准抢劫财物；三、不准夜宿城上；四、不准私入民宅。德格类军纪严明，蓝旗兵遵照执行，海州城毫发无损，百姓人人顺服。德格类比哥哥聪明，知道收买民心胜于武力征服。假如莽古尔泰做主将，说不定愣劲一上来，屠杀全城，激起汉民反抗。

讲究智取，是德格类从父亲那里继承来的。但在必要时，他也毫不手软。这个特点，和其父兄一样。海州巧胜隔年，德格类再次以主将身份偕七哥阿巴泰攻喀尔喀蒙古扎鲁特部落。蓝旗兵渡过辽河，直击扎鲁特。扎鲁特不敌，部落酋长携妻带子，赶着牛车逃跑。德格类下令追击，半路追上，他挥刀杀了酋长全家，俘虏部落遗民驱赶回大本营。

1626年九月，皇太极继位前后，德格类随大贝勒代善再取喀尔喀蒙古，因功封多罗贝勒。开创基业的时代，荣誉都是杀出来的，没有投机取巧，上了战场，只有拼，才能获得财富和地位。努尔哈赤的儿子们，和其他人一样没有特权，甚至在战场上，他们都是冲在最前面，给士兵做出表率。

皇太极继位后，德格类从其伐明，军至广宁，兵分三路。德格类率蓝旗精兵黑夜进发，摸到明军哨所，活捉哨兵盘问城里的情况，为广宁取胜奠定了基础。德格类讲究战法，不盲目硬碰。天聪三年（1629年），德格类同济尔哈朗攻锦州，两人齐心合力，焚烧守军粮草，打乱明军阵脚，趁机攻城。皇太极念他有功，战后晋级为和硕贝勒，参与国政。

多年鏖战，德格类和哥哥莽古尔泰在皇太极那里留下了截然相反的印象。天聪五年（1631年），后金效仿汉文化管理体制，设六部。皇太极委任德格类执掌户部，授予贝勒狮柄银印。狮柄银印是权力的象征，表示德格类的官衔，相当于今天的财政部长，这寄托了皇太极对弟弟的信任。要知道，在两代人几十年的艰辛创业过程中，后金涌现出的杰出人物数不胜数，德格类能身居高位，与他的功绩、性格是分不开的。

同年九月，和硕贝勒德格类从皇太极围攻大凌河。德格类和哥哥莽古尔泰各率蓝旗军策应，把四万明军包了饺子。十月，祖大寿被迫投降。德格类和阿巴泰伪装成明军，计破锦州，虽因大雾未成，但仍击斩甚多。

天聪六年（1632年），皇太极带德格类和济尔哈朗追击察哈尔部林丹汗。后金军追至大漠，干旱无水，不少旗兵焦渴而死。淡水贵得出奇——一头黄牛才换一小碗水。水是生命之源，没有水，别说行军打仗，连维系生命都难。在这种情况下，德格类带着自己的左翼部队和济尔哈朗的右翼部队会合，占领内蒙古归化，俘获大批察哈尔部众。

有了这次大漠奇迹，皇太极更加欣赏这个忠诚无畏的弟弟。莽古尔泰死后，皇太极让他继掌蓝旗。德格类炙手可热，地位崇高——正蓝旗旗主，户部主官。但他并不像亲哥哥莽古尔泰那样居功自傲，不服训导，锋芒毕露，他是该怎么打仗还怎么打，该怎么尊上还怎么尊上。

莽古尔泰明争暗斗，德格类任劳任怨，强烈的行为对比之后，皇太极更喜爱后者。但他的阳寿比亲哥哥还短，四十三岁就暴病身亡。皇太极非常伤心，亲临灵前，洒酒三杯，潸然泪下。然而，数月后，莽古尔泰身后东窗事发，遭到严厉惩罚。德格类因参与其中，虽属从犯，但罪责难免——追削爵位，被开除宗籍。皇太极还把德格类的老婆赐给阿济格。德格类一生忠勇，但到底没有逃脱命运的魔掌。

永葬满堂

弱冠参战，才智平庸，他既无莽古尔泰的横、阿巴泰的勇，也无代善的容、皇太极的智、多尔衮哥儿仨的宠。个人、后盾，他均不占优势。他年轻时有性丑闻，爱和人打架。他活过五十岁，寿命不高不低，死后追谥，有名无实，这位虎城之子，叫塔拜——努尔哈赤的六儿子。

一

弱冠参战，才智平庸，他既无莽古尔泰的横、阿巴泰的勇，也无代善的容、皇太极的智、多尔衮哥儿仨的宠。个人、后盾，他均不占优势。他年轻时有性丑闻，爱和人打架。他活过五十岁，寿命不高不低，死后追谥，有名无实，这位虎城之子，叫塔拜——努尔哈赤的六儿子。

龙生九子，九子不同。塔拜是努尔哈赤的六子，也是最不成器的一个。说他不成器，不是指他偷鸡摸狗、耍无赖，而是指他的生平事迹平庸。虽也有纪传，但只有寥寥数行，想是沾了父亲弟兄的光，如果是一名没有家庭背景的小卒，彪炳千秋的事怎么也轮不到他。

性丑闻事件发生于天命六年（1621年），此时塔拜三十二岁。一天，一个叫崩阔里的女真平民到赫图阿拉状告塔拜，说他私通自家儿媳，闹得人家夫妻不和。告别人还好，告努尔哈赤的儿子，处理却需慎重。大臣没敢压制，跟努尔哈赤汇报。努尔哈赤心里一凛：后金有一条不许通奸的铁律，一年前，大学士达海与婢女通奸，被锁在柱子上受刑。要不是看在他为国多年，人才难得，早一刀砍了脑袋。塔拜这事传扬出去，岂不是一样要人头落地？

一向心硬手狠的努尔哈赤，这次犯愁了——自从杀死长子褚英后，他就发誓，不再杀一个亲人。塔拜犯了死罪，不杀总得找个理由啊。

不日，后金国的司法部门开庭办案，经过调查审讯，结果判崩阔里诬告，陷害塔拜，鞭其一百，给大贝勒为奴。崩阔里由平民降为奴隶，心似黄连苦——他比窦娥还要冤，明明儿媳妇叫人霸占，儿子戴了绿帽子，不告还好，一告，被告和原告大调换，该受罚的没受罚，不该受罚的却永世不得翻身。现在自己失去自由，儿子头上的绿帽子也没摘掉，被告更是明目张胆地和儿媳妇明铺夜盖。崩阔里悔不当初，只是事已至此，再没人听他喊冤。

塔拜性丑闻的反转，出自努尔哈赤的私心，他暗示司法部门，不能听一个平民无凭无据的瞎编乱造，辱没汗王家族的声誉。下属们端着后金国的饭碗，没有胳膊肘往外拐的道理。崩阔里也是时运不济，你告谁不好，偏告大汗的儿子，打一顿，罚做奴隶叫你开开窍。

在父汗的袒护下，塔拜躲过一劫。风波刚刚平息，塔拜又惹祸上身：和人打架。和他打架的人是一名低级军官，牛录额真博和里。为什么事打架，史书中没有记载，谁输谁赢也不知道，总之两人打起来了。不过，根据事后的判决猜测，塔拜没打过人家，吃了亏。但是，牛录额真博和里最后反被治罪，鞭责一百，没收家产，并给大贝勒为奴。普通的斗殴，这么处理已经够严厉，但还不行，司法部门复议，判处拟死。拟死是什么呢，即预备死刑，怎么死法不一定。再复议，大家觉得好像也不太妥，旋即免死，受酷刑——箭穿耳鼻，然后释放为奴。

牛录额真博和里这一架打的，代价够大。之前，他大小是个头目，家里有财产，外头管着人，干得好了，还能升个一官半职。一架打下来，他什么都没了，不死就得给大贝勒为奴。和崩阔里一样，博和里悔得捶胸顿足，早知今日，何必当初。自己怎么就忘了，塔拜是大汗努尔哈赤的儿子。大汗都没舍得动他一根手指头，你替人教的哪门子子？这下完了，以后的生活再无天日。

二

为维护统治阶级的家族利益，努尔哈赤用特权包庇了儿子。但塔拜天生不可教，父汗虽偏爱赐给他财产，却给不了战功，没战功就没爵位，没爵位就没地位。要战功没有捷径，只有上战场。天命十年（1625年），塔拜随阿拜、巴布泰伐东海呼尔哈部落。塔拜一马当先，俘虏了一批呼尔哈军民。塔拜很得意，派人回赫图阿拉给父汗报喜：塔拜阿哥获男丁四百，户人九百。努尔哈赤闻讯大喜，等塔拜回到赫图阿拉后，立即予其封赏，官拜三等甲喇章京，后晋游击。

章京也好，游击也好，在武职当中，都属中等偏下。塔拜和德格类、阿巴泰、巴布泰等人仍不在同一层次，更不用说代善、阿敏等四大顶级贝勒。塔拜限于个人能力，注定成不了开疆拓土、安邦定国式的人物。努尔哈赤死后，再没有人偏爱他。皇太极仅赏他两次，一次是倭缎一匹，另一次是天聪八年（1634年）授一等参将，后封三等辅国将军。其时，兄弟们已经封王封侯，只有他是个不大不小的将军。

皇太极沈阳称帝第四年（崇德四年，1639年），塔拜死，葬于沈阳东郊的福陵。

民间的传说，仍不利于塔拜：

努尔哈赤向大明王朝宣战的第二年，明帝国大军决心剿灭后金，出山海关，扑向抚顺。西路军杜松的脚力快，先于兄弟部队到达，在抚顺与沈阳之间的浑河岸边扎营。由代善、皇太极、塔拜等人统率的后金铁骑也同步到达，在刚愎自用的明军主帅对面摆起龙门阵。

萨尔浒大战发生于早春，三月妙手给冰层画下无数裂缝，增加了渡河难度。不巧的是，两支部队扎营后，突降一场大雪，雪覆盖了冰层裂缝，强渡必将危及大军安全。但是，努尔哈赤已制订好作战计划，欲趁杜松立足未稳，夜渡浑河抢攻。

出其不意，攻其不备，努尔哈赤的计划堪称完美。但计划遭到将领的一致反对，理由很简单，大雪给渡河造成障碍，如遇冰层塌陷，人马掉进冰窟，后金等于自毁力量。反对是反对，只是没人敢直言禀告。谁都知道，努尔哈赤军法严明，说一不二，众将唯恐道出真情，引来杀身之祸。

营帐中沉默得可怕，许久没有人发言。努尔哈赤懊恼，正要发作，终于有人起身离座，跪在大帐中央——塔拜。努尔哈赤笑了，毕竟是六儿子，打仗亲兄弟，上阵父子兵，此言果然是千古经验之谈。但努尔哈赤未及高兴，六儿子就给了他当头一棒——塔拜直言不讳，点破强行渡河的恶果。

大敌当前，存亡之际，塔拜之言何异动摇军心，而且努尔哈赤从众人的表情里看出了畏难情绪。没有丝毫犹疑，努尔哈赤拍案下令，将蛊惑军心的塔拜推出大营砍头。

塔拜一死，再没有人进谏，后金继续筹备夜渡浑河。或许是苍天暗助，行动前夜，天气奇寒，浑河重又封冻，代善和皇太极遵父命率兵突袭，大败杜松……

三

史书上的塔拜与民间传说的塔拜死亡原因和时间相矛盾，《清史稿》载："天命十年，伐东海北路呼尔哈部有功，授三等甲喇章京。天聪八年，进一等，封三等辅国将军。崇德四年九月，卒。顺治十年，追封谥。"

塔拜育八子，封爵者三：额克亲、班布尔善、巴都海。额克亲和班布尔善为清王朝打下江山功勋卓著，但两位均因坐罪受罚。额克亲因参与博尔惠等人谄媚诸王，造谣生事，被削爵位，黜出宗室。幸认罪态度较好，他又复入宗室。班布尔善更惨，他因受鳌拜案牵连，被杀头。

从上述时间看出，塔拜死于崇德四年。崇德四年是1639年，皇太极剪除代善等政敌正式登基的第十三年。而天聪八年他进封三等辅国将军的时间，是1634年。萨尔浒大战的发生时间是1619年，说他死于萨尔浒大战前夜的传说显然是错的。

历史和传说迷雾重重，孰是孰非，让人伤脑筋。如果要选一个答案，我们应该尊重文字史料。但塔拜的守陵人，沈阳东郊西山满堂村的村民一致认定，他们的祖先是受冤屈而死——那天晚上，笔者住在部队招待所，听驻地军人讲述塔拜身死之后的故事：萨尔浒大捷后，努尔哈赤冷静下来，为杀掉塔拜心生悔意，派人寻找儿子尸骨，可惜只找到头颅，尸首已不知去向。努尔哈赤伤痛不已，遂将杀塔拜的地点叫"悔山"，以表愧疚；把埋葬塔拜头颅的山沟叫"埋头沟"。他们说，"悔山"即辉山的谐音；"埋头沟"，即驻军所在的山沟。

驻军和村民口径一致，塔拜墓就在西山脚下。只是死亡原因和时间不对，应该是守陵人编造了一段冤假错案。再有，塔拜的守陵人什么时间到此地，在什么背景下回来，村名为什么叫满堂，皆让人画问号。团长和军区政委说："'满堂'二字起自康熙大帝。清军入关，塔拜的子嗣中，有才华出众者做了高官。但因个人性情，屡受排挤，他便心生倦意，想离职赋闲。无端离职，又恐皇上生疑，留不是，去也不是，塔拜的后人踌躇不决。谋士献计说，老祖宗的陵墓不是在老家吗，莫不如打个申请报告，请求回东北守灵。敬天法祖，乃满族传世之美德，皇上必定准奏。"

塔拜的后人深以为然，立马写了折子呈上去。康熙皇帝念及宗室之情，果然准奏，特批他带四家满族、四家汉族回到关外，守护祖陵。启程日期一到，塔拜的后人便带着皇上的赏赐，携家人、仆役迁到福陵北的西山。

这支爱新觉罗家族的成员，从此隐居于棋盘山，享受皇室的待遇，过着桃园般的生活。时光荏苒，忽一日，康熙皇帝惦念返乡的宗室，派人打探消息。一打听，上报的情况让他欣喜——原来这一支族人人丁兴旺，幸福安康。康熙皇帝一高兴，随口赏了一个名字：满堂，寓意爱新觉罗家族儿孙满堂，福寿无疆。如今，满堂村像一个世外隐士，在棠棣树和郁郁苍苍的油松林中，与时光同老。

滑稽亲王

阿巴泰，努尔哈赤第七子，母亲为侧妃伊尔根觉罗氏，隶满洲正蓝旗。他小莽古尔泰两岁。阿巴泰和莽古尔泰虽非一母所生，性情鲁莽却如孪生。阿巴泰一生戎马，战功没少立，挨罚的次数竟比莽古尔泰还多。若说莽古尔泰献野猪给皇太极是缺心眼，那么，阿巴泰公然多次犯上，则叫人好笑——鲁莽中带着几分滑稽。

一

在佛阿拉一站，枯木残枝，荒草砾石，几亩薄田，几座坟冢，满目尽是萧索。这个别号“虎城”的城堡，诞生过一批人物，他们为清帝国不辞辛劳，转战南北，视己命于不顾。因此，他们的名字被载入典籍。但是很奇怪，在他们的出生地，将驾驭这驾历史大车的驭手联系起来看，某些际遇却惊人地相似。俗话说，一方水土养一方人，也许，是佛阿拉的山水造就天性，使这些人既是独立的个体，又是一个整体。

阿巴泰，努尔哈赤的第七子，母亲是侧妃伊尔根觉罗氏，隶满洲正蓝旗。他小莽古尔泰两岁。阿巴泰和莽古尔泰虽非一母所生，性情鲁莽却如孪生。阿巴泰一生戎马，战功没少立，挨罚的次数竟比莽古尔泰还多。若说莽古尔泰献野猪给皇太极是缺心眼，那么，阿巴泰公然多次犯上，则叫人好笑——鲁莽中带着几分滑稽。

少年的阿巴泰已露愚顽端倪，愣头愣脑，舞枪弄刀，一刻不闲。女真人原本尚武，阿巴泰更是甚于他人，这样一来，倒练出高超的骑射本领。他很小就随父亲上战场，天生胆子大，杀敌流血不惧，努尔哈赤封其为台吉。二十二岁那年，阿巴泰和费英东、安费扬古率兵千人，征东海兀集部落。天命四年（1619年），奉父汗命，阿巴泰率兵攻抚顺，收降游击李永芳。没想到，收的降将，竟成了自己的姑爷——努尔哈赤为安定汉族民心，收买降将，把阿巴泰的女儿许给李永芳做妻子。

萨尔浒大战后，后金连续攻克开原、铁岭、沈阳等辽东重镇。攻克辽阳不久，后金政权迁都辽阳，任一等督堂的阿巴泰随众迁入东京城。

天命八年（1623年）四月，气温回升，雪化冰消，到了出征的好季节。

阿巴泰受父汗委派，同德格类、岳讬等人统兵，讨喀尔喀蒙古扎鲁特部落。征讨原因是，扎鲁特部落长期资助海西叶赫部落与努尔哈赤为敌。灭掉叶赫部以后，努尔哈赤便腾出手来收拾帮凶。阿巴泰率蓝旗兵急驰八天，夜渡辽河，直捣扎鲁特部落酋长驻地。这一仗打得干净漂亮，回师时，努尔哈赤亲自出城迎接，设宴庆功，嘉奖参战将士。阿巴泰晋封贝勒，入“十固山执政贝勒”之列。

努尔哈赤死后，皇太极继位。父汗在世，阿巴泰没什么异议，皇太极在位，风凉话就来了。有一次，他和额驸扬古利、达尔汗说：“战则披甲胄，猎则佩刀矢，何不得为和硕贝勒？”话传到皇太极的耳朵里，他不以为意，说：“这话别给我说，你们劝劝他，要顾及身份，不可胡说八道。”几句风凉话倒也无妨，大家都知道阿巴泰嘴巴乱跑船，权当一乐，不了了之。

时隔一年，阿巴泰又犯了老毛病，惹恼皇太极。天聪元年（1627年）十二月，蒙古两个部落带礼物来沈阳归顺。皇太极高兴，设宴款待，召诸贝勒陪同。别人都去参加，阿巴泰却坐在家里优哉游哉。差他一个人开不了席，皇太极便遣人去请。阿巴泰眼皮一抬，说道：“我不出与宴。我无裘可衣，上所赐裘已改制与我二子矣。且我出此宴，坐与小贝勒列，况蒙古贝勒明安、巴克俱坐我之上，异域见之，我耻耳。”阿巴泰不参加宴会，推说自己没衣服穿是假，身为贝勒，家有几牛录，哪里会穷得没件像样子的衣服，不满自己的地位才是真。

皇太极看穿他的小伎俩，把他的言语公之于众。代善觉得阿巴泰闹得不像话，带诸贝勒找上门去训他说：“你先时不在‘五大臣’之列，德格类、济尔哈朗、杜度几个人都比你早随班议政。你现在在诸位弟弟之列，家有六牛录，财产并不少。阿济格三兄弟，是父汗在时分给的旗属，比你先入八分之列（后金所得财物按八大份额分配，各旗再分各旗的）。你现为贝勒还贪心不足，欲与大贝勒同列，就你这样，做了大贝勒，岂不是更生觊觎汗位之心？如此废乱纲纪，你应该承认应得之罪，若不服，罪责更重。”代善声色俱厉地一顿训斥，阿巴泰不敢再胡闹，承认自己有过，乖乖服罪。结果，他被罚“雕鞍马、甲胄各四匹，素鞍马八匹”。

罚归罚，阿巴泰有嘴无心，不像莽古尔泰般记仇，睡一觉，所有不愉快都会抛到脑后。一有战争，他还是冲锋在前。天聪二年（1628年）五月，阿巴泰和岳讬、硕讬带兵征锦州。后金兵克墩台二十一座，毁锦州、杏山、高桥三城，迫使明军弃城退守宁远。阿巴泰欢天喜地，虏获人畜凯旋。皇太极闻讯，亲自到沈阳城外五里迎接。

同是鲁莽人，莽古尔泰和皇太极作对是蓄意，阿巴泰却是无心。所以，一到关键时刻，他还是坚定地站在皇太极一边。天聪三年（1629年）十月，皇太极出兵征明。莽古尔泰刚被皇太极强夺合议理政权，便从中作梗，联合代善建议退兵。阿巴泰和济尔哈朗支持皇太极的主张，力挺进军。

十一月中旬，阿巴泰、岳讬等人率兵渡喀尔喀的波罗河，夜攻龙井关，夺取汉儿庄。然后，他们与皇太极会师，克洪山口，夺遵化。接着，阿巴泰和岳讬分兵两路，大败驻顺义总兵满桂和宣府总兵侯世禄。大名鼎鼎的总兵败在愣头青手下，实在令人惋惜。但历史就这样，满桂败得无话可说。满桂一败，顺义失守，给阿巴泰留下战马千匹，骆驼百余头。阿巴泰捞到一块肥肉。

顺义一失，北京城就已经暴露在皇太极的打击范围内。他在京城北德胜门外驻兵，想把北京困死。北京危急，急调袁崇焕赶往救援。清军获悉情报，明军重兵伏于城右，诸贝勒议定，各路人马入隘口，冲击右侧明军，若出中路，与避敌同。豪格赴右，击败伏兵，转战至城壕下，等阿巴泰来会合。阿巴泰不然，他突击中路，破敌后才想起豪格。仗虽打胜，但擅自改变战法也算违约，诸贝勒议罪，认为阿巴泰应削爵。倒是皇太极替他讲情，说他不是怯阵，只是顾及两个儿子，与豪格失约。皇太极的一句“朕奈何加罪于吾兄”，宽宥了阿巴泰。之后，阿巴泰与济尔哈朗、阿济格统兵放火焚烧通州，北京城眼见通州一片火海，却爱莫能助。在通州的滚滚烟尘中，阿巴泰不费什么力气，就拿下张家湾。接着，他又随皇太极赶到蓟州，截击山海关的明军援兵。

二

鲁莽虽然是阿巴泰的性格特点，但他也聪明，而且脑筋灵光的时候，常常语出惊人。皇太极为征明、朝鲜、蒙古三者哪个为先，召群臣合议。大家看法不一，各执一词。阿巴泰口无遮拦，想到什么说什么。他站起身，大声说："先征明。多年交手，明的内部情况，皇上您了如指掌，它的地势地形，臣等亦熟悉。我们应该袭其不备，关口可得。皇上您统大军驻扎在关外坐镇，各贝勒大臣分路入关，利用明朝可以利用的人，探听消息。至于锦州，无足顾虑，祖大寿已降，让他入山海关，与我们合兵。"阿巴泰说得条理清晰，皇太极连声称好，按着这个思路，定下征明计划。天聪七年（1633年）八月，阿巴泰、阿济格、萨哈廉及皇太极的儿子豪格，掳掠山海关一带，获人畜四千多。这一个下马威，震动了北京，人人预感到北京快守不住了。

聪明一时，糊涂一时，阿巴泰生性不稳，皇太极也拿他没办法。山海关大捷，皇太极先奖后罚，责备阿巴泰："尔等用兵甚不合法，即捷之后，何不深入内地，收取粮饷，休息士马，乃遽还耶？"阿巴泰拍拍脑门，自知脑筋转得慢了。

阿巴泰是一员猛将，不适宜做细致的管理工作。执掌工部两年都没有建树，皇太极大为不满，说："自设六部以来，礼、刑、工三部办事多有缺失，工部更不及其他部。"皇太极发火，阿巴泰委屈："我又没偷懒，尽力干了，没干好，我就这么大本事，嫌我才短换别人去。"阿巴泰在管理工作方面确实平庸，因为平庸，倒也干不出出格的事儿，顶多就是没有大成就。皇太极还真不好撤换。阿巴泰不同于莽古尔泰，后者公开和皇太极对着干，不服教导。而阿巴泰对于皇太极的每次训诫，不管乐意不乐意，他都不顶嘴，皆洗耳恭听。

皇太极训起阿巴泰劈头盖脸，毫不客气。有一回，阿巴泰手疼，抱病家中。皇太极说："尔自谓手痛不耐劳苦。不知人身血脉，劳则无滞。惟家居佚乐，不涉郊原，手不持弓矢，忽而劳动，疾痛易生。若日以骑射为事，宁复患此？凡有统帅之责者，非躬自教练，士卒奚由奋？尔毋偷安，斯克敌制胜，身不期强而自强矣。"此番话声色俱厉，连贬带讽，若换成莽古尔泰，又要"御前露刃"。阿巴泰则不，他的闹和莽古尔泰是两个性质，皇太极在他的心目中是崇高的，他只是管不住自己，不自觉地犯错误。

阿巴泰也想改，但骨子里的东西很难修正。后来，皇太极对他由口头警告升级为经济制裁。皇太极称帝后，阿巴泰被封为多罗饶余贝勒。从这次晋级来看，他在皇太极的心里还是有位置的。不久，他却连续被罚。第一回，大男人耳根子软，盲目听老婆的话，没跟“政策”走，被罚银四百两。崇德元年（1636年）六月，距第一次被罚仅一个月，他旧事重提，歪曲天聪三年（1629年）围燕京被定罪实乃有功。有人到皇太极那里打了小报告，再罚他鞍马十匹，银四百两。罚，成了家常便饭。同月，阿巴泰同武英王阿济格等人深入明内地，破雕鄂堡、长安岭堡，迫近延安，连克定兴、安肃、容城、安州、东安、火安、宝珉、顺义、昌平、雄城。经过大小五十八战，俘获人畜十八万。这一仗出关入关，在明腹地狠狠掏了一把。皇太极兴奋异常，大军回师，出城十里列队相迎，重赏阿巴泰。令人哭笑不得的是，重奖之后跟着重罚——皇太极因为他对已攻克的城堡不派兵驻守，致使敌人趁夜复入，又在出边时不殿后，使后续部队遭敌人袭击，罚银一千两。

阿巴泰似乎进入了一个怪圈，今天奖，明天罚，过得头昏脑涨，浑浑噩噩。返回沈阳后的十月，皇太极亲征朝鲜。阿巴泰奉命驻守噶海城，组织边民防敌入侵。这一次没上前线，他做得比较到位，没惹什么麻烦。皇太极见他胜任留守工作，征蒙古喀尔喀部时，也把他留在家里，让他和代善、多尔衮负责监修彰武城，治理沈阳至辽河的大道。这项工作，也是工部分内的事情，阿巴泰非常卖力，把大道修成十丈宽，路基高三尺，两侧壕沟深数尺。这是阿巴泰任“建设部部长”以来干得最漂亮的事儿，别说其他人，自己也飘飘然，没发觉自己竟如此能干。

皇太极领导下的大清，加快了进攻明王朝的步伐，凭他的智慧，断定大明王朝命不久矣。崇德三年（1638年）八月，阿巴泰和多尔衮、岳讬长驱直入，越明都，趋涿州，直抵山西境。大军扫荡了一圈，又东趋山东临清、克济南，归途略天津、迁安，最后出青山关还师。皇太极大喜过望，没想到粗枝大叶的阿巴泰和多尔衮的几个配合这么默契，给奄奄一息的大明王朝狠狠一击——这个失血过多的患者，已支撑不了多久。阿巴泰功不可没，皇太极奖他银五千两，马两匹。

阿巴泰终究逃不出“罚”字，他像个不知所措的孩子，一会儿哭，一会儿笑。重奖的热乎劲儿还没过去，阿巴泰又被罚了。原因是他在家私留喇嘛，被罚银一百五十两。这是小罚，还有大罚。崇德五年（1640年），他的福晋擅自为女择嫁，皇太极要治罪弟媳。在后金乃至大清，有个明确的规定，嫁女婚配由国家做主。换句话说，宗室女儿嫁给谁家，父母说了不算，要由皇帝来决定。这是因为，女儿是政治筹码，可以换和平，笼络人才。阿巴泰心疼福晋，不理皇太极那套，庇护老婆。皇太极见他又大脑短路，皇帝的话也不听，气得罚银一千两。

从一些零星的资料分析，阿巴泰一怕老婆二恋家。皇太极派他驻守锦州时，他想家，自己又不敢回，便偷偷打发士兵回去。为将帅者擅自离岗，违了军法，虽不是亲身所为，但兵是你的兵，没别的，被罚银二千两。

三

细心翻查史料，发现皇太极执政期间，阿巴泰被罚的次数最多，罚款额也最大。这样的罚让人哑然失笑——几分诙谐，几分恶作剧，不像其他亲王、贝勒，一逢制裁多有性命之忧。皇太极罚他，像罚偷嘴的小孩，明面上声色俱厉，内心却疼爱依旧。阿巴泰大大咧咧，也不记仇，两人没有水火不容，哥是哥，弟是弟；君是君，臣是臣。

崇德七年（1642年），皇太极任阿巴泰为大将军，与内大臣图尔格率满、蒙、汉八旗二十四固山额真所属的一半将士，以及察哈尔、喀尔喀、科尔沁等部出征。刀尖上打滚几十年，这是他第一次以主将身份挂帅，而且领的是一支联合部队。皇太极特别重视，出征前千叮咛万嘱咐，告诉他，对满、蒙、汉三军要一视同仁，利益均沾。如遇明军求和，可虚与周旋，不可停止掳掠；如遇农民军，要好言安抚，不可误杀滥杀，与之结怨。也许是因独自担当大任，阿巴泰感动于皇太极对自己的信任，一向粗枝大叶的他，把皇太极的叮嘱铭刻在心，认真领会，跨上马，带着联合部队进发了。

皇太极派阿巴泰做出征主帅，不是脑袋一热，而是经过慎重考虑的。一、阿巴泰有深入明内地的经验，熟悉地形地貌。二、山西、山东、天津等地一仗，阿巴泰威名远播，这是作战的资本。三、阿巴泰平时稀里糊涂，一到战场，聪明劲儿就上来了。几十年中，他的指挥虽然有些无足挂齿的失误，但大的方针、路线是正确的。这样，阿巴泰有了独立作战的机会。

阿巴泰不负众望，带着联合部队狂风骤雨般地冲入中原内地。清军先占了山东兖州，然后以兖州做临时大本营，站稳脚跟，开始大规模扫荡。一时间，八旗兵所到之处，“数年生聚之余，一炬皆为焦土”，胶州大地血雨腥风，野鬼哀号。阿巴泰历时七个月，攻破九十四城，抢劫的粮草、财宝全部运到兖州。有一组统计数字记录他的战绩：黄金一万二千两，银二百二十万两，珍珠四千两，各色缎五万两千余匹，人口三十六万九千名，驼马、牛羊五十五万多只。

靠这组惊人的数字，阿巴泰成了山东人心中的魔王；而在大清臣民眼里，他成了虎胆英雄。山东转战并非一帆风顺，一路上，阿巴泰遭到明朝军民的顽强抵抗，死伤无数。强敌面前不退缩，是阿巴泰本性中的“勇”字和“愣”字起了作用。这也是皇太极挑选他挂帅的重要因素。

第二年六月，阿巴泰历经艰辛，携带战利品疲惫不堪地返回辽东。皇太极的喜悦无以言表，特命多尔衮、济尔哈朗等亲王出沈阳郊外三十里迎接。当远征的联合部队出现在几位亲王面前时，亲王们热泪盈眶——所有清兵衣衫褴褛，“皆作鬼形”。由于死亡人数太多，大军在一片哭声中进城。这是一次了不起的战役，震慑了中原内地的反抗力量，为清兵后期的入关作战打开了局面。皇太极被阿巴泰的忠勇震撼，颁发了高达一万两白银的巨额奖金，感谢他为大清所做的贡献。

顺治二年（1645年）正月，三朝元老的阿巴泰以总兵身份率左右两翼清军直扑山东，征剿满家洞农民起义军。满家洞农民军在山东一带非常有名，他们遍挖地洞，出没其间。清军入关后，这支农民军打起大顺军的旗号，由抗明转为抗清。阿巴泰进山东之前，豪格已率军填塞了二百多个地洞。阿巴泰接替豪格继续填，最后农民军只剩下两洞。

清军破坏地道的方式是回填，你在这头挖，我在那头填，填得你在洞里待不下去，到地面上来打。阿巴泰曾在兖州作战七个月，对兖州一带尤其熟悉，这也是派他接替豪格的原因。他一去，兖州人闻风丧胆；再就是，兖州早在他的心里装着，地形地貌了然于胸，大大缩短了战斗时间。农民军在阿巴泰的强势镇压下陷入绝境。

和众多兄弟相比，阿巴泰算是长寿，他活到五十八岁，顺治三年（1646年）三月病死。康熙元年（1662年），阿巴泰被追封为和硕饶余亲王。乾隆十九年（1754年），为纪念他的累世功绩，入沈阳贤王祠。乾隆四十三年（1778年），又追封他为饶余敏郡王。

虎城之子

佛阿拉没留下嘉穆瑚觉罗氏的长发，她的容貌也消失在四季不止的风中。在努尔哈赤的十六个女人里头，她不是最漂亮的，不是最会讨人喜欢的，也不是最有心计的。但有一点，其他女人不如她——给努尔哈赤生了两个儿子、三个女儿。不过，她生的儿子巴布泰、巴布海不太成器，一对亲兄弟，两个糊涂虫。哥哥贪财，弟弟贪色。哥哥愚忠，弟弟散漫。哥哥屡遭惩戒，弟弟未得善终。所以，母以子贵轮不到她的头上。儿子不成器，嘉穆瑚觉罗氏却有两个出色的姑爷，他们是额亦都的儿子——达启和图尔格。

一

厚厚的冰雪覆盖着1592年十一月的佛阿拉，万山空寂，鸟兽藏踪。这个季节没有战事，人们杀猪宰牛，扫尘土、蒸饽饽，准备迎接新年的到来。努尔哈赤难得空闲，到几位妃子的房里转转，逗年幼的儿子玩一会儿，享享天伦。这段日子，他最惦记的是庶妃嘉穆瑚觉罗氏真哥，她快临产了，接生婆说，真哥怀的是儿子。努尔哈赤心里高兴，他想好了，若接生婆说的准，一定厚赏。他也相信接生婆，上个月，她刚接生了皇太极，这个月再接生个儿子，他两个月得到两个儿子。

农历十一月初十这天，佛阿拉传出一声嘹亮的哭声，巴布泰降生了。努尔哈赤抚摸着新生儿红扑扑的脸蛋，爱也爱不够。巴布泰和他同龄的八哥皇太极一起长大，在佛阿拉城蹒跚学步，游戏、学习、骑马。从小看大，才三五岁，两人就已分出高下来。皇太极聪明伶俐，忍耐力强，遇事爱动脑。巴布泰有点像莽古尔泰和阿巴泰等几位哥哥，直通通的一个毛愣鬼。

到了巴布泰上前线的年龄，他和哥哥们一样，随父从军。天命八年（1623年），巴布泰第一次挨父汗的处罚。不到万不得已，努尔哈赤是极少处罚儿子的。六子塔拜勾引有夫之妇，和人斗殴，他都一一化解。但是，巴布泰公然私分所获财物，证据确凿，抵赖不了。努尔哈赤为严明军纪，罚巴布泰二十两银子——巴布泰私分缴获财物，是在占领复州之后，一动贪念，纲纪就忘在脑后，所以犯下错误。

父子毕竟是父子，努尔哈赤对巴布泰的处罚只是象征性的。比皇太极罚起兄弟们不手软，要温和得多了。

巴布泰的毛躁性格和七哥阿巴泰接近，心无城府，挨打挨罚也不恼，该豁出命时还是不含糊。只是他没有阿巴泰的领兵才能，没有独立指挥作战的机会，更没有建立阿巴泰式的功勋。每次打仗，他都是和兄弟们一起出兵，征东海瓦尔喀部落，巴布泰和阿拜、塔拜获胜而返。努尔哈赤对他们分别奖励。这是他立功升职的开始。

天命十一年（1626年），后金设十六大臣，巴布泰和大臣巴奇兰同管正黄旗事务。这是一种行政和军事结合的管理制度，战时行军打仗，你就是军人；平时监审诉讼，谁违法乱纪、作风不正等，他都有监督审理权。幸好巴布泰是与人共事，不然以他的秉性，遇到案子审得不耐烦，不分青红皂白乱结案，被冤枉的人可能就太多了。大概“法官”做得还不坏，后金在人事调整时，努尔哈赤把他编入第一族第十塔坦，不久晋升为副将。

这些都是小事，展示不了巴布泰的性格。皇太极继位后的1627年二月，他做了一件事，让人看到他优秀的一面：后金征朝鲜，攻克义州等城市。为了更好地统治被占领区的朝鲜人，巩固政权，皇太极决定派蒙古官员去任职。不巧，蒙古大草原正流行瘟疫，人畜死亡无数，要外派官员，必须有人去挑选没患病的官员才行。问题是，谁去疫区选人。这比上战场厮杀还可怕，战场厮杀勇者胜；到了疫区，染上病什么都没用，人只有等死一条路。没有人愿意去那种死神狞笑的地方。皇太极想来想去，招来巴布泰，对他说，交给他一项艰巨的任务。巴布泰以为让他出战，一点没含糊，痛快地答应下来。皇太极说要让他去蒙古草原选外派官员，巴布泰就有点傻了。他犹豫了一下，马上向皇太极保证，一定带健康的蒙古官员回沈阳。

皇太极善于用人，他叫汤古岱和巴布泰一起去执行这项危险的任务。汤古岱，巴布泰的四哥，性格和巴布泰一样，屡犯大错被处罚，甚至险些丢掉性命。第一次受罚，是在天命六年（1621年）三月，努尔哈赤攻占沈阳、辽阳及辽河以东七十多座城堡。八月，努尔哈赤命汤古岱、女婿扬古利率兵到盖州换防。女真人那时刚与汉人零距离接触，在住房、粮食、土地等方面常发生矛盾。汤古岱遇事欠考虑，复杂问题简单化，致使双方的矛盾不断升级恶化。闹到努尔哈赤那里，努尔哈赤大怒，以四儿子“擅行听断而治其罪”，并罚银五十两。

早在建国之前，汤古岱就因功官拜总兵官，到天命六年，他已拥有甲兵二百五十人，另有十七个牛录。但汤古岱生就有勇无谋，屡教不改，弟弟们都做王侯了，他却停滞不前，这使他面上无光。

第二次被处罚，是治了他管教不严之罪。汤古岱的旗下有一个人，盗窃了平民家的鞍鞯，平民找努尔哈赤告状。努尔哈赤按军纪严惩，把偷窃者抓来，鼻子、耳朵、面部、腰间一顿乱刺，偷窃者血肉模糊，接着又被挥刀问斩。努尔哈赤罚汤古岱的手下，让他在一旁观看，意在警告他加强对部下的管理。汤古岱吓得簌簌颤抖，再也不敢放纵部属。

属下犯罪，上面的主官大多负失察的连带责任，汤古岱自己把握不好，以致弄丢了总兵官的乌纱帽。汤古岱办事拖泥带水，父汗交办的事情也不放在心上。惩治他的手下三个月后，一个叫哈哈纳的副将派属下带四十人去大凌河一带巡哨，遇到蒙古人交战，不敌，被夺去十匹马。哈哈纳因此被革除军职，降为庶人，没收自广宁以来的所有赏赐。属下不服上诉。努尔哈赤命汤古岱将哈哈纳案复审。汤古岱拖拖拉拉，到了次年三月也没审理。努尔哈赤非常生气，革去汤古岱总兵之职，并罚银三十两。

努尔哈赤有十六个儿子，除褚英之外，唯有汤古岱是他数次亲惩。代善虽与庶母关系暧昧，他也没有舍得下手。皇太极下手则比父汗狠，夺了三哥阿敏的人口，罢了他的官，没收了他的财产，把三哥弄成穷光蛋——永平之战，汤古岱和图尔格等守滦州。明军反扑，包围滦州。汤古岱向主将阿敏告急，阿敏派人增援，奈何人少，不敌明军。滦州、永平失守。皇太极苦心经营的关内四城丢了，十分恼怒，治罪阿敏。汤古岱请罪死。皇太极说："你不能全师而归，杀你何用？"死罪免了，活罪难逃，三阿哥从此一无所有。

两个有点落魄、同病相怜的兄弟，领受皇命，深入草原疫区选官。一路所到之处，腐尸遍地，恶臭熏天。其实，疫区的病也不是治不了，在今天，这种病只要提前预防，发现患者，几服药下去就能痊愈。那时候，医疗技术落后，奈何不了瘟病。巴布泰和三哥汤古岱没有别的选择，只能冒死向前，带回健康的蒙古官员，把他们的妻小搬到义州，一来保证他们的安全，二来拿他们当人质，防止蒙古官员开小差跑了。

哥儿俩冒死效忠，皇太极却没有动心。犯了错误不计旧情，他还是会往死里收拾你。很不幸，巴布泰也参加了永平之战。他和二贝勒阿敏、三哥汤古岱是一条绳上的蚂蚱，谁也没逃出皇太极的手掌心。皇太极批评巴布泰："尔乃汗之子，且又在汗旗之内。敌攻尔汛地，为何使敌兵竟逼汛地？为何不能如白旗兵阻止敌人？及明兵逼近，发枪炮射箭，我军士受伤。明兵攻至城下，尔为何不令少数兵立于城上，率众兵出城攻杀城下敌兵，罪应死矣。"最后，免死，革副将之职，追夺赏物。

诚然，永平战败有指挥失误之处，但也有作战人数少，寡不敌众的因素。皇太极因永平战败收拾阿敏是早有预谋，巴布泰和汤古岱只是被殃及。皇太极事后冷静下来，觉得处罚过重，加之巴布泰几年中一心效忠自己，就恢复了他的三等副将之职。刚恢复官衔，巴布泰又再犯错误——藏匿战利品。私分战利品是第一次被罚，藏匿战利品再次以被罚收场，巴布泰真是点背到家。

好在入关后追剿农民军有功，巴布泰连续升官，死前晋封为镇国公。

二

一对亲兄弟，两个糊涂虫。哥哥贪财，弟弟贪色；哥哥愚忠，弟弟散漫；哥哥屡遭惩戒，弟弟未得善终——佛阿拉是一座灵性的城，奇异的城，宿命的城。游逛在"城"里，小径弯弯，织成一张网，哪一条都是路，哪一条又都不是路。草甸和石块，灌丛和泥土，像一个个难猜的谜，你不知道下面埋藏着什么，为什么在这里出生的人——同母兄弟、异母兄弟、堂兄弟，生前身后有那么多相似。

巴布海，巴布泰的亲弟弟，努尔哈赤的第十一子。他和哥哥一样，历两代帝王均不受恩宠。甚至，由于性格缺陷，他的各方面表现得比哥哥还差劲。他曾经闹出一个历史笑话：万历四十一年（1613年），努尔哈赤为迷惑明王朝，送子做人质。送出去的这个儿子，就是巴布海。人质有潜在的生命危险，断头刀时刻架在脖子上。如果哪一天两国交恶，人质第一时间会被处死。人质等于羊入虎口，努尔哈赤当然不舍得优秀的儿子去送死，挑来挑去，就挑中了巴布海。为什么挑中巴布海呢？因为巴布海对后金无足轻重，有他不多，没他不少。拿这样的儿子当人质，即使发动战争那天，儿子被砍头，努尔哈赤也不至于悲痛欲绝。

可笑的是，明朝万历皇帝没相中这个人质，拒收。巴布海被“退货”。

巴布海初授官职，就不及其兄。其兄三等游击，他只是低级军官牛录章京。任牛录章京后，巴布海忽然开窍，战场表现不错，努尔哈赤赏他奴隶六名。迁都沈阳后，努尔哈赤以巴布海恪尽职守、不违指令，升备御职。升职对巴布海虽属喜讯，但他的兄弟们也在升职，而且比他官职大。

生性散漫，无组织无纪律，视法纪纲常为儿戏。巴布泰的思想里尚有“忠”字，而巴布海则是满脑子女色。巴布海和万历皇帝一样，朝都不上，即使偶尔入朝，也常以想念妻子为理由，中途退朝。他整天和老婆在床上翻云覆雨，情话绵绵，惹来大家耻笑。小舅子看不惯，当着很多人的面说：“我都不敢上姐姐家，两人大白天垂着幔帐，衣衫不整。若有事非去不可，我也得先派人通知。谁要擅闯，姐夫就骂人可耻。谁家没老婆，谁无夫妻，他这样贪欲不节，无视礼法才叫可耻呢！”

巴布海不上朝、不做事，也不全怪他，要怪得怪他的妻子舒穆禄氏。他的妻子舒穆禄氏是额驸扬古利的女儿。扬古利是努尔哈赤的女婿，后金名将之一，这个女儿虽不是努尔哈赤的亲外孙女，论起来也不是外人。扬古利的女儿长得漂亮，是当时有名的美女。巴布海本来散漫，再娶个额驸的女儿，有靠山，有美色，他还上什么朝。

也许是仰仗岳父大人的声望，也许是散漫成性，巴布海并不在乎旁观者鄙夷的眼神，一直我行我素。更有甚者，他还做出有辱大清国的丑事。皇太极称帝三年，一个姓池的平民向司法大臣状告巴布海拿他家的牛三年未还。司法大臣找到他，他不但不想法小事化了，防备皇太极知道发火，反而主动奏报，说不关他的事，是阿拜惹的祸。其实，这是桩三年前的旧案：

皇太极派阿拜和巴布海去辽阳东京祭祖陵。照理，两人应该同去同归，但巴布海做事不按常规，偏要自己先走。他大大咧咧地到达东京祖陵后才想起来没有祭牲。没有祭牲等等也行，阿拜还没到，祭祀用品都在他那里。距离初九祭祀还有一天时间，等三阿哥阿拜来了，再祭祀也不迟。巴布海大概与阿拜素日不睦，想绕过阿拜，把他晾在台上。再有，他离不开老婆，想快点返回沈阳。巴布海灵机一动，就跑到附近的百姓家强行牵来一头牛宰掉，给祖陵献祭。祭祀完东京陵，巴布泰星夜兼程，返回沈阳。

阿拜带着牛到了东京，牛主人揪住他不放，非让赔牛。阿拜在代善之下，是三阿哥，但他的母亲身份卑微，不受宠，累及阿拜。阿拜很有自知之明，不以物喜，不以己悲，踏实肯干，从不惹事。既然牛主人讨牛，是巴布海欠下人家的，该还则还，阿拜就把带来的牛偿还牛主人。但牛主人嫌阿拜的牛小，死活不干，非要赔大牛。事情传开，司法大臣庭审，一调查，果然是巴布海招惹下的事端。议罚巴布海白银三十两交公，除赔偿牛外，再加赔牛主人十两银子。巴布海视处罚结果为废纸，三年拒不还牛，不交罚银。牛主人左等右等，也没见十一阿哥赔偿。急了，对方再告。司法大臣复议，勒令巴布海加倍偿还。巴布海抗拒不服。司法大臣只能把案子交给皇太极。

皇太极大怒，召集贝勒大臣开会，当众讽刺巴布海："我观其愚昧如此，实令人惊讶！故特谕尔等知之。设彼稍有知觉之人，此事唯恐上闻，必欲在下完结，速行偿纳矣。乃仍竟抗执不从，反来渎奏，愚昧有甚于此者乎？以尔兄弟可信，故遣代我行礼。不乃者享祖宗，有负我谕，仓卒致祭，星夜而归，尔有何事哉？且闻，伊受制于妻，即一闲散妇，一拂蝇幼女，亦不容留待房中，终日垂帐等语。巴布海之妻与我何仇耶？扬古利额驸乃我亲臣，非独此一人，无论何人，有似此情事，一向厌恶之。"说完，皇太极摇头叹息，他恨这个扶不起来的的十一弟，却又无可奈何。诸位贝勒、大臣听了，也觉得巴布海过分，说："愚昧至巴布海极矣！除在彼为可耻外，即我等亦为之羞愧。"接着，皇太极口谕："此事今已完结，将其愚昧所以悉语之，特欲于大庭广众羞辱耳。"

一顿挖苦讽刺、声讨警示，巴布海像被扒了层皮，脸上红一阵白一阵。皇太极目光如炬，巴布海的那点小心眼岂能瞒天过海，浮皮潦草地祭祀东京陵，披星戴月地往回赶，就为了家里的老婆。这样不争气的阿哥，上上下下都看不起。

巴布海记吃不记打，不想着给岳父脸面争光，只顾一味愚昧。一年后，巴布海被授梅勒额真，但他不满意这个官职。1642年，他在和另一位同职武官谭泰谈话时流露出不满情绪，说："我宁愿不要梅勒额真的称号，在我们大清国，梅勒额真多如牛毛。"言外之意，是嫌自己的官职太低。谭泰这个人很有心计，既没附和，也没反驳，巧妙地回答："若有口是心非者，天日可鉴。"事后，谭泰却打他的小报告，讨皇太极的欢心。巴布海记恨谭泰出卖他。又一次，图海奉命调查各牛录的贫富情况。巴布海说："我所领的牛录都很富裕。"巴布海其实是说了一句反话，接着又说："我非太祖之子欤？谭泰等顾厚诬我。"世上没有不透风的墙，况巴布海一贯行为乖张，语出不逊，才被人踩在脚下。话传到皇太极那里，本来应论死罪，但皇太极照顾扬古利的面子，免死，只是夺了巴布海的爵位。

皇太极驾崩后，福临继位。巴布海觉得机会来了，写匿名信告谭泰。匿名信没告倒谭泰，诬告罪反而成立，巴布海和妻子、一个儿子被判处死刑，家产被予以谭泰。直到顺治九年，谭泰因他罪被诛，巴布海的家产又转给巴布泰。巴布海本系努尔哈赤的儿子，但他不思进取，自甘堕落，反而将自己树为大清帝国创业史上的反面教材。

三

佛阿拉没留下嘉穆瑚觉罗氏的长发，她的容貌也消失在四季不止的风中。那一趟由南向北排开的"大内寝宫"遗址，还没有排到她的位置就被草木遮盖。在努尔哈赤的十六个女人里头，她不是最漂亮的，不是最讨人喜欢的，不是最有心计的，以致什么也排不上号。但有一点，其他女人不如她——给努尔哈赤生了两个儿子、三个女儿。显然，这是个高产的女人。不过，她生的儿子不太成器，如巴布泰、巴布海，所以母以子贵轮不到她的头上。

儿子不成器，嘉穆瑚觉罗氏却有两个出色的姑爷，他们都是额亦都的儿子。额亦都的次子叫达启，少年英武，努尔哈赤很喜欢，自幼养育宫中，还把五女儿嫁给达启。努尔哈赤五女儿的亲娘就是嘉穆瑚觉罗氏。可惜达启受宠后目中无人，额亦都为保住家族荣誉命儿子们将其捂死。嘉穆瑚觉罗氏的女儿少年寡居，因想念丈夫忧郁而死。

嘉穆瑚觉罗氏的大女儿叫穆库什，在努尔哈赤的大家族里排行第四。穆库什十三岁时就被父亲嫁给乌拉部首领布占泰。布占泰是个心理阴暗的人，他不喜欢建州的女人，加上仇恨努尔哈赤，竟把穆库什和她的堂姐当人体靶子，用箭射。1618年，布占泰死后，穆库什年纪轻轻的成了寡妇，努尔哈赤又将她许配给五十多岁的额亦都。但好景不长，额亦都于1621年病死。随后，努尔哈赤又将女儿指婚给额亦都的儿子图尔格。

图尔格比穆库什小一岁，和德格类、巴布海同岁。图尔格出生的时候，建州女真的新生代如雨后春笋，一茬接一茬地降生在佛阿拉。山城到处是吵闹声，他们天天到校场去，跟在习武的士兵身后，像模像样地学习招式。图尔格在这群小不点中比较突出，父亲和大汗努尔哈赤都很喜爱他。图尔格和其父一样，骁勇善战，忠心效命，努尔哈赤为笼络他，让他做了女婿。当然，这都是后来的事了。图尔格七岁那年，佛阿拉城的居民走得一个不剩，他的家和整座城里的房子在时光中慢慢地矮了下去。

在努尔哈赤时代，图尔格的官职是“世职参将”。努尔哈赤死后，皇太极继位，改革后金的管理体制，每旗增设两名调遣大臣。皇太极也喜欢这位忠臣之后，任图尔格为镶白旗的调遣大臣之一。图尔格的工作干得好，有办法，有理有据。皇太极觉得图尔格是可塑之才，不久提升他为镶白旗固山额真，位列“八大臣”之一。“八大臣”虽然不如当年的“五大臣”地位显赫，但也有极高的权力，可以参政议政，参与一些要事的讨论。列入朝臣系列后，图尔格踏上为大清帝国抛头颅、洒热血的漫漫征途。

四

宁远成了皇太极父亲的“滑铁卢”，努尔哈赤病死。继位的皇太极一心想攻取辽西，一是为父雪耻，二是为后金挺进北京撞开明王朝的北大门。锦州是辽西的门户，皇太极的眼中钉、肉中刺，他要不惜代价把它拔掉。于是，后金与明王朝展开了争夺辽西的拉锯战。锦州经明王朝历代修筑，城池坚固，易守难攻，明朝也知道一旦锦州城破，宁远就成了孤城，于是下令死保。皇太极的猛烈攻势遭到锦州守军的顽强抵抗，图尔格所属的镶白旗部队，也和兄弟部队一样伤亡很大。皇太极占不到便宜，无奈下令撤兵。皇太极的报复心极强，途径大、小凌河，命图尔格等骑兵摧毁了明军的城墙和全部工事。虽然图尔格在锦州失利的战局下表现平平，但皇太极考虑额亦都的功绩，在天聪元年（1627年）晋妹夫为世职总兵官——图尔格直线上升，也有他父亲的情面在里面。

皇太极虽然在妹夫的升迁上起了点私心，但不减损图尔格的个人形象。

除了这一次，之后他的功劳完全是凭借个人奋斗赢得的。天聪三年（1629年）皇太极亲统八旗兵，绕道蒙古，直逼京畿，迅速占领永平、迁安、遵化、滦州。野战是后金军的强项，明军不敌，节节败退，遵化巡抚王元雅不失气节，上吊自杀。后金占领四城，皇太极命阿敏镇守永平，图尔格与正黄旗、正红旗两旗的部分军队镇守滦州。人家打到家门口，又踹一脚，卧榻之侧岂容他人酣睡。明朝野上下不安，极力想收复失地，于是派监军道张春，总兵祖大寿、马世龙等召集三万大军，反攻滦州、永平。滦州被困，图尔格与正红旗调遣大臣汤古岱、正黄旗固山额真纳穆泰等分段防守。明军集中火力，专攻纳穆泰。情况危急，图尔格把兵力分开，支援纳穆泰。明军坐拥重型火炮，为速战速决，炮轰城垣，城垣中炮起火，火势蔓延，烧毁城楼。明军趁火势架设云梯攻城，图尔格下令放箭，箭镞如雨，明军步兵慌忙后撤。一攻不下，明军征调部队，围困滦州。图尔格等拒不让城，在明军强大的火力攻击下坚守了四天。第五天，因八旗兵伤亡太大，明军又数倍于己，图尔格知道再打下去就要全军覆没，毅然决定放弃滦州。夜里突然下雨，图尔格借老天帮助，半夜冒雨突围。

图尔格冲破明军的重重包围，跑到永平与阿敏会合。明军夺回滦州，士气大振，在祖大寿等人率领下，直奔永平。主帅阿敏指挥失误，永平也被明军夺回。阿敏弃城而走，令图尔格殿后掩护。图尔格血战汹汹而来的明军，给大部队撤退争取时间，他自己统领的镶白旗士兵战死数百人。一队败军回到沈阳后，皇太极大怒，下令逮捕备御以上官员。四员大将见了皇太极，齐刷刷地跪在地上，等候发落——永平之战给皇太极抹了黑，在后金的战争史上，还没有发生过弃城逃跑的先例。皇太极铁青着脸，眼睛像锥子一样扎在几位大将身上。图尔格、汤古岱和纳穆泰心里发毛，引罪请死。皇太极重惩了主帅阿敏，却对三位副将网开一面，图尔格被削总兵官，解除固山额真之职。

永平失败不止指挥失误一个原因，皇太极在盛怒之下，血涌脑门，顾不得思索深层的东西。再者，阿敏是他一直想找借口猎杀的一只虎，永平之败，刚好给了他伏虎入囚笼的机会。阿敏一倒，三位副将也解放了。惩是惩，贬是贬，该用还得用。皇太极一边打仗，一边完善国家管理体制机制。天聪五年（1631年）七月，他设立六部，图尔格重新被起用，调到吏部承担政务。图尔格本以为这辈子再无出头之日，没想到皇太极还惦记着他，调他兼任吏部的“公务员”，感动得热泪盈眶，跟皇太极好好表了一番心迹。

迎来“政治春天”的图尔格在天聪五年七月底随皇太极再次出战。皇太极铁了心要拿下大凌河，于是派出最精锐的骑兵、最高端的指挥员扑向辽西。后金兵分八路，图尔格随正白旗围城东北侧。明军发觉陷入重围，奋力抵抗，派出部分兵力与城南的八旗兵展开肉搏战。图尔格来不及上马，就冲入明军队伍，左砍右挡，杀得眼睛血红。白旗兵在图尔格的带动下士气高涨，明军胆怯后撤。

大凌河大捷，图尔格又随皇太极攻锦州，皇太极命其率兵守张家台河口，堵截从沿海而来的明朝援军。但是不久，皇太极又改变做法，让图尔格和劳萨出边，渡过辽河，沿张古台河驻军，防范后金与明对峙时，蒙古人偷袭得利。

前线冲锋，后方守卫，图尔格做得尽职尽责。这时候，恰巧林丹汗出痘死在大漠，皇太极为斩草除根，抽调图尔格远征黄河西。图尔格带左翼和右翼纳穆泰部渡黄河，星夜疾驰，至托里图找到林丹汗之子额哲。额哲无力抵抗，率部投降。

还师途中，八旗兵顺手牵羊，乘虚袭扰明边，给途经之地的明边造成了一定的破坏。但在平鲁卫，八旗兵遇到明军伏击。形势紧急，图尔格率先迎战，斩杀数百明军。明军惧怕这位不要命的八旗军官，吓得退缩回去，关闭城门拒不出城。图尔格毕竟是将门之子，遇事沉着冷静，料到明军不会轻易放过他，等他过去，一定会从后面追赶，和前面的明军来个前后夹击。图尔格就来了个反埋伏——沿途设下人马等着追兵，他则和左翼纳穆泰带一千人大摇大摆地往前走。果然，祖大寿得知消息，派三千明军赶来会战。图尔格不慌不忙，掉转马头，与伏兵夹击祖大寿的部队。

回到沈阳，皇太极表彰图尔格的出奇制胜，加封他为世职一等梅勒章京。鉴于他的表现，不久，皇太极又恢复图尔格镶白旗固山额真的职务，让他随济尔哈朗深入明朝腹地。图尔格率镶白旗入明边，在延庆与阿济格会师。两军合二为一，连克十六城。

图尔格继承乃父遗风，作战勇敢，冲锋在前，给士兵做出表率，人皆钦佩。但是，图尔格也逃不了佛阿拉的群体性命运轨迹，刚恢复固山额真的职务，部下就犯错误，株连到他——贝勒尼堪的福晋（图尔格的女儿）欺诈仆人，把人家的女儿夺为自家的女儿。尼堪是褚英的儿子，他的老婆居心不良，看人家的女儿好，连蒙带唬地弄回自家养着。那孩子的亲爹不愿意，提起诉讼，刑部一审，查实尼堪的老婆确实如此，宣判，把孩子送回。图尔格被治了个管教不严罪，丢了刚到手的职务。他到底是有才干的人，三起三落是寻常事。免职没几天，他又被皇太极任命为固山额真的助手。

五

图尔格脱胎于佛阿拉的山水，在战火中煅烧，浑然天成。他的性格表征是群体性的，优点与缺点在先后降生在那里的女真新生代身上都很明显。他们的人生字典，最醒目的标注是勇和智，解他人危急而奋不顾身。图尔格救人，史书上记载了两件事：

崇德五年（1640年），图尔格随多尔衮攻锦州，当时正逢庄稼成熟，锦州城外禾粟金黄，稻穗飘香。图尔格动作麻利，替明军收了庄稼。他又与固山额真叶克书带300人埋伏在乌忻河，城内明军不知有诈，照旧出城牧马，图尔格命人一哄而上，杀死明军，抢了马匹往大本营赶。城内明军丢了战马，派一千多人出城，要夺回去。明军人数是图尔格的三倍还多，图尔格沉着应战，边打边退。突然，叶克书的战马被一箭射穿眼珠，战马疼痛，把叶克书摔下马来。眼看叶克书将命丧乱刀之下，图尔格策马挺身，一箭射中最前面的明军士兵，接着抡刀一顿猛砍，同时，侧身抱起叶克书，两人骑在一匹马上与明军激战。叶克书获救，图尔格伤二十多处。他还让叶克书先撤，由他殿后，保护俘获的人畜返回营地。图尔格成了叶克书的救命恩人，叶克书叩头致谢。皇太极闻报，对图尔格舍身救人的英雄事迹给予表扬，赞扬他不愧为爱新觉罗家族的女婿，并号召全军学习图尔格这种先人后己的战斗作风，并晋封他为世职三等昂帮章京。皇太极把图尔格树立为全军楷模，晋军职不久，又授他内大臣之职。图尔格激动之情难以言表，又向皇太极盟誓，为大清万死不辞。

一年后，他又救了皇太极一命。崇德六年（1641年），皇太极困洪承畴于松山。明总兵曹变蛟想了一条“斩首”计策，趁月黑风高，带一队人马偷袭皇太极的大营。曹变蛟这一招是对的，皇太极虽精明过人，但也疏忽了明军的“斩首”行动。曹变蛟摸进大营，守营侍卫来不及聚集，有些慌乱。这时，图尔格一马当先，先射杀就近的明兵，又带着弟弟挥刀与曹变蛟部混战，杀得满身鲜血。曹变蛟畏惧图尔格的勇猛，中箭败走。“斩首”计划流产。

皇太极因图尔格这次救驾有功，更加器重他，予以重赏。凡有重大军事行动，他必派图尔格参战。崇德七年（1642年）十月，皇太极再次派兵入关。这次的主将是阿巴泰，副将是图尔格。部队包括满、蒙、汉三军十二旗，约六万人。再加上外藩蒙古联军，总兵力近十万人。阿巴泰和图尔格兵分两路，左翼从界岭口毁边墙而入，右翼从雁门关的黄崖口入长城，两军进关后趋蓟州，再分道南下，入山东，下临清，抵兖州。这一路上，明皇室子孙自杀的自杀，斩首的斩首，血流成河。

次年回到沈阳，皇太极念图尔格有大功，赏白金一万五千两。图尔格比较长寿，活到六十八岁，死于浙江金华。图尔格这位虎城之子，魂归他乡，不知道他的梦里还有没有故乡的容颜，有没有他和兄弟们一起玩闹时的情景。但佛阿拉永远记得他们，佛阿拉养育了他们，给了他们鲜明的个性，爱与恨，荣与辱。他们是佛阿拉的儿子。

无皇冠的皇帝

从摄政王到叔父摄政王再到皇叔父摄政王，多尔衮权倾大清国。然而这注定是悲剧，顺治七年（1650年）十二月，多尔衮拖着病体出猎喀喇，疾驰中意外摔下马背，然后他倒了下去。在与病魔苦苦搏斗之后，他输了，不得不向死神交出他最宝贵的东西。多尔衮在喀喇合上双眼，终结了精明的一生。但在他死后，心腹们却一个接一个地背叛他……

一

多尔衮怎么也没想到，一夜之间竟父母双亡。他和哥哥阿济格、弟弟多铎，眨眼间成了孤儿。十四年来过惯了前呼后拥的生活，突然间父母撒手西去，巨大的落差把多尔衮抛下阴森恐怖的深渊。

多尔衮沉浸在悲伤里，父汗的死没人能逆转，宁远一战，他身中炮伤，回盛京没几天，就到狗儿岭洗温泉疗伤。父汗走之前，特意召见他，循循善诱，嘱咐他管理好旗属，照顾好额娘和弟弟，有事多与哥哥、大臣们沟通、商量。多尔衮郑重地对父汗连连点头，请父汗放心，他一定把父汗的话记在心里，照父汗嘱咐的去做。他知道，父汗一直意在安排他做旗主，为此把镶白旗旗主杜度调到镶红旗那边，腾出位置给他；他还知道，父汗的用意之深，因为，他从父汗那里感知到的，是未来的后金。

现在，父汗没了，额娘也没了。多尔衮觉得天地崩塌，他真想追上抬走额娘的人，搀扶起额娘，不要她死。但他做不到，哥哥和大臣们说，父汗有遗命，要额娘为他殉葬。因为，他爱额娘。别的什么理由都不重要——多尔衮想不通的是，父汗既然爱额娘，为什么又怕额娘惹国乱呢，他怎么都没看出来额娘是惹国乱的人。

多尔衮恨上天，为什么不把父汗和额娘留下一个，而是残忍地一块夺走他的两个保护神。他又恨那些大臣、哥哥们，他们为什么不在父汗灵前求情，说他兄弟三人年纪尚小，需要照顾，让额娘活下来。他相信父汗是不会怪罪的。

额娘投身火光，灵魂飞天。这边八兄皇太极召开会议，他要履行对额娘的承诺，抚养多尔衮兄弟长大成人。皇太极说，多尔衮、多铎两幼弟孤苦，暂由后宫抚养。皇太极说的后宫，是指哲哲。哲哲性格温和、善良贤惠，由她负责照料多尔衮兄弟，最合适不过。

这世上，最亲近的人莫过于额娘，哲哲再好，也没有在额娘身边踏实。再说，在宫中生活，等于在八兄的眼皮子底下，八兄是额娘之死的直接责任人，这样的日子过得别提有多别扭。

多尔衮内心凄楚。

父汗大丧，八兄忙得不亦乐乎，多尔衮心里好生狐疑。等长兄代善带着岳讬、萨哈廉上殿，请八兄登大位的那一刻，多尔衮什么都明白了。

他已经失去了两个靠山，还能指望谁？哥哥阿济格性格粗犷，上战场后生龙活虎，动脑筋、斗智商却不行。弟弟多铎才十二岁，手里掌握的牛录倒不少，到这时候却不顶用。

“额娘一死，兄弟三个孤苦伶仃，大臣们见风使舵，倒向八兄一方，我多尔衮哪里还有继承汗位的资格。”

可是，父汗在世时曾经说过，自己百年之后，由多尔衮继位，由长兄代善辅政，等多尔衮长大后再归政。多尔衮相信长兄代善能做到，因为长兄老成厚实，宽怀仁慈。

要公平竞争的话，多尔衮也不是毫无希望。但八兄抢先出手，形势全变了，再没有人把那个话茬捡起来议一议。尤为可恼的是，长兄代善本也有份继承汗位，他却主动带着儿子请愿，非让八兄继位不可。长兄都让位了，多尔衮一个乳臭未干的少年，凭什么去争？再说，就算是争，父母双亡，额娘的娘家又没势力，无人撑腰，谁肯站在自己一边？多尔衮什么也不能说，只能乖乖地跟着八兄做事，顺从他，拥护他。

办完父汗的丧事，八兄皇太极举行了登基仪式。紧接着，新大汗着手整顿内部，提议和代善互换旗地。多尔衮预感到，换完旗地后，皇太极就该琢磨着和他们兄弟仨换旗了。黄旗在八旗中最尊贵，是大汗属旗。多尔衮兄弟不是大汗，自然没有领两黄旗的资格。果不其然，皇太极用了一个巧妙的方式，把两黄旗归到自己名下。多尔衮自然不愿意把黄旗换成白旗，但大汗的意见谁敢违背？长兄代善凡事依着皇太极，多尔衮又有什么理由不听从。

本来，多尔衮、多铎、阿济格三兄弟的地位与“四大贝勒”同尊，皇太极继位后，三兄弟的地位也与“三大贝勒”平起平坐；但一换旗，多尔衮三兄弟的地位就由大贝勒降为了小贝勒，政治待遇也相应地降档了。

二

万历四十年（1612年），多尔衮降生于赫图阿拉城。

他的额娘阿巴亥贵为大福晋，深得父汗宠爱，子以母荣，儿子们也跟着多享受父爱。两年后，额娘又生下弟弟多铎，父汗特别喜欢这两兄弟，尤其是多尔衮，聪明伶俐不输皇太极。

努尔哈赤建立后金第五年，多尔衮、阿济格、多铎三兄弟，因天资聪颖，以及额娘阿巴亥的得宠，被推上统治后金国的“八和硕贝勒”宝座。六年后，努尔哈赤兵进辽阳，和长期分居的额娘重归于好。父母消除隔阂，对三个儿子越发宠爱，努尔哈赤将统领的两黄旗计六十五牛录一分为四，阿济格、多尔衮和多铎每人各统十五牛录，其余的努尔哈赤自己统率。努尔哈赤又说，哥哥阿济格领镶黄旗，弟弟多铎领正黄旗，他百年后，自己统领的二十牛录归多铎，另赐一旗给多尔衮，并为此将镶白旗旗主杜度调入镶红旗。努尔哈赤大有深意的安排，多尔衮自然心中有数，比他更有数的，恐怕是后金的大贝勒和大臣们。

谁也没料到，现在的多尔衮孤立无援，荣升全旗旗主的宏愿亦化为泡影。多尔衮从父汗跟前的大红人沦为受压制的对象，进取的路途蒙上阴影，况且还要照顾十二岁的多铎。一个十四五岁的半大孩子，他能怎么办呢?

皇太极走马上任，以他的心性，需要做些成绩给世人看。他盘算了一下，决定把漠南蒙古作为突破口，顺便给朝鲜、明朝点颜色看看，好叫他们知道八旗的新君主是何等的铁腕人物。

天聪二年（1628年）新年一过，皇太极便着手逐步实施年前制订的计划，先是不阴不阳地照会朝鲜国王李倧，指责他口是心非，违背盟约。然后，他往喀尔喀派使臣，沟通往来。喀尔喀距察哈尔近，皇太极派出的使臣，竟两次遭到察哈尔多罗特部的袭杀。

这时的察哈尔部林丹汗与明朝来往甚密，皇太极上台后，明朝输给林丹汗巨额军费，指使他与后金对抗。皇太极欲与喀尔喀通好，林丹汗岂能无视，每有风吹草动，他必组织人从中作梗。于是，皇太极决心率师征讨多罗特部，多尔衮和多铎就在这一次出征之列。按皇太极的指示，多尔衮等诸贝勒率精锐为先锋，皇太极率军随后跟进。作为先锋的多尔衮心里清楚，自己要在这场战役中让众人认识到，他离开父汗的庇护，仍然是一个无可匹敌的勇士。他率领部队擒拿多罗特部散兵，追查多罗特部落酋长及其部众下落。三日后，皇太极到达，与多尔衮等合兵，直击敖木伦地区的多罗特部，多尔济哈谈巴图鲁受伤逃走，其妻子尽数被俘。

多尔衮初出茅庐，这一仗打得十分漂亮，缴获一万两千多人口，与皇太极押着战利品浩浩荡荡地回到盛京。

八旗部队扬军威国威，皇太极心花怒放，大宴群臣。宴会上，皇太极夸奖多尔衮和多铎初次随军远征，克著勤劳，赐给他“墨尔根戴青”的荣誉称号。

这一仗给多尔衮带来的好处不久再次显现。同年，皇太极借故废黜阿济格，任多尔衮为镶白旗旗主。多尔衮向前迈进一步，开始与其他旗主并驾齐驱，参与军政大事，更为实施宏伟抱负奠定了良好的基础。

天聪三年（1629年），白雪覆盖大地的冬十月，在制伏朝鲜和漠南蒙古后，皇太极开始集中兵力，对明宣战。

这一次，皇太极绕道蒙古，走都尔鼻，渡汤石木河、纳里特河，并经喀喇沁、孔鲁特、奈曼、扎鲁特等部落。之所以舍近求远，皇太极有两个目的：一是避开“书生战神”袁崇焕；二是要蒙古各部出兵相助。

八旗铁骑行至老河一带兵分两路，济尔哈朗、岳讬等诸贝勒率右翼四旗及蒙古右翼于二十六日半夜进攻大安口，至遵化城合兵。阿巴泰、阿济格率左翼四旗及蒙古左翼从龙井关入边。皇太极、代善、莽古尔泰、多尔衮等人随后率大军进发。

数天后，左翼阿巴泰、阿济格攻克龙井关，从水关入边。随后，莽古尔泰、多尔衮、多铎赶到，兄弟几个率军包围了汉儿庄。汉儿庄畏惧八旗铁骑，未发一箭一矢，举城投降。

十一月，大安口、马兰营、马兰口、遵化、喜峰口相继失守。皇太极为进攻北京赢得时间，率八旗大军至三河县（今河北三河市）；多尔衮、莽古尔泰、多铎等人奉命率三千人马赶赴通州，视察渡口，兼捕哨卒刺探情况。

通过审问抓获的明哨卒，多尔衮得知，大同、宣府两路总兵均驻守在顺义。掏到明军老底，多尔衮派阿巴泰、岳讬分路进击，大同总兵满桂、宣府总兵侯世禄一触即溃。失去武装力量的保护，顺义知县只好开城投降。

多尔衮等诸贝勒随皇太极进顺义城，进逼北京。

崇祯皇帝急调部队，展开京城保卫战。前两天逃跑的满桂、侯世禄接到命令，统率本部兵马来援。宁远的袁崇焕和锦州的祖大寿，惊闻皇太极逼围北京，也率精锐连日飞驰，援救京畿。

袁崇焕和祖大寿不同于大同、宣府总兵。宁远之战，袁崇焕让八旗兵吃尽苦头，祖大寿是位抗击新兴后金的强硬派，多年镇守锦州，堪称辽西人的主心骨。

八旗方面派谁与这两人角斗？皇太极想了想，派出莽古尔泰、多尔衮、多铎、阿济格、阿巴泰、豪格、杜度七人。细观这个阵容，老将莽古尔泰压阵，新生代冲锋。多尔衮、多铎、阿济格、豪格、杜度五个人年轻气盛，阿巴泰则久历战阵，经验丰富。

这场仗打得非常激烈，金、明双方兵力一比十，死拼死守，互不相让。这场硬仗中，多尔衮表现不俗，在不利条件下英勇作战，皇太极再次认可了他的军事才能。

计杀袁崇焕，祖大寿毁山海关跑回锦州后，皇太极撤出北京，扫荡北京周边地区，夺取永平、滦州、香河等地区。

烧毁通州运河内千余艘船只之后，皇太极、多尔衮等人率五百护军探视蓟州地形。在蓟州城外两里处，他们与援救蓟州的五千山海关步兵遭遇，短兵相接，双方措手不及。多尔衮来不及多想，率兵直冲敌营，歼击山海关步兵。山海关步兵十倍于己，多尔衮毫无惧色，且越战越勇。皇太极命代善指挥左翼四旗护军攻其东面，自率右翼正黄旗、正红旗和镶红旗护军攻其西面，最终击溃了山海关援兵。

多尔衮屡屡在皇太极面前表现出色，皇太极对这位年纪轻轻、所向披靡的十四弟倍加喜爱重用，提携他步入八旗统帅之列。正是多尔衮的迅速成长，让皇太极有了新帮手，他开始打压代善家族，削弱、瓦解两红旗势力。也可以说，多尔衮在风浪中成熟，代善却在权力之争中牺牲。

三

多尔衮越来越趋向成熟，走入皇太极的视线。在皇太极心中，后起之秀十四弟是自己杰出的帮手，忠诚、聪慧，马上能武，马下能文，后金国要走向辉煌，离开这种人物玩不转。

皇太极扫荡一圈北京后，在永平开辟了根据地，又着手整理内务。天聪五年（1631年）秋天，皇太极召集群臣议会，宣示政府的改制细则。具体措施是，三院之后，设立六部。六部以吏部为首，由多尔衮担任主官。时年，多尔衮二十岁。皇太极给多尔衮配的副手是：满族人图尔格、蒙古人满珠习礼、汉人李延庚。之下设参政八员，启心郎索尼。

从配置的人员看，皇太极对吏部寄予厚望。图尔格是开国大将额亦都的第八个儿子，努尔哈赤的四女和硕公主穆库什先后嫁给父子俩，论辈分，图尔格是努尔哈赤的外孙兼女婿，皇太极的外甥。皇太极的第一任福晋是额亦都的女儿，按这个辈分，图尔格又是皇太极的内弟。图尔格在满族新生代中也是出类拔萃的人物，他忠正耿直，骁勇善战。早在1626年，八旗每旗增设两名调遣大臣，图尔格就受命辅佐镶白旗，任调遣大臣。不久，他晋升为镶白旗固山额真，独主一旗，为著名的“八大臣”之一。

满珠习礼的地位、身份更特殊。从私人角度来说，他是皇太极的舅哥，他的姐姐海兰珠和妹妹（庄妃）均是皇太极的宠妃，同时，他又是皇太极家的女婿。

李延庚在汉官中首屈一指，仅次于范文程、宁完我等人。这个人属于智囊型，主意多，为人也正派，是皇太极欣赏的那类“耕读万卷书，献与帝王家”的高级知识分子。

索尼，全名赫舍里·索尼，精通满、蒙、汉文字，是皇太极的亲信。皇太极驾崩后，多尔衮在三官庙召见他，与之商议册立，索尼态度强硬，提出“先帝有子在，应立其一”。

多尔衮配置了这四名副手，如虎添翼，工作起来得心应手。而副职越强，越考验领导非凡的驾驭能力，否则，这部机器的运转将时常犯卡。作为“组织部长”，要求多尔衮慧眼识金，发现人才，并合理使用人才，知人善用，有政治远见。多尔衮的识人、用人才能，在这一时期得到锻炼。统兵入关后，多尔衮对于大量汉官的合理任免，巩固了清初政权。如入关辅政初期，他就有关于人才问题的对话。

顺治二年（1645年）五月十七日，有人献良木千株助修宫殿，并以此乞官。多尔衮说，用人唯以才德，岂有因捐助授官的道理，把工程用木作价给他便是。

又一天，他问大学士：“江南已克，你们知道哪里有什么好的人才吗？”

大学士们说：“江南地方广大，定有贤才。”

多尔衮不太喜欢这句模棱两可的话，说：“不是泛论地方有没有贤才，我是说，先生们有没有熟悉的人才，作为大学士，你们该心中有数。”

冯铨回答：“钱谦益在江南颇有名望。”

多尔衮高兴地问：“他如今在吗？”

冯铨回答：“在，文册上有他的名字。”

多尔衮点点头说：“这个人，今后一定要重用。”

身负铨选重任的多尔衮认识到“取人之道”的重要性，所以在官员的选拔任用上谨慎而大胆，举用人才精心严格，从不敷衍塞责。只是，他疼爱弟弟多铎，在任用多铎时犯了“任人唯亲”的原则错误，如果不是多铎早于多尔衮离世，恐怕多尔衮死后，第一个被清算的就是多铎。

皇太极改革了国制，获悉祖大寿、何可纲在抓紧时间抢修大凌河城，于是亲统大军扑向大凌河。维修中的大凌河城被八旗军包了饺子，四面掘壕，层层围困，连只苍蝇也飞不出来。

祖大寿被死死困住，给养日渐不足，只能派人出城诱战。图赖贸然带人冲杀过去，达尔哈也率本旗跟进。多尔衮一见图赖和达尔哈上当轻进，赶紧招呼多铎率护军杀入阵中，支援图赖。两蓝旗直抵城壕，开始舍马步战，逼明兵入城。敌人送上门来，此时城上的明军炮火齐发，八旗兵多人死伤，多尔衮急令后撤。

这一回合八旗兵战死十人，明兵也有百余人阵亡。但皇太极一点也不高兴，训斥图赖为敌所诱，贸然轻进，众军士盲从跟进，诸贝勒哪有不奋身力战的道理。多尔衮、多铎倘有疏虞，必将图赖等人加以严刑。皇太极的战法是，大凌河已如狐处穴中，着哪门子急，困着它就是。

转眼三个月过去，大凌河城内粮绝薪尽，士兵饿狠了，开始杀修城的夫役和商贾、平民为食，拆骸骨而炊。外无援兵，内无粮饷，祖大寿走投无路，只好开城投降。

祖大寿拜见皇太极，并定下智取锦州之计。皇太极没做他想，一门心思安排人手配合祖大寿，没想到祖大寿诓骗了他。

一切准备妥当，多尔衮和阿巴泰等人率四千多官兵，偕着祖大寿，装扮成溃军，一路直奔锦州。四千多兵马一面跑，一面放炮，吸引锦州城守军的注意力。二更，大雾弥天，对面不见人，伸手不见五指，队伍失散，多尔衮只好撤兵。第二天，又是炮声隆隆，在夜幕的掩护下，锦州城不辨真假，以为是祖大寿突围成功，分路应援，全被多尔衮等歼灭。

十一月，皇太极巡视锦州城的情况，决定纵祖大寿入锦州。多尔衮第一个不同意这一冒险的做法，认为祖大寿诡诈，其言不可轻信。皇太极说，放他入锦州城，为我们效力，即使复叛不回，他的儿孙、诸将尚在我们手中。如果明朝派别人据守锦州、宁远，事更难图。多尔衮仍不同意，他觉得，祖大寿不是一个好降伏的人。皇太极则想感化他，于是放祖大寿回锦州。

不出多尔衮所料，祖大寿回到锦州后果真闭门不出。皇太极也不恼，该怎么安置大凌河降将就怎么安置，解除了新降汉官的戒备心理。在大凌河的降将里头，有一个叫张洪谟的副将，人生得鼻直口方，经纶满腹，皇太极很喜欢，想着送多尔衮家恩养。皇太极说："我看副将张洪谟是个人才，人才当交付贤贝勒养育。'墨尔根戴青'善于养人，言行举止颇合我意，把张洪谟交给他恩养吧。"

多尔衮奉皇太极之命收了张洪谟，待张很是客气。

四

青年时期的多尔衮，逐渐磨炼成八旗部队中超一流的将军，国家的高级行政官员。他有权发号施令，有权调动各级官员；他声名鹊起，成为除皇太极之外的八旗统帅。在长期的讨伐征战中，他的战略思想进一步完善，军事指挥才能进一步提高，"倡谋出奇，攻城必克，野战必胜"。多尔衮在续写着父汗与兄长创造的神话。

皇太极占领了大凌河，暂时放弃了攻打锦州的计划，掉头收拾察哈尔。林丹汗在八旗大军疾风骤雨的追击下仓皇出逃。八旗大军狂追四十多天，一路上收获巨大，察哈尔部走散的民众、牲畜，全为皇太极所有。这次多尔衮的主要战绩在归化城，他和阿济格等人带两万兵马，清剿归化城，收缴了城内的人、财、物。

转眼间，皇太极上任七年了。明朝、朝鲜、察哈尔交手一圈，虽然取得局部胜利，但战争远没有结束。于是，就如何处理明朝、朝鲜、察哈尔问题，皇太极征求诸贝勒和大臣的意见。多尔衮建议："宜整兵马，趁谷熟时，入边围燕京，截其援兵，毁其屯堡，为久驻计，可坐待其敝。"

这时的多尔衮也意识到，再像以前那样在明内地打游击战是不行了，一场仗千辛万苦打下来，收缴战利品而后转身就走是缺乏远见，应该改为拿下一处，驻守一处，一城一堡地兼并。

皇太极采纳了多尔衮等攻明派的意见，再次将矛头指向明朝内地，大肆掠边，以图削弱明朝的力量。天聪八年，即1634年五月，皇太极率多尔衮、代善、阿巴泰、德格类、阿济格、多铎、岳讬、萨哈廉、超品公扬古利、豪格统军出盛京抚近门，拜完了堂子，出榆林口，渡辽河，抵阳木石河驻营，等候出兵的蒙古科尔沁部落。会兵后，大军走都尔鼻，与前来会兵的巴林、土默特、喀喇沁部落会合，然后到纳里特河。

大军一路山西，一路山东，分头深入。多尔衮、阿济格、多铎三兄弟自龙门口入边，再进宣府城东南驻营。稍事休整后，多尔衮三兄弟往略保安州一带。八月，八旗大军抵山西代州。代州是宋代杨家将曾经驻守的地方，明朝统治者再没有像杨家将这样的忠良为他们镇守边关，八旗大军如入无人之境，所向披靡。

左翼多尔衮在山西翻江倒海，横扫朔州，还登上了佛教圣地五台山。

多尔衮横扫山、陕两省的大部地区，后转入河北，攻陷万全左卫城。在尚阳堡边二十里驻营时，察哈尔部噶尔马济农等人率部六千，投奔皇太极而来。他们还带来了一个令人振奋的消息：林丹汗病痘，疽于打草滩。

不久，皇太极得到确切消息：林丹汗已死。皇太极立即派多尔衮偕岳讬、豪格率一万人马，招降林丹汗的儿子额哲。

天聪九年（1635年）三月，多尔衮派礼部启心郎祁充格上奏皇太极，大军奉命至西喇珠尔格地方，遇到察哈尔汗妻子囊囊太后及部下琐诺木率一千五百户，听说八旗大军到了青海，特来归降。多尔衮以礼相待，设宴款待，给囊囊太后压惊，然后派兵护送他们回盛京，拜见皇太极。

随后，多尔衮继续前进，八旗大军陆续乘船渡过黄河。二十八日，抵林丹汗的儿子额哲国人所住的托里图地区。这一天，大雾弥漫，伸手不见五指，额哲没有想到多尔衮会选择这样的坏天气突来，他当时还在帐篷里满怀忧思。多尔衮恐怕惊扰额哲，就地按兵不动，派叶赫金台石的孙子南楮及族叔阿什达尔汉等几个人前往，先行拜见其姐姐苏泰太后及额哲，告知大金诸贝勒奉命统大军来招降，请大家少安毋躁。

南楮等人奉命疾驰，见到苏泰太后和额哲，说明来意。

多尔衮设宴款待众人，并接受额哲的大礼，但也看出额哲和苏泰的担忧，就趁着酒意，主动提出与额哲盟誓天地。旋即，两人歃血为盟，祝告天地。

多尔衮与额哲的誓言，是否存在仍值得考证。额哲相信了多尔衮的誓言，多尔衮自己却不相信，他看着满脸稚嫩的额哲，暗暗想："你这只可爱的羔羊，怎么可以轻信誓言呢，誓言其实是苍天作证的谎言啊。"走投无路的额哲，哪里想得那么深，郑重其事地焚香、叩头、举誓，彻底消除了恐惧和戒备心理，然后收拾行囊，跟随多尔衮回了盛京。

多尔衮偶然得知苏泰太后手中藏有传国玉玺，是在预备返回盛京期间。于是，他很轻易地就从苏泰太后那里得到了蒙古人的传国玉玺。

收藏好玉玺，多尔衮统率大军，带着苏泰太后、额哲和归附的察哈尔族人，渡过黄河，回到归化城。不幸的是，在归化城，岳讬生病了。多尔衮只好分出一千兵力，留守归化，照顾岳讬，外加防备察哈尔降民。他和萨哈廉、豪格率兵并额哲及大臣，继续往略山西一带。

多尔衮在山西几进几出，已经轻车熟路，一路斩杀明军六千余人，俘获人口牲畜七万六千二百余。出边后，他与归化城养病的岳讬会合，经沙河堡凯旋。

皇太极兴奋地盼着多尔衮早日归来。

这是一次空前隆重的迎接仪式，女眷们装饰一新，涂脂抹粉，夹杂在代善、阿巴泰、德格类、济尔哈朗、多铎及众大臣中间，欢欢喜喜地出了抚近门，拜堂子，吹画角，奏鼓乐。拜天仪式结束，皇太极带着后妃、臣子，西行至平鲁堡驻跸。当晚，多尔衮等遣礼部承政赶到皇太极住处，报告大军将于农历九月初五到达浑河。

接到最新消息，迎接队伍一片欢腾，所有人都急着见到传国玉玺，恨不得多尔衮插翅飞回。

第二天，皇太极自平鲁堡启行，出榆林边射猎。这时，多尔衮再派人来报，说大军于八月二十九日至扎哈纳里特河，九月初五前过浑河——时间又提前了，看来多尔衮也是思乡心切，急于回家报喜。多尔衮还与皇太极约定，在阳石河躬谒圣驾。

九月初，千呼万唤的多尔衮终于回来了。皇太极闻讯，亲出御营，张开双臂欢迎凯旋的勇士。见过额哲和其他诸大臣后，皇太极令在驿所南山岗设祭坛，置黄案，焚香、吹螺、掌号，亲率众臣拜天。礼毕，皇太极还御座，等待多尔衮等人奉上传国玉玺。

多尔衮捧着传国玉玺来了，他把传国玉玺轻轻地放在衬着红绸的案上。正黄旗固山额真纳穆泰，镶白旗固山额真、吏部承政图尔格两人举案前进，多尔衮等诸贝勒、大臣遥跪献宝。

御幄前陈设黄案，焚陈香烛，皇太极受玉玺，亲手捧着，率众拜天行礼。归座后，皇太极说道："此玉玺乃历代帝王所用之宝，天以异朕，信非偶然也。"这时，多尔衮上前跪拜，皇太极一把拉起他，与他紧紧拥抱。

五

天聪十年（1636年）四月，皇太极称帝，改元"崇德"，改国号为"清"，改族名为"满洲"。大封群臣时，多尔衮以功勋卓著晋为"和硕睿亲王"。这一年，多尔衮二十五岁，已是声名显赫的大清国宗室亲王。但这距离他的政治顶峰尚远，七年后，他的领袖才能将在动荡的多元政治格局中显露，人生价值淋漓尽致地体现。

称帝的皇太极把刀子插进大明帝国胸口，并在伤口里搅动，他要赶在李自成和张献忠之前，让那具腐朽的躯体倒下去——六月二十七日，阿济格入边，掠人口一万余，多尔衮、多铎遥相呼应，攻击山海关。

十二月，皇太极因朝鲜屡背盟誓，再次亲征。朝鲜国王李倧闻大清皇帝御驾亲征，忙不迭地跑到南汉山城避难。次年春节，大清国的君臣们在长途行军中度过。一过年，清军北渡汉江，立营江岸。汉江距朝鲜王城仅二十里，当天，汉将耿仲明、尚可喜和孔有德押运火炮、火器赶到，开始炮轰汉江朝鲜军营地。

另一路大军由多尔衮、豪格率领攻入长山岛、昌州城，岛内居民闻风胆寒，男女老少弃城逃走，奔向山村荒郊，两白旗和正蓝旗护军骑兵趁机迅速占领两城。朝鲜安州总兵率五百兵出宁边城，被多尔衮败于城下；安州的二百援兵也丧生于多尔衮刀下。宁边城的守将接到七百援兵俱败的战报，自率三员参将、四员游击、十五员备御和一千马步兵，准备与多尔衮决一死战。

宁边城守将悲怆出阵，多尔衮胸有成竹，派蒙古骑兵迎战，最终生擒李元帅，他的一千名士兵和几十名属下跟他一道壮烈。

多尔衮挥戈再进，坐困南汉山城的李倧在外援解救无望的形势下，只好修书投降。但他说降却不诚心降，磨磨蹭蹭地和皇太极耗时间。皇太极很生气，经了解，原来只有李倧一个人在南汉山城，王后和王子都藏在江华岛。皇太极立即给多尔衮下令，让他去江华岛抓住李倧的家人，捏住他的七寸，看他还怎样挣扎。

多尔衮攻上江华岛，轻巧取胜，抓了李倧的老婆、儿子，并采取攻心策，把这一大家子当成贵宾，和李倧的俩儿子同住同吃，消除哥儿俩的紧张情绪。他又派李倧的内阁大臣和侍郎保护朝鲜王妃，不许任何人骚扰。安顿好江华岛的事，多尔衮给皇太极上了一道奏折，派人紧急送至南汉山城下。

皇太极于是给李倧写了封信。李倧一看，傻眼了。

多尔衮智取江华岛，善待朝鲜王妃、王子，迫使国王李倧跪地称臣，彻底斩断了明王朝的左膀右臂，为之后全力以赴向明进军解除了后顾之忧。

1637年二月，大清国有两项基础工程建设要搞，一是修辽阳都尔鼻城，二是扩建盛京至辽河的大道。

多尔衮主抓辽阳都尔鼻城的修建工作时，皇太极则在喀尔喀征战不休。城建好后，多尔衮给城取了个名字，叫屏城。他希望辽阳这道天然屏障能够护佑清国的大后方。

崇德三年（1638年）八月，皇太极派出左翼、右翼两路大军，分别向明内地进发。右翼由扬武大将军岳讬挂帅，左翼由多尔衮任奉命大将军，偕豪格、阿巴泰与右翼同日出发。

中旬，多尔衮自军中奏报，自董家口东二十里外的青山关西二里许，徒步登上山岗，从边墙的缺口率兵前进，九月二十八日，毁边墙入青山关。多尔衮不费一兵一卒，夺得一关后毁墙而进，所遇者莫敢争锋。青山关、董家口、青山营三座城的老百姓，均弃城逃走。

过了青山关，左右翼会合，同往明军看守防备薄弱的地带。多尔衮十分关注农民军的动向，边打边探听农民军的消息。他听说农民军在河南等地掳掠，为害当地，竟想到一条将来消灭农民军的最佳借口。

是年，洪水泛滥，庄稼被淹，收成减半。祖大寿给养不足，迫不得已调集兵马西去。之后，明军哨探出来打探右翼清兵的消息，被多尔衮捉住审问，供说，大水冲坏山海关九门，只剩下一门完好。多尔衮心中一动，这或许是个预兆——明朝的大门破了，清军入主中原为时不远了。

清兵进犯的消息已由山海关报至三屯营，三屯营陈总兵马上派八个人往喀喇托果，打探来犯之敌的踪迹。这些人刚好与多尔衮的前锋相遇，被抓来一问，得知右翼岳讬已于几天前入边，山海关督军太监高起潜被紧急调入关内，山海关军力不足。

两路大军像两把尖刀插入崇祯皇帝的胸口，皇太极这边亲统大军，抵锦州中后所，给祖大寿写了封颇有意思的信，开头就是：大凌河一别，因我未曾前来，故而与将军联系甚少。今天我来此地，知道将军犹在锦州，我欲会晤将军一面，唯请将军出城相见。皇太极又介绍大凌河降将的近况，试图打动祖大寿。但是，祖大寿仍闭城不出。

这时，多尔衮已越过通州、河西，自涿州兵分八路，北京以西千里之内，六府俱被蹂躏。他率军再至山西，复至清州，渡过运粮河，攻破山东济南府，至天津卫，克城三十四座，降六城，败敌十七阵，俘获人口二十五万七千。

多尔衮、岳讬、豪格鲸掠五城一府三州五十五县，二关。山西、河北、山东瓦砾遍地，烽烟四起。百姓水深火热，生灵涂炭。大清国获财产无数，财富激增。因而，皇太极在战后论功行赏时，给多尔衮颁发了二万两白银的巨奖。

六

这一仗打完，大清国又将目光转入辽西，开始策划实施新的军事行动。多尔衮、豪格等受命到义州屯田。在敌人眼皮子底下圈地，春种秋收，既得粮食，又得土地。你不来抢，地和粮食自然而然地成了我的；你若来抢，正好消灭你。

以多尔衮为首的收粮队手脚麻利，仅两天就割完了锦州城西的庄稼。收割时，果有明军来抢，但都被多尔衮掩杀，他还派出护军埋伏于松山大路，巧遇祖大寿的人给宁远送书信，也一并捉拿了。不久，他又攻克锦州城西的九座台堡，小凌河西岸的两台堡，取得几次小胜。腾出时间，多尔衮给皇太极上书，欲兵分两翼，在锦州城郊驻营，一是断绝敌人往来之路，二是方便明军投诚，三是庄稼成熟时易收割。最后，多尔衮问收获的粮食储存在哪里。

皇太极很快回信，告诉多尔衮把收获的粮食运往锦州城西，挑选坚固山城，分为两处存储。至于分兵把守，叫多尔衮自己斟酌。不出多尔衮所料，锦州城果然要派军袭击收粮队了。六月初八夜里，锦州派出五百名马步兵夜袭镶蓝旗大营，为清兵杀败。

六月十一日，洪承畴率四万兵马到达杏山。十五日，皇太极祭完太庙，给多尔衮下达指令：火速分兵两路，择险要地势屯驻，若遇敌，视敌人多寡，对突出之列，予以痛击。若敌兵前来，则固守营垒，俟其近旁，闪电出击。

多尔衮严格执行皇太极的指令，派图尔格伏兵于锦州西南的乌欣河口，待明军出城往木伦河放牧时，伺机突袭。明军发觉，欲潜袭图尔格。图尔格还击突围，身受重伤。明军马上出兵一千，与多尔衮交战于锦州城下。多尔衮亲自指挥部队杀得明军丢下一地尸体，退缩回城。

七月二十九日，锦州城明军出城割草，遭清军右翼杜度截击，后者缴获不少马匹、驴子。多尔衮、豪格随后抢劫了明军的十五车粮食。八月初六，多尔衮遣人探大凌河渡口，截敌船。明军派往义州屯粮所的小分队，也被多尔衮追到中后所吃掉。

几次接触皆胜，多尔衮从前线撤下来回盛京休整，一个月后再次返回前线。有一天，他在杏山山顶捕捉到战机：城内明军主力出城，留守力量薄弱。多尔衮趁机诱敌出城，穷追猛打。这时，探哨报告，松山骑兵出动，多尔衮派护军前去迎击，明军又派步兵来扰。多尔衮令骑步兵一起拥上，掩杀至松山城下方才收兵。松山又出明军，多尔衮掉转马头，再与厮杀，一时间，松山城下旌旗遮日，血光冲天。多尔衮这一仗，大败明军五万，大挫洪承畴所率明军的士气。

这一仗之后，多尔衮和济尔哈朗换防，回盛京修整一个月后，再与济尔哈朗调防。原本多尔衮围困锦州将大功告成，但由于他带头在围困期间私自派每牛录抽出甲兵三人，准回家探亲一次；又私自允许每旗章京一员回家一次；擅自移军过界碑，离锦州三十里驻营等重大过失，被皇太极追究，降多尔衮睿亲王为郡王，并罚银一万两，夺两牛录户口。豪格降郡王，罚银五千两。硕讬、阿巴泰也受到相应处罚。

死罪得免，活罪不饶。皇太极还不许他们上殿谢恩，也不准他们几个上朝——既然爱回家，就让你们在家待着享清福吧。

多尔衮几个劳苦惯了，突然被晾起来竟浑身不舒服。

恰好，前方济尔哈朗兵力不足，请求增兵。皇太极想了想，就把孔有德、耿仲明、尚可喜三人派上前线协助济尔哈朗。三位汉将一走，朝中无人，军事上也没人盯着，范文程、刚林乘机进言皇太极，说锦州撤回的诸王、贝勒，您骂也骂了，罚也罚了，眼下正是用人之际，您把他们都弄回家，谁上朝理政啊。

皇太极一想也对，于是，他叫范文程通知诸王、贝勒各回原岗位上班。但给他们戴上紧箍咒，一不许堕怠，二不许进大清门，皇上出行也不许跟着。皇太极对此的解释是，不是我不令你们相见，是我无言可问，你们无言可答。君臣之间没话可说，大眼瞪小眼，小眼干瞪眼，那有什么意思。

多尔衮一听让他们上朝了，笑逐颜开，可两条限制又让他不痛快，就托范文程、刚林到皇太极那里通融通融。范文程和刚林就去给众人讲情，说犯错的诸王、贝勒皆为皇上的子弟，您既已训诫宽宥，就许他们入朝吧。

但是，皇太极不松口，范文程和刚林没办法，只好告诉多尔衮先等等再说。隔几天，皇太极召内院大臣进清宁宫读《元史》。读到元世祖忽必烈遣丞相伯颜征宋一节，时天气炎热，恐行军不利，敕乞入秋后再举事。伯颜说，宋国据江海，如穷兽负隅。今已受困，如我军回去，等于放纵了它。于是，忽必烈遂采纳伯颜的建议，南征灭宋。

听完这一节，皇太极联想到那帮胆大包天的宗室子弟，即命范文程、刚林把多尔衮等人集合到笃恭殿，加以训诫："元世祖忽必烈恐天热，命伯颜等到入秋伐宋。伯颜坚持抓紧时间用兵，兴师灭宋。今儿你们几个围逼锦州，防守懈怠，屯兵远处，任意略猎，随意回家，这是什么行为。我不是非揪着你们几个不放，而是希望你们有伯颜的勤国之心。"

皇上和子弟们拗上了，范文程和刚林便怂恿都察院的祖可法、张存仁和马国柱从中周旋。祖可法、张存仁和马国柱再上一书，先颂扬皇上智勇，骂多尔衮等人违抗圣命，理当该罚，再给多尔衮等人讲情，求皇上开恩，容君臣相见，让他们戴罪立功。范文程又代多尔衮等人上书，恳请让其入朝。皇太极这才有了台阶下。多尔衮等人大喜，进大清门叩头谢恩，终于可以正常上朝了。

事实上，在明清松锦大决战中，多尔衮劳心最多，为战一个洪承畴，他也落下病根。入关后，他曾多次说起松锦大战，说到洪军门。

顺治二年（1645年）六月十二日，多尔衮与大学士们谈到知人用人问题，突然想起洪承畴，说道："我在东边时，只闻洪军门是至清的好官，用兵极其精妙。如松山之役，我颇费心思，以至于亲自披甲上阵指挥。虽然洪军门兵败，但亦足见他的才能。我体弱精疲，亦因那场战役而劳累过度。"

多尔衮为大清国劳心之累，又何止一次松锦大战。实际上，皇太极死后，他统兵入关时，那一路上的辛苦，才是非常人所能忍受的。

七

崇德六年（1641年），皇太极举全国之兵再围锦州。这一次，多尔衮仍是统帅，也就是说，他官复原职了。

祖大寿孤城被围，崇祯皇帝派洪承畴率十三万人马增援锦州。洪承畴屯兵松山，严阵以待。多尔衮与他几次交手，皆有小胜。多尔衮和洪承畴打了几回交道，对他的大名如雷贯耳，见他排兵布阵确实有一套，觉得自己兵力有限，遂向皇太极报告请增拨人马。皇太极亦想亲自会一会这位继袁崇焕之后，明朝又一员声震战场的悍将，于是亲率兵马，疾驰六日，赶到锦州城外，屯兵高桥。

高桥的地势不如松山与杏山，于是多尔衮请皇太极移师，在相对安全的地方扎营。洪承畴将部队化整为零，不断地袭扰清军。多尔衮每每上阵，皆杀败洪承畴部，有力地削弱了明军的士气。数月后，多尔衮与杜度换防，回盛京休整。

一过春节，多尔衮踏着满地瑞雪到锦州接任。这时候，洪承畴已在锦州待了好几个月，他与祖大寿一个在城里，一个在城外，整天人喊马嘶，彼此相望，却是消息不通。养精蓄锐的多尔衮一回到锦州，就把洪承畴的十三万大军打得落花流水，一代名将做了多尔衮的战俘。祖大寿失去外援，放弃抵抗，忠心大明朝廷的老将军固执十年，终于还是投降了。

洪承畴在盛京沈阳受到顶级礼遇，皇太极深夜拜访，解下狐皮披风，亲自围在洪承畴的身上。大清国皇帝礼贤下士，洪承畴深受感动，倒地跪拜，口称皇上。

锦州、塔山、杏山三城俱下，意味着宁锦防线的失守。多尔衮因此战功劳卓著，皇太极恢复了他的和硕睿亲王称号。冲破宁锦防线后，皇太极却怎么也高兴不起来。他甚至一度迷惑起来，城池和女人孰轻孰重——宸妃香消玉殒，给了皇太极沉重一击，由于忧思过度，他竟几次长时间昏厥。虽然皇太极屡劝自己以国事为重，但总还是控制不了情绪，终于，劳碌一天的皇太极在万籁俱寂中猝然长逝。

皇帝突然驾崩，人们脑子里转悠着另一个敏感的事情：皇帝驾崩，谁来继位？

多尔衮忙忙碌碌地张罗着皇太极的丧事，实际上，他那双细长的眼睛盯紧了葬礼上的每个人。诸贝勒、大臣的每一个细小动作，都被他尽收眼底。多尔衮一刻不停地思索，机遇究竟属于谁？

先帝匆匆驾鹤西归，没留下只言片语，生前又没立储，把事情弄得像谁都有机会，谁都又没有机会似的。搞不好，一场火并两败俱伤，反而被外人捡到大便宜。睿智的多尔衮告诫自己，越是在这种时候，越要沉得住气。

他第一个想到豪格。侄子比自己大，三十多岁，是花红柳绿的好年龄，要战功有战功，要军权有军权，要人脉有人脉。美中不足的是，豪格的个人档案上有污点——杀妻邀父宠，虽符合王道，却不符合人道。当皇帝，尤其是当个转型期的皇帝，考验的是综合素质，各种参数不平衡，豪格这样的人太过情绪化容易跑偏，很可能把国家带到沟里翻了船。

元老级人物长兄代善呢？他老了。谁相信颓废心理的人能担当起国家重任？虽然他既是长兄，又是元老，说话分量重，真选他做国家领导人，恐怕还有难度。而且，必须看到的是，两红旗在皇太极的压制下，实力已今非昔比——长兄的四大支柱——儿子岳讬、萨哈廉、马瞻、硕讬，已死三位，硕讬孤掌难鸣，更不利的是，他和父亲的关系不是太好。两红旗实质上只剩下空壳而已。

再想想，还有谁呢。多铎、阿济格？有自己在，他们会站在自己一边，拥护自己。阿敏和莽古尔泰是刺儿头，但他俩都死了——多尔衮真是佩服皇太极整人的本领，从现今看，八兄铲除拦路虎，也顺便帮了自己的忙。

不过，两黄旗值得注意，这帮人事先帝久矣，应该探探他们的口风。

多尔衮先来找索尼，很谦虚地请教："先帝驾崩，国不可一日无君，你看选立谁合适？"索尼是人精，多尔衮话音一落，立刻回答："先帝有子在，立先帝之子。"

多尔衮的心凉了半截。这帮忠君派是拉不动了，死活要立先帝之子。不过，索尼这话刺激了多尔衮，给他带来一个灵感。他心里一动，想到了最坏的结果。

忠君派拉不动，那么中立派呢？多尔衮暂时把长兄看成中立派，他可能倒向左，也可能倒向右，不过，真到了关键时刻，长兄极有可能投豪格一票。以往的实例告诉他，长兄虽与八兄皇太极摩擦不断，但每有大事，长兄必站在八兄一边。济尔哈朗呢？多尔衮算定他宁可弃权，也不会把票投给自己。一是他和皇太极关系好，照顾老子的面子，或者说报恩，他必投豪格。二是不投多尔衮的票，就太好理解了——忌妒。多尔衮和济尔哈朗没有直接的利害冲突，甚至上前线作战，两人都不在一个军队。倒是豪格和多尔衮时常并肩作战，成了一对荣辱与共的战友。当年皇太极处罚多尔衮时，是豪格第一个站出来维护多尔衮的。和济尔哈朗搭档的是多铎，在多次重大战役中，济尔哈朗与多铎都配合默契。济尔哈朗做得了多铎的主帅，但他统领不了多尔衮。在战场上，多尔衮是与济尔哈朗并驾齐驱的人，甚至多尔衮的指挥权远大于他。至少从这点来说，多尔衮与济尔哈朗没有什么感情基础。

八

就在多尔衮通盘拟订继位计划时，他忽然发现，在盔甲刀剑丛中，闪过一角艳丽的裙装。他的心里突地一跳——她要干什么呢？难道她也要加入这纷争里来吗？如果她真这么做，是个性使然；倘若她不做，倒反而不正常了。多尔衮了解这个女人，她外表柔和，内心刚毅，一介女流，却比男人豪放，也比平常女人也多了几许细腻。多尔衮开始担心，一旦她掺和进来，事情会更加棘手。

多尔衮一直没敢惊动她，也没敢忽视她。他知道，她在看他会怎样动作，看诸贝勒、大臣们有什么想法。这个耐力惊人的女人，沉静的外表下隐藏着一颗躁动不安的心！她一定嗅到了什么，比如两黄旗坚持的意见——先帝有子，应立帝子。猛一听，这话百分之百地倾向豪格，但仔细分析，里头大有文章，甚至有空子可钻。因为三十多岁的儿子是儿子，六岁的儿子也是儿子。你高喊立先帝之子，但未指定立谁，那么，凡是先帝的儿子就都在其列。

——庄妃，她肯定已经听出弦外之音，要借机发话了。多尔衮有些心凉，平常里的好感在立谁为帝的尖锐矛盾斗争中烟消云散。庄妃的另一大优势，是她的背后有哲哲，姑侄俩的背后，又有庞大的蒙古军团。多尔衮得罪谁，也不能得罪庄妃。和蒙古搞对立、闹内讧，是非常愚蠢而危险的。

没几天，庄妃那边放出风来，果然打的是立先帝之子的旗。哲哲坐镇清宁宫，声援庄妃。多尔衮一眼看出庄妃和她的姑姑要效仿明朝穆宗的李贵妃，扶植小皇帝了。多尔衮绞尽脑汁，终于想到了一个对付庄妃的办法，只等到开会时，视会场情况随机应变。

皇室继承人秘密会议召开了，说是秘密，其实业已公开。诸贝勒、大臣，外加护卫军。两黄旗群情激昂，佩剑上殿；两白旗平和的外表下也暗藏杀机；两红旗则一副坐山观虎斗的悠闲。

与会人员到齐，会议正式开始。连简明扼要的简介都省略了，大家直接切入主题——谁来继位。代善年长，沉得住气，坐在椅子上不吭声。济尔哈朗抱定一张牌，不到最后不撒手。以索尼、鳌拜为首的两黄旗的人的眼珠子瞪得溜圆，两人都是皇太极的亲信，属旗乃八旗之首，来头大，底气足。索尼第一个发言，先帝有子，有长立长。鳌拜等人随声附和。

济尔哈朗扫了代善一眼，看代善稳稳地坐在那里，他便不插嘴，等着看代善的票投给谁。两黄旗七嘴八舌，把会场的气氛搅热了。阿济格几次张嘴，都被多尔衮用眼色制止，他要看另外两个人倒向哪一方。过了一会儿，代善缓缓说道："豪格是先帝长子，按规矩，应立豪格。"济尔哈朗适时说话，表示赞同代善的意见。

两白旗急了，六旗压两旗，六比二，多尔衮没戏。正要据理力争，豪格开口了："蒙各位抬爱，小子不胜荣幸，谢谢大家！小子虽为先帝之子，怎奈福小德薄，恐担不起这千钧重担，深感惶恐。"

这叫什么话？豪格客气得太不是时候了。两黄旗的人恨铁不成钢，顿觉尴尬。

多铎看出火候，大声说，应立多尔衮为帝。多尔衮和先帝是哥儿们，兄终弟及，合乎礼法。阿济格也振臂一呼，拥立弟弟多尔衮。多尔衮心中感动，都说打仗亲兄弟，到这时候，还得是亲哥儿们。多尔衮保持沉默，不停地察言观色。

两黄旗的人不干了，拔刀相向，异口同声："先帝之恩大如天，我们誓死追随先帝！"多铎到底是年轻，接着又说："那就立咱们老大哥，他年纪最长，又有兵权，为大清国搭上三个儿子了，理当大哥继位。"人们一起扭头，目光集中在代善身上。代善没说话，端起茶碗，呷了一口热茶。提议代善，自然没人敢公然反对，但多铎也不是真心提，马上就把话锋转了，说："再不同意长兄，立我好了。父汗当初有遗言，想立我为太子。"多铎不知天高地厚的毛遂自荐，把多尔衮气坏了，马上出声禁止弟弟："少说废话，先帝欲立的人多了，豪格还在其中呢。"多尔衮的言外之意，稍微长点心眼的都懂，豪格都主动让贤了，再怎么轮也轮不上你多铎。

代善一看会开不下去了，再继续开，非火并不可，他干脆起身要走。济尔哈朗一看代善走了，也借故开溜。两黄旗一看，你俩走了，我们还开什么会，走也不是，不走也不是。

两位哥哥中途退场，多尔衮不恼，他还有一步棋，那就是立福临。“这孩子虽小，我和济尔哈朗可以辅政，等他长大了再归政。”这是目前形势下唯一行得通的办法，既能避免皇室内讧，又可以稳固自己的地位。多尔衮这一折中的办法，人人都挑不出毛病，全点头同意。

多尔衮凭智慧化解了一场宫廷政变，保住了两代人的奋斗成果。但是，望着六岁的小福临，他的心里酸酸的——“你们两父子是我的冤家，你的父亲夺了我的皇位，到你这一辈穿开裆裤的小屁孩，不声不响地又夺了我的皇位。我若不是想得周全，早察觉你额娘的心思，我就算战胜豪格为帝，你额娘也不会让我坐稳。那个女人呀，温柔的外表只是一种假象，她的心似铁，坚硬无比。”

多尔衮化解了一场内部危机。紧接着，他把目光从福临的身上收回来，放在了山海关和它背后那个僵死的大明。

九

此时，李自成已拥兵百万，渡过黄河直奔北京，顷刻间，北京城遍插闯王旗，满街传唱“闯王来了不纳粮”的歌谣。崇祯皇帝撒手无招，上吊煤山。

李自成进北京时，另一个重要的历史人物也开始出场——吴三桂。吴三桂在山海关驻守时，农民军破北京，崇祯皇帝吊死的消息早就传到他的耳朵里。吴三桂本来准备有条件地投靠农民军，以保全自己和家人，殊不知他爹拼着老命从北京捎给他一封信，说刘宗敏搜刮了吴家财产，霸占了他家房屋和他的陈圆圆。吴三桂读罢家书，怒发冲冠，大骂李自成流氓无赖，遂毁了与李自成的约定。

可是，摆在他面前的路就剩下一条：降清。吴三桂的脑子里一出现这俩字，自己也吓了一跳。堂堂大汉，如今要称臣蛮夷，他的思想一时半会儿还转不过弯来。沉吟再三，吴三桂提笔给多尔衮写了封信。确切地说，是乞降信。

多尔衮正行进在攻明的路上。这一路真是辛苦至极，昏风雨作，人如鬼形，马无完足，人病者载马而呻吟，马病者弃路而颠仆。

多尔衮收到吴三桂的信，看罢哈哈一笑，把信烧了。他还不相信吴三桂。吴三桂有点傻眼，李自成知他降清，正赶往山海关，多尔衮也在来山海关的路上，腹背受敌，这不是死到临头了？吴三桂素有奇志，料定多尔衮不是不想受降，而是怀疑他的诚意，便又派人去见多尔衮，递交了第二封信。

多尔衮也知道李自成临近山海关，他要赶在李自成之前收降吴三桂，这样，山海关不费一兵一卒，就能掌握在自己手中。再者，多尔衮这样做等于救了吴三桂，不怕他日后不俯首帖耳。火候一到，该摊牌了。多尔衮给吴三桂回复信件："我国欲与明修好，屡致书不一答。是以整师三入，盖示意于明，欲其熟筹通好。今则不复出此，惟底定中原，与民休息而已。闻流贼陷京都，崇祯帝惨亡，不胜发指，用率仁义之师，沉舟破釜，誓必灭贼，出民水火！伯思报主恩，与流贼不共戴天，诚忠臣之意，勿因向守辽东与我为敌，尚复来归……"

吴三桂此时如热锅上的蚂蚁，"遣人相望于道，凡往返八次"。多尔衮的书信一到，吴三桂心里的石头才落地，一心盼望多尔衮尽快赶到山海关。

吴三桂盼星星盼月亮，总算盼来了多尔衮，他剃了头发，亲自出迎。大敌当前，顾不得寒暄，多尔衮火线任命吴三桂为前锋，与大石河西的农民军首先交战。多尔衮这一招有两个用意，一是吴三桂新降，还摸不准这位平西伯的脉络，诚与不诚，让他和农民军打一仗，就什么都明白了。二是李自成的二十万人马汹汹而来，志在必得，先让吴三桂和他耗着，待耗得差不多了，多尔衮再上去一鼓作气击败农民军。

吴三桂之聪明，哪能看不出多尔衮的心思，但他懂得在人屋檐下，该低头时要低头，二话没说，率兵与李自成苦战大半天。待吴三桂筋疲力尽时，李自成也累得手软，双方急旋风似的打法逐渐慢下来。多尔衮观摩半天，早已看出李自成军队的破绽，于是以数万兵力从吴三桂军右侧突入，插进农民军的腹部，与之展开激战。也是巧，天空瞬间扬起风沙，咫尺莫辨。风停沙止后，多尔衮再自吴三桂右侧突出，切断农民军中路。李自成登高一望，见清军斗志昂扬，农民军尸横遍野，丢盔弃甲，溃不成军，骄气顿泄，策马而走。

清军趁势追出四十里，把李自成的军队打得狼狈不堪。赶跑农民军后，多尔衮转身安抚吴三桂。通过这一场硬仗，多尔衮相信了吴三桂，并封吴三桂为平西王。受封的吴三桂百感交集，这顶桂冠太重，使他忘记了崇祯皇帝，忘记了北京，人生道路走到此处出现神奇的转折点，脑子里的纲常伦理忽然可笑之极。戴上这顶桂冠，他就是大清的人，朝为浣纱女，暮做吴宫妃，“二臣”这个名声是摆不脱了。

多尔衮封完吴三桂，给他两万马步兵追击李自成。

吃了败仗的李自成缩回北京，多尔衮和吴三桂随后到达通州，闯王李自成匆匆即位，然后放火烧了九重宫阙，带上辎重财帛西窜。吴三桂因为家族之耻，又因为刚戴在头上的桂冠，血红了眼地寻着李自成的脚印疯狂西追。

五月，多尔衮整军进入京师，前朝遗老们设卤簿，击鼓乐，请他乘龙辇。这个过分的仪式把多尔衮吓住了，他慌忙拒绝：“予法周公辅冲主，不当乘。”多尔衮辞而不受，命以卤簿列在多尔衮仪仗前，奏乐拜天，升武英殿。

百官谒毕，多尔衮下令大军入城，规定军队不许扰民。在多尔衮的命令下，北京城平稳过渡，秩序井然。

多尔衮入京的第二件大事是给崇祯皇帝下葬，厚葬死人，也是给活人看的。多尔衮传令下去：为崇祯皇帝大办丧事，以皇帝的定制埋葬了他。明朝遗老们被深深感动。

顺治二年（1645年）六月初三，多尔衮与大学士冯铨聊天时明确提出，要恩养明朝宗室后代。大学士冯铨听了，下跪叩头谢恩。多尔衮问：“给前朝代养，你谢什么？”冯铨回答：“王尚且笃念，何况臣等。”冯铨无意中流露了对旧主的情谊，他还引用了一句：一心不可以事二君，二心不可以事一君。加以推理说，凡不忘前朝的人，推此心亦能尽忠本朝。

厚葬死人能感动人心，但不能征服人心，如何争取民心、士心、吏心，树立大清的威信，恐怕要多种举措并行。多尔衮采纳了范文程的建议，基本上沿袭明制。由于明末册籍毁于战乱，只剩万历朝的存世，多尔衮便决定按万历年间的册籍征收赋税，以此安定惊惧怀疑的百姓。

另外，多尔衮的惠农政策比皇太极更有人情味。定都之初，多尔衮曾下令剃发，引起京城百姓骚乱，便暂缓执行。多尔衮很清醒，他认为养民之道，莫过于减刑法、薄赋税。他承诺，额赋以外，免除一切加派；规定凡五月初二日以前的罪人，无论罪行大小，一律酌情囿免；以后发生乡里斗殴之类的琐事，就地由地方官处理，重大案件由巡抚结案，非机密要事，不准入京越级诉讼。

大清入关之初，各省钱粮征收多不足额，甚至有一年差到四百多万两白银的省份。巨额亏空，造成军饷窘绌，军队发不出工资，老百姓没粮食，这可是大麻烦。是增加税负，竭泽而渔，还是召集流亡百姓和军队兴屯聚粮，发展生产，成为摆在多尔衮面前的棘手问题。

多尔衮制定了一系列劝督农桑、奖励垦荒的政策。湖广、江西、河南、山西、陕西五省常年离乱，活下来的老百姓是幸存者，家家户户缺衣少食，生活困苦。多尔衮实行屯垦政策，鼓励农民恢复和发展生产。农业靠政策杠杆调节、执行，“仓廪实而知礼节，衣食足而知荣辱”。农业经济乃衣食之源，农民安定了，社会才能稳定，政权才会稳固。

多尔衮的劝农政策很有皇太极的风范——设立专门官员督导屯垦工作，下令各直省督抚选拔廉洁、聪明、能干的人担任这个职务，并以选拔的官员恰当与否作为督抚的政绩考核标准之一。官员的年薪来源非常有意思，他们的“人头费”第一年由政府财政提供，作为屯垦的资本；第二年，用收获的粮食偿还；以后，全部用收获的粮食缴纳赋税。

基层官员有了种粮的启动资金，工作热情和积极性高涨，有力地推动了农村农业的发展。兴屯用的耕牛、谷种、农器，任由上一级官员兴屯道敞开州县仓库无偿提供。

至于屯垦，老百姓愿意耕种而财力不足的，由政府提供耕牛及谷种，收成的三分之一归农民，三年后，土地归农民所有。因为战乱和天灾，老百姓逃荒流亡，他们会自动流徙到兴屯复垦的地方耕种土地。多尔衮的惠农政策是，第一年收获，国家不征收粮税，交一部分给地方官府储留即可，再留一点做第二年的种子。总之，国家没有硬性指标，地方只象征性地收一点。三年内粮食逐渐储存多了，可以作为军饷。

十

清初的北京并非高枕无忧，多尔衮的卧榻旁还卧着一只猛虎，这就是大名鼎鼎的史可法。北京姓了“清”，紫禁城换了主人，江宁的朱家人试图扳回败局。明福王朱由崧在江宁称帝，后派大学士史可法督师扬州，并设江北四镇，沿淮河、徐州设置军事防御体系。

史可法这个人，多尔衮早有耳闻，想争取他，让他像吴三桂、洪承畴一样为清廷效力。多尔衮给史可法写了封长信，信中，他就社会形势、发展前景娓娓道来，劝告史可法归降，并说朱由崧是自寻绝路，万不可上贼船，他还把入关说成讨伐流贼，救民于水火。多尔衮把定都北京说成从是李自成手中得到的，把朱由崧称帝看作天有二日，此意就在消除史可法对清廷的痛恨，让他认清形势、弃暗投明。但是，史可法不为所动，给多尔衮写了封回信，这封信可谓字字如刀，满纸的忠贞。不过，他对多尔衮极为尊重，还感激多尔衮厚葬先帝，扫清宫阙，倒是把李自成骂得狗血喷头，要联合多尔衮“合师进讨，问罪秦中，共枭逆成之头，以泄敷天之愤”。

其实，多尔衮在与史可法通信的时候，已派多铎挥师南下，十万清军很快包围扬州。多铎敬仰史可法，亲自连发五封信，苦劝史可法投降。史可法看都没看，就把多铎的信付之一炬。但他清楚地知道，在清军重围之下，取胜是不可能的，唯有一死报国。而且，史可法心中还存在着另一种无法言说的悲凉：江南小朝廷在夹缝中求生，却不能同仇敌忾，反而把在北京时积下的党争的陋习，搬到江南继续热火朝天地上演。想当初，东林党力阻万历皇帝改立郑贵妃之子，也就是福王的爹为太子，而史可法正是东林党领袖，福王即位后仍记着这个过节，因此史可法在小朝廷里并不得志。所以，与其说史可法忠君，莫不如说他重节。

史可法死了，唯一让他忧虑的扬州城，到底没有逃脱清军的屠戮。多铎痛恨攻扬州城致使清军伤亡惨重，于是下令屠城，制造了著名的“扬州十日”。而史可法的遗体在混乱中也不知去向。隔年，他的副将史德威将其衣冠葬于扬州城天甯门外梅花岭。

大清国初定北京，新政府面临着全面考验。就在多尔衮忙于推行新政时，北京刮起流言，说七八月皇都要动迁。开始，谣言只在街头巷尾窃窃私语，再后来传遍京城，致使人心骚动，满腹怨言，甚至出现了暴乱的苗头。

事情传到多尔衮的耳朵里，他第一时间发布政府公告辟谣，说政府是在筹资修缮京城，并没有迁都意向。再者迁都劳动百姓，耗资巨大，新政府体恤民情，不想增加财政负担，不忍百姓负重荷。北京城这才渐渐安定下来。

没过多久，京城又起谣言，说八月屠民；隔几天，又说多尔衮将杀尽老年人和壮年人，只留下小孩子。北京城顿时陷入惊慌，人们偷偷备好家产，只等找机会出城逃命。有血性的男人，则私下聚在一起，密谋造反。

多尔衮又惊又气，二次下发公告，重申政府观点：民乃国之本，你们既然诚心归附，我怎么能以莫须有的罪名而屠戮？请大家想想，今日皇上据将士家属不下亿万，为什么要来这里呢？是为安燕京居民。昨日将东来各官，十余名旧官员为总督、巡抚、司马、道台，这又是为什么呢？为了统一天下。我来时将沈阳的库存帑银百万两运至京城，后又连续运来，这是为什么呢？是为了供京城内外的民兵之用。我不忍山、陕两地百姓受罪，发兵追剿流贼，犹恨未能速定。我岂能不爱京城军民，反行杀戮？我想，散布流言的必是近京的土匪、流贼间谍，有意造谣煽动，蛊惑民心，我已严谕各部，搜查逮捕，以安众心。

公告发下去，只起到扬汤止沸的作用，北京仍然谣言四起，人心惶惶。多尔衮被迫下搜捕令，满京城搜捕嫌疑分子。他必须赶在顺治皇帝进京之前把这股歪风刹住，让顺治皇帝看到一个其乐融融的北京。他这个舵手要替这艘刚刚起锚的大船掌好舵，让它快速地驶向大海，扬帆远航。

多尔衮整顿好北京的秩序，顺治皇帝也离开沈阳，到达山海关。多尔衮为防万一，亲自到通州迎接。第二日，顺治皇帝抵京，北京城开始精心筹备新帝的登基大典。

十月初一，顺治正式称帝，受百官朝拜。这一天，多尔衮也攀上其政治生涯的高峰——顺治皇帝以多尔衮功高，封为叔父摄政王，命礼部尚书郎球、侍郎蓝拜、启心郎渥赫为他建碑纪绩，加赐册宝、黑狐冠一顶，上饰十三颗东珠，黑狐裘一件，及金、银、马、驼。

顺治皇帝给多尔衮至高的荣誉，但多尔衮本人是有自知之明的，这段时期他尤其注意和前朝旧臣谈话，了解他们的思想动态，熟悉前朝的各种规章制度以便借鉴，集中人力、物力修《明史》，并和汉臣们建立感情，打消他们的戒备心理和忧虑，使其投入全部精力为新政府效力。

多尔衮的付出，满朝官员都看在眼里，这当中也包括另一位摄政王济尔哈朗，他想到一个主意，在顺治二年召集大臣时，提议见到多尔衮要行大礼。多尔衮着实吃惊，严词拒绝了济尔哈朗的提议。不料，第二天在多尔衮上朝的半路上，大臣们还是呼啦啦地跪地请安。多尔衮急召大学士刚林，问他："此地是皇上的朝门，他们为何跪我？"

刚林没来得及说话，御史赵开心抢过话茬儿，摆出跪多尔衮的理由："我们是臣民，您是皇上的叔父，兼摄政王之尊，您的恩德就是皇上的恩德，我们做大臣的拜谒您正是礼数，这与朝见不同，是表达大臣们对您的尊敬，也是您尊皇上之心的具体体现。皇上称您叔父摄政王，您乃当今皇上叔父，只有皇上才能这么称呼。我们大臣应该在叔父前面加个"皇"字，以辨上下尊卑，才是合乎礼制。"

多尔衮戴上皇叔父摄政王的桂冠，赵开心功不可没。没有他的那番花言巧语，多尔衮或许就谈不上什么皇叔父摄政王；没有皇叔父摄政王的尊称，或许就不会死后落个谋反的罪名。

十一

从摄政王到叔父摄政王再到皇叔父摄政王，多尔衮权倾大清国，这让豪格很不舒服。豪格在皇位竞争中失败，不反思自己的失误，反而对多尔衮的宿怨一天天加深，竟在背后说些不利于多尔衮的怪话。其中有一条比较恶毒，说他给多尔衮看过相，多尔衮不长寿。

豪格咒多尔衮寿命不长，也不是毫无根据地乱说。多尔衮自幼身体差，成年后身体也常闹不适，譬如松锦大战时他就犯了病。至于多尔衮的病，或多或少与他的出生地有关系。多尔衮出生于建州，那个地方气温反差大，水质含钙高，易使人患心病或风湿病。许多年来，心脏病和风湿病仍是这个地区的地方病。也许，多尔衮的病是在家乡得的，且伴随终身。

最让豪格不服气的，是多尔衮宠爱亲弟弟多铎，破格提拔多铎做辅政王。这件事情朝中大臣多不理解，但事不关己，也没人把话挑明。豪格自觉皇帝没当成，起码当个辅政王也行。济尔哈朗当辅政王他不敢反对，因为济尔哈朗比自己功高，在朝中有威信；多铎则不同，年纪轻轻，虽然和济尔哈朗并肩作战，立下过功劳，可还没到当辅政王的份儿。多铎犯了什么错误，多尔衮也明显袒护，最后都不了了之。

而济尔哈朗丢掉辅政王的原因很简单——盖房子超了等级规格。多尔衮借机下手集大臣朝议、论罪，定下济尔哈朗当死。但多尔衮只做了降职罚款处理：罚银二千两，罢辅政王，降为郡王。

两个辅政王少了一个，总不能一个人辅政，还得再提拔一人，提谁呢？多尔衮当然要提拔多铎，因为弟弟是他的牵挂。王命一出，满朝哗然。朝臣里头最窝火的就是豪格，但他缺乏父亲的智谋，不会巧妙迂回，斗不过多尔衮，最终被幽禁而死。

多尔衮收拾豪格，一共有两次，一次是顺治元年（1644年）四月，因豪格不分场合乱说话，侮辱多尔衮，多尔衮一生气，要杀了他。但幼小的顺治皇帝不同意，成天又哭又闹，不吃饭、不睡觉，多尔衮没办法，重罪轻罚，把豪格贬为庶民。其实，多尔衮也没想动真的，只是吓唬一下，让豪格收敛些就好。六个月后，多尔衮大封诸王，又恢复了豪格的王爵。

豪格因此威信受挫，情绪也变得低迷。1646年，多尔衮封豪格为靖远大将军，去四川追剿张献忠。

豪格不善于政治斗争，在战场上却是一流的将军。顺治元年冬天，他曾率军到达山东，因农民军掘地而居，神出鬼没，行踪不定，开始打得不太顺手。但是，他很快改变战法，寻找农民军的巢穴，找到一个挖一个，平毁一个。在济宁满家洞，豪格一口气平毁了二百五十一个农民军地穴，逼得农民军无处藏身，只好到地面上与清军交锋。

豪格到达西安后，开始辗转破敌，另遣固山额真都类攻庆阳。当时汉中一带的情况不利于清军，反清复明派各据一方，公然打出反清的旗号。为了消灭反清军事武装，豪格自西安分兵进击，试图一举剿灭匪患。清军训练有素，地方武装不堪一击，陕西的反清力量很快被彻底平定。十一月，豪格进兵四川，张献忠不敌，史料把这场清军与农民军的决战归纳为“抵西充，大破之。豪格亲射献忠”。

平定了陕西、四川，豪格又转战遵义、茂州、荣昌、隆昌、富顺、内江等诸郡县。陕西、四川局势稳定后，豪格凯旋。

两省安定，豪格应论首功。回到北京，多尔衮不但没有表彰，反而坐罪豪格，罪名是纵容部将徇私冒功、重用罪人，把他送进监狱幽禁。

豪格进了监狱，就不能再骂多尔衮“岂能终摄政事乎”了。

比之豪格，多尔衮疼多铎到了溺爱的程度，为了弟弟，他曾让一座城殉葬。

姜瓖，如果没有他的降而复叛，就没有“大同血案”。因此，他一反牵动满城人，最终妇孺老幼皆身死。

顺治元年（1644年），姜瓖随阿济格征山陕，回到老家陕西。姜瓖前脚到陕西，两个弟弟就因不受大清王朝重用，后脚跟了来。兄弟三人没事爱坐在一块儿发牢骚，感叹不公平待遇——姜瓖投降清朝，带头梳辫子，并下令全城百姓留辫，违者格杀勿论。为讨好新主子，他在顺治元年六月上了一份奏疏《恭奏云镇钱粮奉》，详细向新主子汇报了剿匪战绩；再一个是把农民军将领“过天星”张天琳的家抄了个底朝天，大同的地方财物尽皆搜刮，悉数奉送清廷。

姜瓖以为立下这样的功劳，朝廷一定会升他的官，但他所得到的仅仅是顺治皇帝亲自召见，说了些勉励的话就再无下文。两个弟弟也是满腹苦水，哥儿仨相聚大同，互相倾吐委屈。让姜瓖难堪的还有，朝廷似乎不相信他坐镇大同，一再增派要员，甚至还派来阿济格。

阿济格的出身和地位都在那里摆着，喜欢摆出主子的派头对姜瓖指手画脚。姜瓖本就心有怨气，不堪阿济格挤兑，于是酝酿反叛。

多尔衮一向看不上姜瓖，这也是姜瓖有功而不受提拔的主要原因。姜瓖先假明宗室枣强王朱鼎珊争待遇，伸手为自己讨官要官。多尔衮没搭理他，给驳了回去，叫他安心本职工作，不要老是吃着碗里的，望着锅里的。

姜瓖没有全面理解多尔衮的话，一计不成，又生一计。不久，他又给多尔衮出难题：请求扩充大同骑兵人数至十万，增加军费开支一百一十六万两并由他支配，还要地方官的任用权，等等。信发出去，他自觉不妥，马上又给多尔衮写了一封信，“具启引罪求罢”。

多尔衮接到姜瓖自相矛盾的信件，冷笑一声，只因南方战事不断，他暂时不想拔这棵萝卜，于是假意安慰姜瓖，赐他蟒衣、裘马。姜瓖不知多尔衮在放长线，以为多尔衮真器重他，居然敢指责阿济格不会指挥打仗。多尔衮一面曲意应付，一面劝哥哥阿济格暂且忍耐，早晚会收拾掉姜瓖。

顺治六年（1649年），姜瓖据大同，公然反清。多尔衮也就不客气，派兵围剿大同。姜瓖气焰嚣张，小胜几场后更是不可一世。顺治六年（1649

年）二月，多尔衮在阿济格作战不利的情况下亲临山西，一举收复晋北各州县，坐镇大同东门外的真武庙，西望大同城。此时，姜瓖龟缩大同城内，仍负隅顽抗。多尔衮多次射书城内，劝告姜瓖开门投降。多尔衮还给姜瓖找台阶、做解释："前因有事蒙古，致命英亲王至大同，与尔等全无干涉。若尔等有罪，要用此诡计哉？……必有奸人煽惑。等如悔罪归诚，仍有其过愆，照旧恩养。"意思是：我派英亲王征讨蒙古，与你无干，是你多虑了。你受奸人煽动蛊惑，我也不计较，只要你诚心悔过，你的官职待遇照日。

姜瓖把多尔衮的劝告当成耳旁风。多尔衮见姜瓖执迷不悟，就又给大同城百姓写了一封信，意在分化城里百姓与姜瓖的关系，告诫百姓不要受姜瓖迷惑，做他的替死鬼。"若姜瓖一人不能剿灭，何能平定天下！"

姜瓖孤城自困，多尔衮也不急，拿出当年围困祖大寿的狠劲，掐住大同不松手——清军围困大同十个月。恰在此时，多尔衮惊闻多铎痘死的噩耗，顾不得大同战事，拉上阿济格回京料理丧事。

七月，多尔衮复回大同。此时，南明政权已成颓势，大同外围也被清军占领，晋南二十五州县、平安府、汾州府、太原府等复叛县俱被清军收复。

八月，大同流行瘟疫，外头又有清军包围，死者不能出城，只能浅埋城内，因天气炎热，腐臭难闻。再加上姜瓖为了装火炮，强行砸烂老百姓家中的铁锅，拆毁民房的木料充当滚木礌石，人祸加天灾，城中的老百姓饥死殆尽，尸横遍野。

多尔衮算定破大同的时机成熟了。二十七日深夜，清军突然发动猛攻，炮火连天，箭如雨下。很快，东城墙塌圮，部分清军入城。眼看大同危在旦夕，姜瓖的部下杨振威冒死请命，劝姜瓖献城。此时的姜瓖已经饿得东倒西歪，听说献城，不知哪里来的力气，忽地站起来，拔剑欲杀杨振威。杨振威见劝降不成，一不做，二不休，递个眼色，诸将蜂拥而上，把姜瓖捅成血窟窿。

阿济格见杨振威提着姜瓖的人头出城来降，便将杨扣为人质。这时，城上扔下军械，东城门大开，官员、百姓、士兵、商贾跪地鱼贯而出。阿济格几次险些丧命于姜瓖之手，又因攻大同城伤亡惨重而遭多尔衮责罚，新仇旧恨，怒火中烧，他命令清军把大同降兵全部杀死。

刚刚屠戮完降人，多尔衮正式下令：除杨振威等六百人外，其余大同人一律杀掉。霎时，大同城血雨腥风，浓烟滚滚。经过连日屠杀，大同陷入死寂。

杀光大同人后，多尔衮又下令斩城。大同城固若金汤，害得多尔衮和阿济格苦围十个月，他对这座城恨得咬牙切齿，命“将大同城垣自垛撤去五尺”。之后，清军驱赶邻近乡民爬上城墙，先撤掉敌楼马面砖瓦，再铲掉夯土。

姜瓖的府衙也被一把火烧掉，多尔衮还命人在原址挖个大坑，里面灌上臭水。姜瓖家属的住宅也化为灰烬，挖地五尺，成了大土坑。

多尔衮屠城后，废大同府为县，移府治、总署至阳河（今山西阳高县）。移县治至西安堡（今山西怀仁县西北），并谕：雁门关以北地区，三年不致仕，不录官。雁门各县的士子十年寒窗，因姜瓖之乱中断了开科取士的人生梦想，不知有多少人将仇恨转嫁到姜瓖头上，又不知埋没了多少人才。

多尔衮屠大同之狠，连后来的康熙皇帝都觉得有些过分。十五年后，即康熙二年（1663年），康熙皇帝下令在大同建“圆通寺”，圆通二字，取自佛经“重诸圆而通一体之精髓，以天上之净戒而宏其以利其生”，意思是告慰冤死的灵魂，令其安息。

多尔衮近乎疯狂地在大同大开杀戒，跟多铎之死有极大的关联。多铎是多尔衮的心头肉，兄弟俩的感情比阿济格深厚得多。多尔衮挤掉济尔哈朗，本意让多铎辅政，磨炼他的执政能力。怎奈天意不可违，多铎在多尔衮围困大同时身染痘病，二十九岁年纪便凄惨死去。又悲又痛的多尔衮不把这笔账记在姜瓖头上，反而记在了大同的无辜百姓头上。

十二

豪格死后，他的福晋嫁给多尔衮。这位后来被称为伯奇福晋的女人是多尔衮嫡福晋的妹妹，豪格死后两年，多尔衮娶了寡居的妻妹，对她的儿子富绶更是厚爱偏疼。富绶是伯奇福晋和豪格生的儿子，迎娶伯奇后，多尔衮曾召富绶入府邸校射比武。多尔衮的亲信何洛会看不上富绶，背地里对人说：“我看这个人身形鬼魅，令人心悸，王爷为什么不除掉他呢？”

何洛会鄙视富绶，或许是为了讨好多尔衮。当有人把这句话转告给多尔衮时，多尔衮说道："何洛会这么说，是不明白我喜爱富绶。"伯奇改嫁多尔衮也算吉人天相；伯奇又因儿子袭爵，被尊为太福晋。

伯奇沾了多尔衮的光，是他的合法妻子。庄妃则不然，一个辅佐三代帝王的魅力女人，多尔衮与她的感情扑朔迷离，引起多少人的猜测。这份无法确定的爱成了后世无数人的幻想天空，瑰丽、神秘，又没有谜底。

但庄妃、伯奇乃至其他福晋，她们谁也代替不了多尔衮最想念的女人，这就是他的额娘。二十多年的时光中，多尔衮对母亲的思念未曾减少半分，他忘不了母亲的死，想着为她树碑立传，以慰藉她含冤的灵魂。于是，多尔衮把母亲的灵位移至太庙，享受香火。

然而，多尔衮的人生注定是悲剧，事情也正像豪格预言的那样，多尔衮真的没有长寿。顺治七年（1650年）十二月，多尔衮拖着病体出猎喀喇，疾驰中意外摔下马背，然后他倒了下去。在与病魔苦苦搏斗之后，他输了，不得不向死神交出他最宝贵的东西。

多尔衮在喀喇合上双眼，终结了精明的一生。但是，他不知道，心腹们在一个接一个地背叛他——他死之后，哥哥阿济格派三百骑兵疾驰北京。曾经日日陪伴多尔衮的大学士刚林，立即飞马入京，通知诸王做应变准备。结果，三百骑兵一露面，俱被诛杀。阿济格护送多尔衮的灵柩回京，即以谋反罪名被逮捕。天知道，阿济格派区区几百人回北京造什么反？多尔衮权倾朝野时都没反，剩下阿济格一个人孤掌难鸣，又拿什么反呢？如果此事是多尔衮的遗言，那他一定发烧糊涂了。否则，多尔衮绝不会让哥哥白白送死。

多尔衮更不知道，他始终视为亲信的苏克萨哈，居然趁他尸骨未寒，向归政的顺治皇帝递交了一封检举信，揭露多尔衮生前多次与党羽密谋，企图率两白旗移驻永平，"阴谋篡夺"，又说多尔衮偷制龙袍，家中暗藏当皇帝用的珠宝。深受多尔衮排挤之苦的济尔哈朗也趁机联合一批王公，声讨多尔衮，说他妄自尊大，自称皇父摄政王，凡批奏本章，一律以皇父摄政王行之；还不许济尔哈朗预政，扶植亲弟弟多铎为辅政叔王；令肃亲王豪格不得善终；更悖理将生母阿巴亥入太庙……

于是，十三岁的顺治皇帝抖搂着多尔衮的罪状，气咻咻地言道："多尔衮谋逆俱为事实！"

此时的多尔衮，成了第二个张居正，呕心沥血辅佐小皇帝，最终，所有的功劳都变成十恶不赦的死罪，他的兄弟遭到清算，本人被翻案，有关他的档案记载一律销毁，儿子多尔博归宗——也就是说，多尔衮死后断了香火，他的过继儿子，又续回多铎的家谱。他内心最隐秘的痛楚，终于还是没有完满解决。多尔衮无子，当然无人继承他掌握的两白旗，顺治皇帝名正言顺地收回兵权。接着，安葬他的那座雄伟壮丽的陵墓屡屡被掘，坟墓前荒草萋萋，蛇鼠横行。阿巴亥的庙号也被撤销，不准享受祭祀，这也许是九泉之下的多尔衮最伤心愧疚的事儿，使他无法面对生他养他的额娘。

唯一给多尔衮一点安慰的，是许多年后乾隆皇帝阅读《清实录》，读到多尔衮的章节，饮泣出声："朕每览实录至此，未尝不为之堕泪。则王之立心行事，实为笃忠尽，感厚恩，明群臣大义。乃由宵小奸谋，拘成冤狱，岂不可为之昭雪？"

为多尔衮平反昭雪，那已经是乾隆四十三年（1778年）的事情了。

×

鹊离枝

多铎生于1614年，比多尔衮小两岁，天资聪颖，加之母亲阿巴亥得宠，很讨努尔哈赤的喜欢。他年仅六岁，就被推上八和硕额真的宝座。初征，念其克著勤劳，皇太极封多铎为“额尔克楚虎尔”。从此，“额尔克楚虎尔”扬名后金。他的一生，兴也多尔衮，衰也多尔衮。多铎与多尔衮这对患难兄弟，同脉连枝，荣辱与共。

一

八月的风吹在花丛，花枝颤动，几瓣落英飘上窗台。妖娆的少妇坐在窗前，对镜贴花，她的肤色艳若桃李，明眸皓齿，浓密的乌发瀑布般散开。她拿起一把乌木梳子，略歪着头，认真梳理发丝，高高挽起，在脑后梳个髻，戴上花饰。她身边的小男孩眉清目秀，专注地看着母亲梳妆打扮，他伸出一只胖乎乎的小手，拿起一根玉簪，懂事地递给母亲。少妇接过去，把玉簪插在发中。男孩说："额娘，你真好看。"少妇亲昵地拍拍男孩的脸蛋。男孩说："额娘，他们说的是真的吗？"少妇点点头。"额娘，我不让你走。"男孩拉扯少妇的衣袖，扭动身子。少妇别好一朵花，起身离座，把男孩揽在怀里，摩挲着他的眼睛、鼻子、嘴巴。"额娘，我去求他们，给父汗磕头，求他们放了你。"少妇眼里水雾氤氲，叫人带走男孩……

多铎被婢女从额娘阿巴亥的房间拖出去，他又踢又咬，嘴里不停地叫骂。二哥多尔衮来了，一把拽过他，紧紧抱住。母亲的房门咣当一声关死，一群卫兵拥上去，守在门口。多铎疯了一般，在多尔衮怀里挣扎，嘴里喊着额娘，额娘。多尔衮腾出一只手，捂住多铎的嘴巴，不让他哭出声。

后来，房门打开，阿巴亥身裹白绸，被人抬出来。多铎恶狠狠地咬着二哥多尔衮的手，多尔衮疼得面目扭曲。众人散去，多尔衮和多铎走进额娘的房间，环视额娘的床、花瓶、镜子——额娘不见了。多铎发现地上有一根发光的东西，弯腰捡起来，是额娘的玉簪。他的眼泪噼里啪啦地落在衣襟上。多尔衮上前抱住他，低声呵斥，让他不许哭。多铎的眼泪越发止不住，搂着多尔衮的腰，头埋在多尔衮胸前，放声号啕。

夜里，多铎躺在二哥身边，想念为父汗陪葬的额娘。望着月光中婆娑的树影，他想起小时候在赫图阿拉的事。有一天，他在树下捡到一只小喜鹊，兴奋得满脸通红，蹦蹦跳跳地捧到额娘跟前，让额娘给喂养。额娘说，小喜鹊掉下树来，会想喜鹊额娘，额娘找不到它，会想死的。多铎乖巧，明白额娘的意思，把小喜鹊送到树下。如今他也成了离枝鹊，为什么没有人送他回额娘的身边？

二

那时候，多铎才五六岁，他生于1614年，比多尔衮小两岁，天资聪颖，加之母亲阿巴亥得宠，很讨努尔哈赤的喜欢。

多铎一岁时，发生了一件事情——褚英惹恼父汗，被父汗处死。长子惨死给努尔哈赤的感情带来创伤，他开始重新考虑立储。1620年，考虑到客观条件和选择嗣子的弊病，努尔哈赤采取不立太子，改立“八和硕额真”共理国事。多铎年仅六岁，就被推上“八和硕额真”的宝座。黄口小儿，政治地位突出，在努尔哈赤的十几个儿子中，唯多铎受此偏爱。

1626年，努尔哈赤把自己所领的两黄旗六十五牛录一分为四，阿济格、多尔衮、多铎三兄弟各十五牛录。自己保留的二十牛录，死后由多铎继承，并指定阿济格、多铎为“全旗之主”。多尔衮不立为“全旗之主”的原因是，努尔哈赤一心想要多尔衮继承汗位，做他的接班人。

多铎地位显赫，在父汗的羽翼护佑下，有人忌妒，没人抗议。如果没有宁远战败，努尔哈赤不病死，多铎的未来会充满阳光——介于多尔衮之下、皇太极之上的两者之间。但这只小鹊福短，1626年八月十一日，努尔哈赤病死于沈阳郊外。跟着，三兄弟的霉运到了——母亲被皇太极逼死，多铎像可怜的幼鸟，惊恐地扑棱着翅膀，不知道哪里安全。他一下子从幸福的巅峰跌到苦难的谷底。要是没有多尔衮，他几乎没有勇气活下去。

皇太极逼死阿巴亥，登基继位活动也紧锣密鼓地进行。多铎身为“全旗之主”，却由于年幼，势单力薄；阿济格孤掌难鸣，不敢反抗；多尔衮眼观六路，以退为进。三兄弟曲意迎合，拥护害死母亲的凶手继位。皇太极称汗，为拉拢人心，扶植年幼的多铎成为自己的羽翼，并继承父汗的遗愿，让多铎领有父汗遗赠的正黄旗牛录。阿济格大一点儿，就没这么幸运了。皇太极深知多尔衮才智超群，将来必是自己的左右手，于是夺了阿济格的旗，移交给多尔衮。然而，皇太极身为大汗，怎么可能让臣子领正黄旗，不久，他想个法子，调换了两黄旗和两白旗。多铎虽是正白旗旗主，其势力在统治集团中依旧显赫。

直到这时候，多铎还没有上战场，这个正白旗旗主，还是后金的特例。兄长们冒死奋战，从台吉做起，一步一个脚印，阶梯形上升，只要稍微犯一点错，便被降职，辛苦创下的业绩便遭抹杀，只能从头做起。但是，多铎一上来，而且仅仅六岁，就正儿八经地拥有议政权。努尔哈赤死后，皇太极出于一己之私，暂时也没亏待他。多铎父母双亡，而能在残酷的政治斗争中立足，祸兮？福兮？

三

天聪三年（1628年），后金国新的核心领导人完成政权过渡，将斗争的目光由内转外。蒙古察哈尔多罗特部，被后金瞄准，成为其打击目标。多铎这一年十四岁，少年穿上征衣，随哥哥们出发上战场。首次对敌，缺乏经验，皇太极没有任他做主帅，他想让多铎在大战中锻炼，把这把刀磨快一些，再不断插进猎物的心脏。

多铎是努尔哈赤的儿子，血液中遗传着野性，一上战场，拼命三郎似的战斗精神如火山喷发。他奋勇作战，不畏强敌，配合兄长们顺利地拿下多罗特部落。皇太极抱着试验的心理，结果各项检测指标全部合格。皇太极遥拜赫图阿拉，叩谢那座城堡为后金孕育了一名勇敢顽强的战士。念多铎初征，克著勤劳，皇太极封他为“额尔克楚虎尔”。从此，“额尔克楚虎尔”扬名后金。

在实战中通过考试，皇太极对这位小弟弟开始放手任用。天聪三年（1629年），皇太极伐明，自龙井关入长城。多铎和莽古尔泰、多尔衮围攻汉儿庄。三兄弟默契配合，汉儿庄很快失陷。汉儿庄落入后金手里后，被劫掠一空。之后，多铎等人与大军会合，随皇太极克遵化、决战广渠门，威逼京畿。广渠门之战，皇太极顾念多铎年幼，命他做后援。多铎严守汗命，在预定的位置上寸步不离，每有溃败明军逃往他的阵地，皆被悉数击溃。圆满完成后援任务后，多铎随大军入蓟州等地。后金每经一城，都赚得盆满钵满。这次伐明历时数月，极大地挫伤了明朝的抗金意志，破坏了明朝的政治、经济脉络，使之筋断骨折。

战火淬炼了多铎的思想，他开始变得善于观察，有主见。1631年，皇太极召集群臣，在讨论时政的班子会上，多铎语惊四座："臣未预理刑，其中公私不得知，但观法诸臣，实心任事，秉公执法者少，当令明习法律，奠定成规。"多铎直接说出平时观察到的情况——乐意当官儿的多，秉公执法的少。要扭转当官不执法、少作为的不正之风，就要加强学习，提高官员素质，久而久之，人人遵守法律、克己奉公，形成规矩。多铎初出茅庐，话中已透露出敏锐的政治嗅觉，多尔衮后来扶植他做辅政王，不是没有道理的。

天聪五年（1631年）八月，皇太极攻大凌河，多铎率正白旗驻守城东北做策应，他就势攻克大凌河城附近的几座台堡。九月，锦州派出援军增援祖大寿。多铎随皇太极阻截锦州援军，在小凌河与锦州援军遭遇。多铎不顾个人安危，身先士卒，正杀得难解难分，一支冷箭迎面飞来，他闪身躲避，竟坠下马。马受惊跑入敌阵，多铎危在旦夕。他抽刀砍死一名明军军校，夺过战马，翻身跃上马背，捡回一条性命。皇太极眼看小弟差点为国捐躯，冷酷的内心生出一丝柔情，眼窝有点儿发热，鼻子有点儿发酸。

明朝从锦州增派四万援军，企图解大凌河之围。明军在大凌河城外十五里驻营，等待战机，打算里外应和，夹击皇太极。皇太极胸有成竹，指挥八旗军各个击破。多铎率正白旗，和莽古尔泰等大破明军，生擒太仆寿卿、监军张春。莽古尔泰在这场仗中因本旗伤亡太大，竟和皇太极闹别扭，吵架。多铎却没说什么，伤也罢，亡也罢，正白旗就算只剩他一个人，也要战斗到底——他很清楚，和皇太极没有条件可讲，更不想以卵击石。母亲惨死，哥哥被夺位，自己惨遭换旗，种种事实表明，与皇太极作对没有好果子吃。在天聪汗皇太极那里，唯有服从，才有希望。

四

大凌河、小凌河、锦州三战三胜，刺激了皇太极的进取心。天聪六年（1632年），皇太极出征察哈尔，他要给不听管教的老对手还以颜色，让它俯首帖耳。这次受命出征的有多铎、多尔衮、济尔哈朗。三位主将除济尔哈朗年长一点儿，多铎、多尔衮兄弟都是年轻主将。三位后金的将领独当一面，似头狼冲入羊群，归化城西南及黄河岸一带的察哈尔部落，被八旗兵冲得七零八落，俘其民众数千户。

右翼八旗兵战后凯旋，皇太极设宴庆贺。在酒宴上，多铎在掌声中仰头喝下一杯酒。烈酒下肚，辣味冲进鼻腔——他想起死去的父汗和额娘，想起赫图阿拉的幸福时光。春天，额娘牵着他的手，带他在城内的草丛里抓蛐蛐；夏天，领他去城外的苏克苏浒河洗澡，他光着屁股站在河里，额娘给他撩水，娘儿俩叽叽嘎嘎地笑。父汗有空就把他抱在怀里，教他骑马。他和父汗骑在大青马宽厚的脊背，上下颠簸，又痒又舒服……相隔四百年，一个人的赫图阿拉老井断壁，树染白霜。寂寥的雪野中，笔者听到多铎杯中续酒的滴答声，像是晶莹的眼泪，影影绰绰地沉浮着那只离枝鹊。

离开父汗、额娘的庇护，多铎在多尔衮的照顾下长大。多尔衮是他的兄长加老师，他从多尔衮那里学会很多东西，知道了如何保护自己，如何施展自己的才能。在长期的厮杀争夺中，战争经验与战略思想日趋成熟。天聪七年（1633年），皇太极与群臣商榷三家对手先打谁，多铎说：“我军非怯于战，但止攻关外，岂可必得？夫攻山海关与攻燕京，等攻耳。臣以为宜直入关，庶厌士卒望，亦久远计也。且相机审时，古今同然。我军若弛而敌有备，何隙之可乘？吾何爱于明而必言和？亦念士卒劳苦，姑为委蛇，倘时可乘，何待再计。至察哈尔，且勿加兵；朝鲜已和，亦勿遽绝。当先图其大者。”多铎这话说得很不客气，暗责皇太极打拉锯战，久必士卒心生厌倦。皇太极曾经萌生过与明划地而治的想法，你在关内，我在关外，一道大墙砌成两家。所以，多铎指出，吾何爱于明而必言和。多铎这一句也是和开头一句相呼应的，一上来就说，我军非怯战，但你攻到关外就没了下文，是何道理？以我的看法，山海关和燕京都是首攻目标。把握战机，是古今兵法的同一理论基础。

多铎是所有主张对明开战的人中，唯一一个敢呛皇太极肺管的。这招大胆的点穴法，点中了皇太极的命门，他虽然不爱听，但也不得不承认多铎的见地。

金子埋在土里不发光；人才没有机遇也平庸；纵然是一匹千里马，没有伯乐也枉然。古往今来，多少人才骈死于槽枥之间，辱没于奴隶人之手——多铎有才干，却一直未受皇太极重用。

五

明确了打击目标，制订好作战计划，后金于天聪八年（1634年）大规模西进。多铎随兄长阿济格、多尔衮率正白、镶白两旗先略宣府，自蒙古巴颜珠尔克进，入龙门口。明朝的龙门口驻军奋起抵抗，三兄弟啃不动这块硬骨头，掉头保安。保安守军没有龙门口守军拼死一战的豪壮，没费多少力气，保安陷落。此时，皇太极在应州。多铎和阿济格、多尔衮没做停留，急赴应州谒皇太极。会兵后，多铎三兄弟略朔州、五台山，大胜而还。

天聪九年（1635年），是多铎军事史上的转折点，这一年他打了两次较大的漂亮仗，一是和多尔衮过黄河西招抚林丹汗的儿子额哲，二是和诸贝勒伐明。皇太极分两条线战术，先在山西转一圈，载着战利品回关东。不待明朝从阵痛中苏醒，皇太极又催动第二轮冲击波——围攻锦州。这也是皇太极首次起用多铎为主帅。多铎率两白旗精兵，以阿山、石廷柱带兵四百为先锋；祖大寿这边，副将刘应选、吴三桂等兵合锦州，列阵大凌河。多铎闻报明军在大凌河，率部前去，双方激战白热化。素称名将的祖大寿，竟然没打过黄毛小子多铎，与刘应选分路逃跑。多铎尾随狂追，一路至锦州，一路至松山。吴三桂跑得快，颜面无光却性命无忧。刘应选则没那么幸运，跑到半路即被截住，损兵折将，自己也做了刀下鬼。

祖大寿败北的第二天，多铎换防，兵驻广宁。回到沈阳时，皇太极亲自到怀远门外五里处迎接，赐给多铎良马五匹，甲五副。这点物质奖励只是引子，1636年皇太极称帝，多铎的多年辛苦终于有了回报：封豫亲王，掌礼部。这是皇太极封给多铎的最高荣誉称号和政治地位。不久，因多铎的一次小失误，皇太极又下诏降其职。

为砍断明王朝的左膀右臂，崇德元年（1636年）年底，皇太极派兵攻打朝鲜——十二月的辽东飞雪迎春，冻土千里，十万八旗军头戴盔，身披甲，在多铎、济尔哈朗等人的率领下，从沈阳出发，渡鸭绿江，进逼朝鲜。多铎此次为先锋，率一千人继噶布什贤兵，自沙河堡至朝鲜都城，将败走汉城

（今韩国首尔）的朝鲜国王紧紧围困，包围圈内，一只蚂蚁也休想逃脱。朝鲜国王这边受困，那边妻妾儿子却已被捉，满怀希望的援军又被多铎击退，无可奈何，李氏王朝举起白旗，称臣大清。

民间有句俚语，叫人怕出名猪怕壮。多铎少年扬名，滋生了自满情绪，且沾染不良习气，斗志渐衰。其实，不仅多铎，随着与汉民族接触的加深，满洲许多人染上了恶习，皇太极对此非常担心，忧虑满洲雄风日渐萎靡。他批评教育，循循善诱，能用的法子都用上了，却收效甚微。在这一点上，皇太极有先见之明。但是，满族入关后，在接受先进汉文化的同时，也吸收了汉文化的糟粕，八旗子弟变得好吃懒做，提笼遛鸟，一副纨绔子弟的派头，哪里还有金戈铁马、横扫群雄的雄风。皇太极见颇有作为的小弟也染上恶习，苦口婆心地做思想工作，嘱咐他要继续发扬祖辈艰苦奋斗的作风，戒骄戒躁，顽强拼搏。从小乖顺的多铎，这会儿起了逆反心理，你说你的，我做我的，甚至有几次贻误战机，终于引起众怒，多次在公开场合被集体声讨。

思想波动反馈的恶果，是多铎连续指挥失误。崇德三年（1638年）皇太极再围锦州，多铎和济尔哈朗率部往山海关牵制明军。两人从蒙古扎衮博伦界分率巴雅喇及土默特兵入明境，攻克大兴堡，俘虏居民，路上遇到的明军间谍，也被多铎活擒。仗打到这里，顺风顺水，照此打下去没有大功，起码也无过。接下来，风向突然转了——皇太极命多铎与济尔哈朗合兵。经中后所，遭遇明将祖大寿袭击，多铎军被抄后路。土默特兵和一部分旗兵先跑了，正白旗护军统领、正蓝旗护军统领且战且退，并飞马驰报前面的多铎，说祖大寿在砍他们的尾巴。多铎不知怎么想的，一反遇强越强、临危不乱的战斗作风，不但不去增援后面的部队，反而叫两位护军统领全线撤退。当天夜里，多铎退到郑亲王济尔哈朗那里，与济尔哈朗合兵，攻克中后所。

多铎不战而退，造成部队伤亡。皇太极战后开总结会，狠狠地批评并处罚了他——夺多铎正白旗牛录的三分之一归多尔衮、阿济格均分，降和硕豫亲王为多罗贝勒，罚银一万两。财产被瓜分，王位被撤销，多铎的心被揪成一团，他把自己关在家里，谁也不见。多铎受不了这样的惩罚——不就是被杀九个人，损失了三十匹马吗，再说，自己已意识到错误，和济尔哈朗合兵拿下中后所，总算将功补过。皇太极脸一拉，一点情面不讲，弄得他如此不爽。换成父汗，他绝不会这么冷酷无情。

多铎越想越伤心，思绪又回到赫图阿拉。他记得额娘的暖炕，额娘给他唱的歌，拨浪鼓、摇车；还有额娘的麻花被，他困倦的时候，额娘给他盖好被子，轻轻拍打着，嘴里哼着古老的歌。那是女真人流传了几百上千年的歌，调子优美，听着听着，他就进入梦乡。可他的额娘再也回不来了，被夺他爵位、分他财产的皇太极逼死了。多铎恨不能像莽古尔泰那样，杀了皇太极。

在沉闷痛苦中，多尔衮推门而入，劈手就给多铎一巴掌。多铎没闪，巴掌带着风声破空而下，在自己脸上刮过——多尔衮下不了手打弟弟，他一手带大多铎，虽然两人只差两岁，多尔衮却一直承担着父母的责任。他爱多铎，胜于爱哥哥阿济格。他不许多铎做蠢事，大清事业未定，还需要上下同心。多尔衮训斥多铎："你沾染恶习，战场连连失误，授人以柄，引起众怒，再不加悔改，后果会很严重。谁没有被削爵罚没的时候，今日罚没，明日再立功受奖，把失去的赢回来，这才是父汗、额娘的好儿子。倘若你执迷不悟，不加忏悔，有一天谁也保不了你。多铎，我不想失去你，我在一天，就要照顾你一天，明白吗？"

六

皇太极对多铎的处罚确实重了点儿，事后冷静深思，觉得多铎不仅是多铎，他的身后还站着一个多尔衮。大清要走进北京，离不开多尔衮。于是，崇德四年（1639年），皇太极为缓和关系，任多铎掌管兵部事。兵部事，非指兵部。通俗地说，多铎是在兵部谋事，给多尔衮当助手。皇太极这样安排有两层含义：一是多铎在多尔衮身边，恶习渐改；二是多铎在多尔衮身边，再出事情，多尔衮也有不可推卸的责任。多铎与多尔衮，被皇太极巧妙地拴在了一根绳上。

多铎在多尔衮的教导下痛改前非。崇德四年十月，皇太极再次对明开战，多铎与豪格攻宁远。这次战斗中，多铎表现上佳，大败明军，斩杀总兵金国凤和他的两个儿子。时隔数月，多铎任左翼主帅，带兵到义州驻城屯田，大肆骚扰明边。山海关外、宁远、锦州一带在清军的袭扰下，大片土地弃耕，千顷良田荒芜，百姓缺衣少食，度日如年。明王朝泥菩萨过河，自身难保，哪里还顾得上百姓死活，以致辽西大地民不聊生。

皇太极用时间拖垮辽西，继而点燃松锦大决战的导火索。清军环城立八营，掘壕挖沟地围困锦州城。祖大寿用兵失误，蒙古兵暗降大清，相约起事。祖大寿派人追击，竟被反歼。明援军从杏山赶到松山，欲增援锦州。多铎和济尔哈朗率两翼兵，分别潜伏在锦州南山西岗及松山北岭，并派出副将诱敌。明军不知有诈，被两军夹击，伤亡惨重。

锦州城朝不保夕，明王朝派洪承畴出战。洪承畴带十三万人马火速支援锦州。皇太极也不示弱，从沈阳出发，飞驰松山。一时间，松山、锦州尘土漫天，马蹄踏平高原。但洪承畴这张王牌和皇太极对抗，是小巫见大巫，明军看到清军的阵势，心里没谱，想趁半夜撤军。皇太极算出这一招，嘱多铎埋伏高桥，途中截杀。撞上"枪口"的明军主帅是吴三桂、王朴，他俩想撤回宁远。狭路相逢勇者胜，吴三桂堪称勇将，遇上多铎却力不从心，其所属部队在野战中大败，吴三桂和王朴侥幸才捡条性命。

洪承畴和清军对峙几个月，转眼到年关，敌我双方一边贴春联，一边擦炮口。洪承畴不敢主动开战，唯有死守；皇太极手握主动权，悠闲自在。一个在松山风餐露宿，另一个在沈阳高枕无忧。崇德七年（1642年）正月，最后的决战在新年的鞭炮声中打响。松山副将夏承德暗投清军，为表诚意，他竟拿儿子做抵押，与多铎和豪格约好做内应。半夜，夏承德放出暗号，多铎和豪格指挥清军搭云梯登城。被蒙在鼓里的洪承畴，哪知道被手下出卖，所有的抵抗都是徒劳。洪承畴一半败在清军手下，另一半败在软骨头手中。松锦大决战取得全面胜利，皇太极深感不易，说："困锦州之三年，同和硕肃亲王克取松山，尔虽无大功，念尔少弟，封多罗豫郡王。"

七

松锦大决战战果辉煌，但皇太极在感情方面却遭到重挫。这个心机诡秘的帝王是个地地道道的情种，所谓英雄难过美人关，他因痛失海兰珠，忧郁成疾，1643年急病身亡。多铎和阿济格自然是多尔衮的拥护者，积极呼吁多尔衮继位。而皇太极的死，给多铎在政治上出人头地带来契机——多尔衮做了摄政王，千方百计地扶植年幼的小弟，让他登上大清的政治舞台。在财物方面，多尔衮更是抓住一切机会，封赏多铎。所以说，在皇太极死后，多铎迎来了政治上的春天。

这一年多铎三十岁，风华正茂，血气方刚。1644年四月，李自成攻占北京，黄土高原来的农民皇帝坐上朱家的龙椅，兴奋得手舞足蹈，日子天天像过年，好不快活。螳螂捕蝉，黄雀在后，关外的多尔衮盯着李自成，看他接下来会怎样。他把李自成从里到外地分析一遍，觉得李自成不过一匹夫，遂把农民军称为“流贼”。既是流贼，便要讨伐，多尔衮师出有名，率领十二万满蒙大军，开赴山海关。恰好，李自成和吴三桂闹掰，也率军赶赴山海关。吴三桂腹背受敌，他的脑子飞快地旋转：李自成有夺爱之恨，此新仇；大清是老对手，属旧怨。崇祯皇帝撒手归西，吴三桂是亡国之将。亡国之将折新主，乃现实逼迫——人的悲哀就在于，理想总是妥协于现实。做臣子的使命是，谁是主子为谁分忧。明在，我食明俸禄；清在，我为清谋事。吴三桂俊鸟折高枝，最终做出选择：归降大清。

吴三桂降清，李自成成了孤家寡人，他也知道，成败在此一举，于是列阵石河关，排成一字长蛇阵，决意死战。多铎奉多尔衮之命，率一万骑入南门，阿济格率一万人入北门。吴三桂先上，同李自成苦战大半天。多尔衮见火候到了，命多铎、阿济格加大火势，攻击农民军。两兄弟和李自成一番血战，李自成不敌，多铎和阿济格接着把李自成撵出北京。

李自成把刚刚坐热的龙椅腾给大清，多尔衮坐进武英殿。1644年十月，福临进京称帝，多铎因破李自成有大功，封为亲王。是年，多尔衮封多铎为定国大将军，统师南征。多铎先定怀庆，再下孟津，遣叔父巴雅喇率兵先渡津，大顺军守将望风而逃，沿河十五寨皆被清军接管。紧接着，多铎入陕州。在潼关二十里处，大顺军据山势之险，与清军决战，多铎派图赖等人击败对方。

清军锐不可当，李自成虽然亲自组织了两次反击，终是全线崩溃，逃亡西安。陕西是李自成的老家，他想在老家总会安全的，或许可据守一方，与清鼎立。刚到西安，李自成的梦便破碎——手下将领马世尧率七千人投降清军。马世尧是李自成的得力干将，他一投降，损失兵马，动摇军心。大顺军无心恋战，李自成仓皇撤退。多铎入潼关，进西安。但他来晚了一步，五天前，李自成已烧毁室庐，带着子女辎重，出蓝田口，经商州，南走湖广。多铎与阿济格两路大军齐头并进。多铎从河南赴淮、扬，再进南阳、开封，沿途各州县纷纷降清。多铎收拾了各地的烂摊子，召集流民，设置官吏，成立新的地方行政机构。行政管理比行军打仗难得多，多铎在这时显示了他的治政方略，所经之处的新地方政府的运转逐渐步入正轨。

八

多铎为国出力，多尔衮给弟弟的奖赏比皇太极多得多——珍珠佩刀、黄金腰带。更大的奖赏还在后面：四月烟花未尽，多铎下扬州，围七日，大学士史可法宁死不屈。五月，清军至扬子江北岸。南方多文人，文人多忠烈，多铎碰上了另一个史可法式的人物——明将郑鸿陆。郑鸿陆的水师镇守瓜洲、仪真。多铎打造二百条船，与郑鸿陆夹岸相持，派人偷袭瓜洲南岸得手后，再率兵渡江。福王朱由崧失去史可法、郑鸿陆两个依靠后，逃亡太平。多铎乘胜南追，南明忻城伯赵之龙闻讯，率文武将吏及骑步兵二十三万人投降。

多铎到达南京，接受赵之龙部投降，随即安置南明遗民，稳定当地社会秩序。接着，他又派人到太平追击福王。福王不敢停留，走芜湖，未曾想多铎早已撒下天罗地网等着他——图赖在江口击杀明将黄得功，福王被擒。弘光政权灭亡的消息传回北京，多尔衮掩饰不住喜悦，遣侍臣前往慰劳。这时候，多铎还在追讨潞王朱常涝。潞王在杭州，他没有史可法之类的节烈义士替他守城，多铎大军一到，潞王便无条件投降。

大顺军、福王、潞王被清除掉后，江浙一带趋于安宁。江浙平稳，多铎便着手政体革新。他将南京改为江南省，设置省直机构，并上书朝廷，推荐江宁、安庆巡抚以下官员。多铎精力过人，一方面建制，另一方面派人清扫南明政权的残余。庐江、和州，一并拿下。多铎在江南大显身手时，多尔衮心疼小弟，下诏让贝勒勒克德浑代镇江宁，召他回京。多铎遵旨回京，顺治皇帝在南苑设宴慰劳，晋封多铎为和硕德豫亲王——直到这时，丢在皇太极手中的豫亲王称号才又重新找回。其间，多铎付出了相当的辛苦。除授予政治荣誉外，顺治皇帝还奖励多铎黑狐冠一顶、紫貂朝服一件，黄金五千两、白银五万两，马十匹、鞍二副。丰厚的奖励，说是顺治皇帝给的，莫若说是多尔衮给的。多尔衮借顺治皇帝之口，达到了奖赏弟弟的目的。

南下清剿，多铎声威大震，多尔衮着意培养这个小弟。顺治三年（1646年），多尔衮任命多铎为扬威大将军，偕承泽郡王硕塞讨伐苏尼特部的腾机思、腾机特兄弟。多铎到了盈阿尔察克山，情报说腾机思在衮噶鲁台，便命令大军急行三昼夜，渡土拉河，至布尔哈图山，终于逮到腾机思兄弟，杀死他们的子孙多人。之后，多铎兵临札济布喇克。喀尔喀土谢图汗遣兵两万，硕雷车臣汗遣兵三万，两位蒙古汗合兵五万，迎战多铎。经过多年的战火熏陶，多铎已是大清的优秀将领，他率军奋战，北逐联军三十里，先后斩敌首数千，俘虏数千，缴获骆驼一千九百头，马二万多匹，牛一万多头，羊十二万五千多只。

有了这次功劳，顺治四年（1647年）多尔衮奖励弟弟黄金千两、银一万两、鞍马两匹，并将济尔哈朗的辅政王空位给了多铎。多铎凭借功劳和多尔衮的扶持，稳稳当当地坐上了辅政王的位置。但他终究命苦，仅当了两年辅政叔德豫亲王，就生痘病死，年仅三十六岁。一年后，像父母一样，爱他、呵护他的多尔衮坠马身亡。皇父摄政王多尔衮一死，以济尔哈朗为首的反对派立即展开清算。多铎虽然没做过任何有违国家的忤逆事情，但济尔哈朗还是没有放过他，以“罪状虽未显著，然与多尔衮系同胞兄弟，一体无异”，降为郡王。兴也多尔衮，衰也多尔衮，多铎与多尔衮这对患难兄弟，同气连枝，荣辱与共。乾隆四十三年（1778年），朝廷为多尔衮昭雪，多铎复封豫亲王，配享太庙。惜乎这只离枝鹊再也回不了故乡，去看看城堡里那株参天的老树了。

幸存者

济尔哈朗是后金的全能型人才，这也是福临即位后让他出任摄政王的原因。政治谋略、军事谋略和用人谋略，他无一不精，有做摄政王的资格。同时，他头脑清醒，不论取得多大的成绩，坐多高的位置，帝王如何宠幸，他都不翘尾巴，摆出盛气凌人的架势。济尔哈朗的忍，也是一流的。大清入关后，多尔衮当政期间曾千方百计排挤他，他默默承受多年。多尔衮死后，他迎来政治上的春天，善始善终地走完一生。

一

伯父抓走父亲那天，他瞪圆乌黑的眼睛看着父亲挣扎。那么多伯父的亲兵，父亲抵挡不过，被打倒在地，随后他们一拥而上，用绳索将父亲捆起来。锃亮的大刀寒光闪闪，房间里的东西被撞翻、打碎，砰砰乱响。他吓哭了，母亲抽泣着把他抱在怀里，大颗的泪珠砸在他的脸上，冷冰冰的。大哥和三哥从外面闯进来，拔出腰刀，和伯父的亲兵搏斗，想要解救父亲。可他们寡不敌众，三个人全被伯父的亲兵抓走……落叶纷飞的佛阿拉，沉淀着杀戮，也沉积着悲伤和怜悯。在凄冷的风中，济尔哈朗的满脸泪痕搓揉着，母亲对少年的战栗寄予无限同情，暴力像利刃划破幼童的心，从少年到老年，他的心因为这伤害而惴惴然。

济尔哈朗那时九岁，不明白伯父为什么抓走父兄。有时候深夜睡不着，他还会怀念佛阿拉，从虎城（佛阿拉）搬到赫图阿拉时，他刚刚三岁。佛阿拉是记忆中模糊的影像，他记得自己家紧挨着伯父家，房子建得一模一样。伯父和父亲关系和睦，地位平等，每有大事都会坐在一起商量。他们是佛阿拉的两个王，人人尊敬。但为什么亲兄弟就势如水火了呢？搬到伯父家居住后，他才知道，父亲和伯父闹翻了，打算领着大哥、三哥和所属部队移居黑扯木。伯父很生气，以叛乱谋反罪幽禁了父亲，并杀死大哥、三哥。这都是伯父对他说的。

父亲被幽禁三年后死亡，伯父怜他幼小，把他带回家中收养。济尔哈朗在伯父身边长大，大概因为父亲的事情，伯父对他很好。济尔哈朗也懂事，虽然伯父杀死了父亲、大哥和三哥，在他心里留下说不清道不明的阴影，但他知道父亲和哥哥是犯了死罪，二哥、弟弟和自己都是幸存者，伯父不舍得把他们斩尽杀绝。没了父亲，伯父就是靠山，他要仰仗伯父的关照生存。而且，因为父亲和哥哥的遭遇，他懂了一个道理——坚决不重蹈父兄之覆辙，忠于伯父努尔哈赤，捍卫伯父，不要再像父亲和哥哥那样落个乱臣贼子的坏名声。

济尔哈朗天资聪颖，铭记努尔哈赤的教导，伯父的用兵之道，他看在眼里，记在心中。这些东西实用到战场上，就会转化为突出的战绩。他十几岁就随伯父出征，横刀跃马，南征北战，两军阵前展现出卓越的军事指挥才能，被封为和硕贝勒。天命十年（1625年），他二十五岁，和阿巴泰援救科尔沁草原部落有功，受到努尔哈赤嘉奖。天命十一年（1626年），他二十六岁，征喀尔喀巴林部落；同年十月，率军攻蒙古扎鲁特部落，为后金统一蒙古各部，清除西北的威胁扫清了道路。

千军易得，一将难求。不仅是努尔哈赤，皇太极也喜欢济尔哈朗这个难得的军事人才。1626年，努尔哈赤病死，皇太极继位。新大汗为瓦解明王朝，撕开朝鲜及蒙古形成的半包围圈，采纳大臣的意见，决定进军朝鲜，用武力迫使朝鲜就范。

这次出征朝鲜的主帅有济尔哈朗、阿敏、岳讬、阿济格。临行前，皇太极特别嘱咐："你们四个的打击目标不仅在朝鲜，还要盯紧明将毛文龙，他依仗海岛优势，气焰嚣张，掳掠已归顺我大金的汉民。拿下朝鲜后，回手取毛文龙，剿灭这股明军。"皇太极一石二鸟的计策，四员大将谨记不忘，渡过鸭绿江，济尔哈朗便与其他三路分兵，率军直取毛文龙的盘踞地铁山。

毛文龙是一名骁将，在明朝朝野上下畏后金如虎，几乎全面溃败的危急关头，他居然能取得局部胜利。以致一度有人认为，抗击后金，恢复明朝在东北的管理权，千钧重担非毛文龙莫属。这么一个被明王朝寄予厚望的将领，和济尔哈朗遭遇后竟一触即溃，毛文龙不是济尔哈朗的对手，被驱逐到皮岛。

解除了毛文龙的军事威胁，济尔哈朗挥师南下，与阿敏等合兵进逼平壤。平壤在八旗兵的强大攻势下很快失陷，朝鲜国王李倧坐不住了，派使请求议和。议和正中皇太极的下怀，他本意也不想吞并朝鲜，只想像明朝一样，要其作为乖乖听话的附属国。这是在出征前已经计划好的。朝鲜要和，必有条件，济尔哈朗几个主帅聚会商量。阿敏不同意议和，执意要攻下国都汉城（今韩国首尔）——他有自己的算盘，想留在朝鲜，不回东北了。如果议和的话，朝鲜国王在位，他在朝鲜就留不下来。当然，想法还不成熟，更不可过早暴露。他能做的，就是极力地反对议和。

阿敏的主张遭到三个主将的坚决反对。济尔哈朗说话的分量重，主持召开了扩大会，力劝二贝勒阿敏不可深入，破坏原定计划。济尔哈朗陈明利害，阿敏自有主意，其麾下的镶蓝旗将领拥护自己，和还是打，内部意见不一。济尔哈朗见此情景，知道二哥不听劝，断然移师平壤，派人与朝鲜国王商讨议和时间。济尔哈朗是天才的谈判专家，步步紧逼，把朝鲜国王逼到墙角——他提前拟订了一份合约，朝鲜国王看得满头冷汗，其中一条，必须与明朝断绝关系，归降后金。这相当于单方面毁约，朝鲜与明朝先前的一切合同承诺都不作数，如果明朝据此兴师问罪，朝鲜一定会吃不了兜着走。可怜的朝鲜成了一只羔羊，左边是虎，右边是狼，到了谁嘴里也落不下全尸。无奈，李倧与后金签订《江都合约》。

远征朝鲜一仗打得十分出色，皇太极成功撕破了明朝布置的包围圈，抢走它的附属国。济尔哈朗顶着二贝勒的压力，力挺议和，在议和会上软硬兼施，迫使朝鲜谈判，表现出卓越的政治才能和军事才能。皇太极大加赞赏，从此视济尔哈朗为心腹。

二

济尔哈朗是后金的全能型人才，这也是福临即位后让他出任摄政王的原因。政治谋略、军事谋略和用人谋略，他无一不精，有做摄政王的资格。同时，他头脑清醒，无论取得多大的成绩，坐多高的位置，帝王如何宠幸，他都不翘尾巴，摆出盛气凌人的架势。济尔哈朗的忍，也是一流的。大清入关后，多尔衮当政期间曾千方百计地排挤他，他默默承受多年。多尔衮死后，他迎来政治上的春天，善始善终地走完一生。

他一生戎马，参加大小战役无数：皇太极继位的第二年，内蒙古草原的固特塔布囊绕道察哈尔，潜入阿拉克绰特部旧地，煽动各部与后金对立，并劫杀那些有意归附后金的人。照此下去，察哈尔一带的草原部落将没有敢再与后金亲近的人。济尔哈朗奉命出征，斩杀煽动闹事的头目，收降其部众。济尔哈朗的一记重拳捣下去，东蒙一些反对势力心惊胆寒，先后归降后金。

收伏东蒙，下一步是吃掉锦州、宁远。宁远守军在袁崇焕的指挥下，改变战法，避免与后金野战，依靠火炮坚守城池。二攻宁远未下。正面攻击不行，后金就采取袭扰。天聪三年（1629年）九月，济尔哈朗带岳讬、德格类等一路劫掠，宁、锦一带或焚或毁，并劫走大量人畜，使宁、锦地区人哭鬼号，尸横遍野。

同年十月，济尔哈朗随皇太极绕过山海关，由蒙古草原出洪山口，二十六日率右翼四旗攻破大安口，连夜进击马兰营，痛歼马兰营援兵。后金兵连下大安口、马兰营、马兰口三城。接着，以迅雷之势南下，济尔哈朗会合阿巴泰等人的左翼四旗，攻克遵化，转而西进蓟北，占领顺义，击败满桂和侯世禄的援兵，兵临北京城。北京城慌作一团，急调山海关等地守军，解北京之危。这一次，袁崇焕冤死在明朝崇祯皇帝手里。

天聪四年（1630年）正月，明朝尚在春节的气氛中，大街小巷红灯高挂，人来人往。人们似乎忘却了几个月前的那场危机，或许，人们想用节日的喜庆冲淡战争阴影。就在北京城欢庆新春、抚慰心灵的时候，山海关外的后金军队悄悄进发——核心领导人皇太极亲率大军东进，重新夺回永平，打算以雪旧耻。后金重新夺回永平的控制权，杀了叛将刘兴祚，擒获了刘的弟弟刘兴贤。永平城失而复得，皇太极格外小心，派心腹济尔哈朗驻守，整顿永平政务。济尔哈朗施展政治才华，察仓库、阅士卒、置官吏，传檄下滦州、迁安，并大胆起用汉官，致书招降永平附近州县，从而控制整个蓟北地区，切断了山海关至北京的通道。

心理学研究表明，人在幼年时的创伤会伴随、影响人的一生。那种心灵的煎熬，困扰着每一个经历者。济尔哈朗一生谨言慎行，在他的记忆中，始终抹不掉父亲被抬出禁闭室的情景。他梦中的父亲须发灰白，面无血色，四十多岁的壮年人，模样竟像七八十岁的老人。仅仅三年，父亲就彻底垮掉了，抛下他、抛下母亲到了另一个世界。命运多么残酷，济尔哈朗还没有从父亲的死亡阴影中逃离，二哥阿敏又把他拖进伤痛的深渊——同年三月，他和阿敏换防。阿敏和皇太极置气，掠榛子岭镇，抢劫汉民财物。明兵围困滦州三昼夜，阿敏坐视不援，还屠杀永平、迁安官民，激化了汉民和女真人之间的矛盾。皇太极气急败坏，像当年努尔哈赤幽禁其弟一样，下令幽禁阿敏。

济尔哈朗敏感地意识到，二哥的祸端，极有可能会伤害自己和几个弟弟、侄子。越想越感到可怕，他马上拉上几个弟弟，跪在皇太极面前发誓："我父兄所行有过，罪戾难赎。若我等以后有如父兄而生异心，不得善终。"济尔哈朗及时认清形势，打消了皇太极的疑心，取代阿敏做了旗主，成为八和硕贝勒之一。

识大体、谏忠言是济尔哈朗性格中的又一个优点。天聪五年（1631年），皇太极召集内阁会议，要求大臣们直言时政，以资修正。济尔哈朗说：“以前有一些滋怨，都是由诸大臣行为不端引发的。我们应该选拔正直的司法大臣，严肃法纪，以正视听。”这个政治主张得到皇太极的首肯，他按照济尔哈朗的意见，整顿了后金的诉讼制度，制定一些具体措施来约束后金贵族。

天聪七年（1633年）五月，关外杨柳吐绿，鲜花盛开。万物生长的季节，春天给后金政权带来好消息：明将孔有德、耿仲明率部自登州航海抵达辽东，归降后金。两人都是著名将领，后金求之不得，这下主动来归，皇太极自然不敢怠慢，派济尔哈朗迎接。孔、耿投金，明朝恼羞成怒，急令宁远、登州、旅顺口三地明军从海上尾追，朝鲜人也出兵摇旗呐喊。济尔哈朗率兵出现，与明军夹江而立。明军和朝鲜人见八旗兵军容整齐，声势浩大，没敢交战，卷起旗帜撤退。明军撤退，孔、耿两军携带大量火器、弹药登陆。济尔哈朗就地设宴，款待两位千里来归的明将，他的热情感染了孔、耿，让两人觉得投金是明智之举。

七月，皇太极重整内阁，设六部。鉴于济尔哈朗的人品，皇太极委任他主管刑部，专司司法和法律。济尔哈朗再次展示了他的能力——效仿明律，整顿和制定后金法律，对后金的法律条文化、正规化起了积极作用。济尔哈朗主管刑部尽心尽职，给皇太极提出很多好的意见和建议。皇太极在批评工部、户部工作不力时，总是先表扬刑部，以告诫工作起色不大的三部向刑部学习。

天聪十年注定是济尔哈朗繁忙的一年，经历了哥哥被幽禁之痛，接任旗主，出征，执掌刑部，再出征。同年八月，皇太极亲征大凌河，济尔哈朗按作战计划偕岳讬带两万大军经义州前去会师，攻克大凌河附近的台堡，明军在大凌河部署的一万守军全部被歼。

三

明朝与后金的战局情势越来越明朗，明朝全线溃败，后金占领的土地越来越多。皇太极一面攻明，另一面打击蒙古察哈尔部。天聪六年（1632年）五月，一个明媚的春天，皇太极征讨林丹汗的大军出发。济尔哈朗仍是主将，率右翼四旗两万人，攻占呼和浩特、归化，有力地打击了林丹汗，缩小了他的活动范围。次年三月，济尔哈朗修筑岫岩城，并派兵驻守。六月转瞬即来，风和日丽，气温适宜，正是出兵征战的最佳时机。但皇太极却为先打哪个举棋不定，他召集贝勒、大臣共同商议。济尔哈朗和愣头青阿巴泰一样，是主张攻明的一派，他的看法是：朝鲜不遵守盟约，先返还它的供物，稳住它。明朝不然，它是我们的敌国，宜先取京郊城池，建立占领区，观察它的动向，再屯兵山海关以东、锦州以西，袭扰它的耕获，使它得不到休息。然后分一半兵力在山海关前布营，另一半兵力绕到关后，两面夹击，它必败无疑。

济尔哈朗和阿巴泰异曲同工，互为补充。阿巴泰以熟悉地形地貌为出发点，济尔哈朗是分清敌我主次；相同之处是，两人都主张分兵夹击。于是，皇太极采纳了攻明派的建议，发动了对明战争。

天聪八年（1634年）五月，春天的大草原风吹草低，牛羊遍地。皇太极的马蹄也踏进察哈尔草原，搜剿林丹汗。八月，皇太极阅师大同。八旗兵军容整齐，分两翼环城驻扎。千支劲旅，万乘铁骑，望不到头的帐篷像一朵朵彩云，皇太极心花怒放。这时，亲兵飞马传报：济尔哈朗和岳讬率镶蓝旗属下，携入边所掠的人畜及大批财宝、绸缎进献，以祝阅师盛会。皇太极龙颜大悦，越发喜欢济尔哈朗。

不久，机会来了。1636年，皇太极正式称帝，改国号为大清。登基的皇太极大封臣子，济尔哈朗晋封为和硕郑亲王。八哥把自己推到这么高的位置，济尔哈朗心中百感交集。他想到死去的父亲，幽禁在狱中的二哥阿敏，想到自己的多年辛苦、精心维护，个中滋味，唯有自己知道——济尔哈朗在夹缝中生存，心有凄苦不能言，他没有知己，没有贴心人，有时只能强颜欢笑，咽下眼泪，甚至后期在多尔衮的打压下忍辱偷生。

崇德三年（1638年），酝酿已久的大决战打响了。济尔哈朗率兵前往宁远，遏制那里的明朝增援部队。他声东击西，出没无常，使明朝的增援部队疲于奔命，首尾不能相顾。由于济尔哈朗有效地牵制了明军，迫使明军移师至五里堡地屯兵。

皇太极为彻底摧毁明朝，不断派遣阵容强大的八旗大军深入中原腹地，并发动了震惊全国的松锦大决战。兵马未动，粮草先行。崇德五年（1640

年）三月，济尔哈朗一反冲锋部队的角色，率军赶往义州，把义州作为清军围攻锦州的后勤保障基地。同时，义州也是前线指挥所。济尔哈朗督建好义州的供给场地，返身到前线，听从皇太极的调遣。

清军缩小包围圈，锦州城水泄不通。皇太极围而不打，企图瓦解明军，让他们内部自乱。济尔哈朗和多尔衮率军轮班围困，在锦州城四面设八营，绕城挖一圈深壕，沿壕筑垛口，两旗之间再挖长壕，近城一侧设置巡逻哨兵——挖沟填壕是清军的拿手戏，早在努尔哈赤创业时，他的作战部队便常有一队士兵专门推小车，车上装有泥土。遇到城墙壕沟攻不上去，由弓箭手掩护，推土车在后，一车一车的土倒进去，很快就能填平壕沟。

锦州城身陷重围，一举一动，尽在八旗兵掌握之中。外援迟迟不到，锦州沦陷只在时间早晚。祖大寿在明将中是一等一的人物，但对锦州城的布防疏忽了一件事，直接导致锦州城陷——蒙古兵被安插在外城，汉军在内城。或许祖大寿有他的用意，两军对垒，以蒙古兵先做炮灰，给城内的汉军赢得时间。祖大寿只看到有利的一面，却忽略了不利的一面——蒙古兵竟临阵倒戈，掉转“枪口”，他们成了插在锦州城胸口的一柄利刃。

济尔哈朗果然想出这步棋，为进一步分化明军，派密探偷偷联络蒙古兵，做他们的策反工作。蒙古兵的头目表示归降，并答应做内应。蒙古兵埋伏东关，准备起事，被祖大寿发觉后，双方开战。济尔哈朗借明军混战之机，攻破外城，把六千蒙古人迁到义州大本营。皇太极大喜，命沈阳八门击鼓，以示庆贺。

祖大寿频频告急。明朝派总督洪承畴带十三万援军抵达杏山、松山。济尔哈朗等人率右翼军与洪承畴援军交战于锦州南山，再战于松山西。由于作战力量悬殊，清军失利，两红旗、镶蓝旗三旗营地均被洪承畴所得。六月，济尔哈朗换防回沈阳休整。九月，皇太极举全国之兵与洪承畴争夺锦州。济尔哈朗换防，从后方回到前线。清军使用人海战术，困洪承畴于松山。洪承畴难以自保，锦州城岌岌可危。前方战事吃紧，胜利在望，沈阳却传来一声晴天霹雳：宸妃海兰珠病危。海兰珠是皇太极最心爱的女人，为了见爱人最后一面，皇太极把锦州的军务交给济尔哈朗和多铎、阿济格等人，自己快马飞驰赶回沈阳。十二月，洪承畴夜袭清军，试图冲破包围圈，但未成功，反被清军大败。援军与守军呼吸可闻，但清军插在中间，两只手握不到一块，双方继续僵持。

次年七月，清军再围锦州。此时锦州城已是“人相食，战守计穷”。这时，明朝援军内部出了奸细，洪承畴中计，彻底败于松山。锦州城一听援军惨败，军心瓦解，祖大寿无计可施，只能开城投降。

四月的塔山草青树绿，悄然绽放的野花摇曳在焦土上。中旬，这片土地的宁静再次被清军铁骑踏破——济尔哈朗用红衣大炮轰开塔山，城内的明军尽皆被歼灭。二十一日，清军炮轰杏山。至此，清军取得了松锦大决战的全面胜利，为入主中原打开了大门。

四

崇德八年（1643年）八月的沈阳郊外，平原大地稻谷飘香，山岗上花树如海。这座年轻的城市沐浴在金秋的阳光中，安静而活力四射。但皇太极的心里笼罩着一层阴霾，松锦大决战的胜利也冲不散内心的忧伤，他时常一个人在海兰珠的关雎宫里发呆，想念香消玉殒的爱妃。积劳成疾，加上忧伤过度，九月二十一日，皇太极突发急病，猝死于清宁宫。皇太极突然死亡，清帝国的高层贵族，为谁继承帝位展开了一场不见硝烟的残酷争夺战。他们主要分成两大派系，一派支持睿亲王多尔衮，一派拥护皇太极长子的豪格。拥立豪格的一派，以济尔哈朗为首。这也是入关后多尔衮施压于他的主要原因之一。

两大派系的斗争结果，是双方妥协，立六岁的福临为帝，由济尔哈朗和多尔衮共同辅政。大清帝国安全渡过险些自相残杀的危机，并将战略的目光再次转移到入关上来。九月，清军攻宁远，拔掉硬钉子中后所，取宁远的中前所，以孤立宁远。1644年，摄政王多尔衮统军入山海关，济尔哈朗留守沈阳，辅佐顺治帝治理朝政。济尔哈朗兢兢业业，三思而行，主持大小事务，从不因大权在握而骄横。

1644年旧历三月十九日，崇祯皇帝在煤山自缢而死，李自成入主北京。五月底，大顺军战败于山海关，李自成仓皇登基后撤离北京。清军随即占领北京，收拾了明王朝的残局，紫禁城披红挂彩，宫灯高照。九月，幼年的福临入主紫禁城，标志着经营了二百多年的朱氏王朝摘牌停业。紫禁城的城楼开始挂上爱新觉罗家族的招牌。十月，济尔哈朗被加封为信义辅政叔王，赐黄金千两、银一万两。“信义”二字不是溢美之词，济尔哈朗少年挂帅，历经三朝，忠心耿耿，当得起。他是代善似的人物，能忍则忍，当让则让，其政治才华与军事才华在爱新觉罗家族中也是少有的。

有人不希望福临过分依赖济尔哈朗，这个人便是多尔衮。他统军入关，大大扩张了自己的势力，随之，权力欲也极大地膨胀。在他心里，福临的座位是他的，福临老爸的座位也应该是他的，那张金闪闪的椅子应该坐着自己。多尔衮处处设卡，排挤济尔哈朗。济尔哈朗当然明白多尔衮的用意，父兄之死在他的心里扎了根，他很清楚，和父兄相比，自己已是万幸。争夺权力的下场，就是父兄的下场，他不想像父兄那样惨死。济尔哈朗对多尔衮的频频怪招不予理睬，识趣地给多尔衮腾出空间。

权力熏心的人，思想中没有同情、悲悯一类充满人情味的词，一切都从利己主义出发，为达目的不择手段。多尔衮为打倒济尔哈朗罗织罪名，说他建造王府时，殿堂的地基超过了制度规定的范围，并擅自立铜狮、龟、鹤等皇帝专用器物，将他交刑部议罪。刑部展开调查，发现罪名不成立。多尔衮不甘，罚济尔哈朗白银二千两挽回面子。接着，他又说刑部徇情，为济尔哈朗做掩护，将尚书务达海等人革职。之后，多尔衮提升亲弟弟多铎和济尔哈朗共听政务。实际上，他在为下一步做准备。没多久，多尔衮以莫须有的罪名，罢黜济尔哈朗的辅政叔王之职，不许其干预朝政。多铎则正式接任。济尔哈朗没有反抗，没有吵闹，坦然接受被排挤出决策机构的事实。

济尔哈朗赋闲后，避开锋芒，怡然自得。但多尔衮对济尔哈朗的新一轮打击随之即来。顺治五年（1648年），济尔哈朗王府上空电闪雷鸣，风雨欲来——侄子们凑了十几条罪状，告发济尔哈朗。欲加之罪，何患无辞，再说，哪个人的脖子后头没点灰尘，鸡毛蒜皮的事儿也没什么了不起。况多与事实不符，他们属于诬告。

多尔衮抓住把柄大兴牢狱，降济尔哈朗为多罗郡王，罚银五千两。开国重臣额亦都、费英东、扬古利等人的儿子、侄子皆受株连。刑部议罪，众人当死。念在他们老子的分上，免死，削户籍，没财产。在这次诬告案中，豪格被幽禁而死。济尔哈朗德高望重，多尔衮不敢过于造次，却对继位对手豪格心狠手辣。多尔衮如此憎恨豪格，是父子两代的恩怨所致。他永远不会忘记父汗死后，皇太极怎样逼杀了他的母亲，夺了他的汗位；皇太极死后，如果没有豪格竞争，他还是有希望继位的。

多尔衮是个报复心理极强的人，但也会收买人心。风波平息后，他又恢复了济尔哈朗的爵位。济尔哈朗很感动，以为是多尔衮良心发现，给他补偿。很快，济尔哈朗就发现自己的想法多么可笑。多尔衮明着仁慈，背地里歹毒——要济尔哈朗远征湖广。做了五年辅政王的济尔哈朗，早已生疏了弓箭、长刀，此时受制于人，不得不再度出征。顺治五年（1648年）九月，济尔哈朗被多尔衮任命为定远大将军。心中百味杂陈的定远大将军，率兵远征，镇压湖广等地的抗清力量。十月，大军转战山东。次年正月，转战长沙，明王朝的残余势力总督何腾蛟、总兵马进忠等人，联合李自成的残部等略湖南。济尔哈朗分兵追击，拔掉了这股人马在湘潭的盘踞地，活捉何腾蛟。四月江南，东风和煦，满天纸鸢。济尔哈朗顾不得欣赏一眼水乡风景，一路追击李自成残部，克宝庆、南山坡、大水等二十八营。七月，江南淫雨，潮湿酷热。济尔哈朗克服天气的影响，进攻衡州，直追广西全州，分兵下道州、黎平及乌撒土司，破六十多座城堡。

这场仗从顺治六年八月打到顺治七年正月，历时四个多月，济尔哈朗才回到北京。济尔哈朗凯旋，多尔衮又从中作祟，清帝国没有一个人迎接他，向他表示慰问。多尔衮行事诡诈，一面打压，一面安抚，他不给荣誉，却给物质奖励，赏赐济尔哈朗黄金二百两，白银二万两。不知道济尔哈朗领了巨额奖金，心中做何感想。或许，他想到最多的，就是父兄的惨剧。正是父兄的前车之鉴，才让他忍辱负重，在多尔衮的强权下偷生，等待机会，反败为胜。

五

骄横跋扈的多尔衮，于顺治七年（1650年）十二月突然病亡。摄政皇父“驾崩”，福临不悲反喜——压在顺治皇帝头上的大山倒塌，多尔衮的神话终于破灭。济尔哈朗的春天来了，他联合众人上书，告多尔衮谋权篡位的罪行。顺治皇帝早就恨多尔衮恨得牙根痒痒，济尔哈朗一上奏，就借机追夺多尔衮的爵位，财产籍没，还把多尔衮的额娘阿巴亥在太庙的供位挪走。济尔哈朗也沉冤昭雪。顺治八年（1651年）三月，顺治皇帝念及济尔哈朗年老，免去他朝贺、谢恩的行礼。顺治九年（1652年）二月，济尔哈朗被重封为叔和硕郑亲王。

这时候，济尔哈朗五十多岁，大清帝国的开国元勋只剩下他孤零零一个人。顺治皇帝非常尊敬他，他也是极力维护满族统治阶级的最高利益。顺治十二年（1655年）二月，济尔哈朗以体弱之躯，写下一份洋洋洒洒的奏疏："太祖创业之初，日与'四大贝勒、五大臣'讨论政事得失，咨访士民疾苦，上下交孚，鲜有壅蔽，故能扫清群雄，肇兴大业。太宗缵承大统，亦时与诸王贝勒讲论不辍，崇奖忠直，录功弃过，凡诏令必求可以顺民心，垂久远者。又虑武备废弛，时出射猎，诸王贝勒置酒高宴，以优戏为乐。太宗怒曰：'我国肇兴，治弓矢，缮甲兵，视将士若赤子，故人争效死，每战必克。常恐后世子孙弃淳厚之风，沿袭汉俗，即于慆淫。今若辈为此荒乐，欲国家隆盛，其可得乎？'遣大臣索尼再三申谕。今皇上诏大小臣工尽言，臣以为平治天下，莫要于信。前者轸恤满洲官民，闻者懽忭。嗣役修乾清宫，诏令不信，何以使民？伏祈效法太祖、太宗，时与大臣详究政事得失，必商榷尽善，然后布之诏令。庶几法行民信，绍二圣之休烈。抑有请者，垂谟昭德，莫先于史。古圣明王，近君子，远小人，措天下于太平，垂鸿名于万世，繄史官是赖。今宜设起居注官，置之左右，一言一行，传之无穷，亦治道之助也。"

大概济尔哈朗自知命不长久，才写下这道奏疏。他历数后金创业之艰难，太祖、太宗政令畅通，爱民如子，忧思大清蔽淳厚之风，日渐骄奢，又恐大清不纳敏言，亲小人远君子。一字一句，满含关切与希望。呈上这道奏疏不久，济尔哈朗生病，顺治皇帝非常关心他的病情，屡有问及。五月的郑亲王府，突然忙碌起来，仆人们把白灯笼挂在门口，廊檐下搭白绸，王府内外，气氛悲伤肃穆——为大清帝国耗干心血的济尔哈朗病逝。

人之将死，其言也善。他临终的遗言是：臣受三朝厚恩，未及报答，我今唯一的心愿，是盼望皇上早日平定云贵，殄桂王，统一四海。

顺治皇帝声泪俱下："天奈何不令朕叔长年耶！"言毕，他命画工为济尔哈朗画像，流传后世。顺治皇帝下诏，罢朝七天，赏郑亲王府白银一万两。济尔哈朗被葬于北京城西南门的白石桥，设置守卫十户，立碑纪功。乾隆十九年（1754年）九月，入盛京宗贤王祠，四十三年配享太庙。

济尔哈朗先在父兄篡逆谋反罪名的巨大压力下独善其身，后又在多尔衮的排挤下转危为安，这是其知退的性格决定了他最终的命运走向。

克勤郡王的敌友

岳讬是代善的长子，出生于1598年年底。岳讬生来机灵，反应敏捷，努尔哈赤视这个孙子为宝——这一年，努尔哈赤四十岁。岳讬和皇太极交情不浅，当年若没有岳讬做代善的思想工作，皇太极要登基也不见得一帆风顺。所以，两人是政治盟友。但没有永远的敌人，也没有永远的朋友。岳讬和皇太极这对政治盟友，在长期的合作之后，亲密关系出现拐点。岳讬没想反皇太极，皇太极却想打击岳讬——他被卷入了政治旋涡中。阿敏、莽古尔泰先后被皇太极铲除后，为进一步加强皇权统治，他对代善家族也由笼络转为打压。

一

男人四十，不惑之年，岳讬本该在这个黄金年龄再有一番大的作为，可惜命短，染天花病死于山东。岳讬是代善的长子，出生于1598年年底。这一年，努尔哈赤没有太多战事，只在年初派长子褚英和五弟巴雅喇出征安褚拉库部落；十月，他去了一趟北京，和万历皇帝套了套近乎。岳讬生来机灵，反应敏捷，努尔哈赤十分喜爱这个孙子——这一年，努尔哈赤四十岁。

五岁的时候，岳讬和祖父、父亲及全城的人搬离佛阿拉，幼小的他问祖父，以后还回不回来。祖父微笑着抚摸他的小辫子，告诉他，永远不回来了。岳讬很难过，腮边凝结两颗豆大的泪珠——为什么不回来了，佛阿拉有的是好玩的东西，树林里有的是小鸟、兔子、野鸡。他喜欢和哥哥杜度到树林去打鸟，祖父送给他一副弹弓，夹好石子，拉直，嘭的一声射出去，猎物连叫都来不及，就栽倒在草丛里。祖父说，赫图阿拉也有兔子、野鸡，岳讬不信。他经常站在佛阿拉眺望赫图阿拉，那里是一个平坦的土冈，有树，却不像佛阿拉这般浓密。佛阿拉是山，赫图阿拉是土冈，土冈哪有山上这么好玩。

不过，岳讬必须跟祖父走。全城的人都搬走，佛阿拉成了空城。岳讬骑在马上，频频回头，他留恋他的出生地，留恋满山的草木动物。

迁到赫图阿拉后，父亲开始教他习武。岳讬非常聪明，一学就会。父亲因为公务繁忙，他就自己舞刀挥棒，嘴里还大呼小叫。有时候，他会跑到祖父那里，缠着祖父教他。在祖父的调教下，岳讬的骑射功夫突飞猛进，十五六岁，就能随祖父出战。烽火狼烟熏陶了岳讬，喷薄的鲜血锻炼了他的胆量。岳讬青出于蓝而胜于蓝，祖父每逢出战，都会特意带上他，决心把这块璞玉琢磨成器。

和伯伯、叔叔一样，祖父再疼爱，战功也要自己去拼。岳讬出征不久，努尔哈赤鉴于他的表现，封为台吉。天命六年（1621年），后金迁都辽阳。后金在大举进攻辽沈地区时，岳讬英勇善战，崭露头角，战绩骄人。二月，努尔哈赤攻奉集堡，班师回营时，情报说附近发现明兵。岳讬和叔父德格类率兵追至黄山，大败明军。努尔哈赤攻沈阳，打败明总兵李秉成。岳讬跟随努尔哈赤、父亲代善和叔父皇太极，追到白塔铺，斩杀明军三千余人。

战场磨炼了岳讬，他过早成熟，而且表现出超凡的军事才能。天命八年（1623年）四月，辽东水肥草美，岳讬和叔父阿巴泰征讨蒙古扎鲁特部落。叔侄两个兵分两路，心往一处，截杀了劫持后金使者的酋长昂安父子。回到沈阳，努尔哈赤亲自率众迎接。天命十一年（1626年），岳讬随父亲代善再征扎鲁特部，杀死酋长，俘虏了部落民众。努尔哈赤大喜，封心爱的孙子为贝勒。岳讬本来可以在祖父的关爱下成长，但宁远战败，努尔哈赤急火攻心，最后病死。岳讬的精神偶像轰然倒塌。

祖父临终没有谁继位的遗诏，后金政权的高层人物——“四大贝勒”手握重兵，人人都想坐汗位。岳讬的父亲代善最有希望，另外三兄弟也不想轻易罢休，哥儿四个的火并一触即发。严峻形势下，岳讬没有支持父亲，而是替四叔皇太极做父亲的工作，他和弟弟萨哈廉提议：“国不可一日无君，宜定大计。四贝勒才德冠世，深挈先帝圣心，众皆悦服，当速即大位。”

代善本意继位，指望儿子站在自己一边，岳讬却“反水”，向着叔父皇太极说话。代善知道，自己是争不过四弟了。也许岳讬佩服皇太极是真心，也许是皇太极说服了岳讬，代善看儿子的态度，知道如果坚持不让，兄弟四人将展开一场残酷的厮杀，悲剧上演，后金几十年的心血会化为泡影。代善性情宽柔，虽然心中不快，但仍大度地说：“此吾素志也，天人允协，其谁不从。”大贝勒一做高姿态，谁好意思再闹？皇太极顺利地登上汗位。岳讬在这场汗位之争中，充当了“幕后英雄”的角色。

皇太极继位后，改年号为天聪。天聪元年（1627年）正月初八，刚刚过完春节，岳讬和二贝勒阿敏、济尔哈朗、阿济格、杜度等涉过鸭绿江，直抵朝鲜，顺便痛击了明将毛文龙。毛文龙盘踞的地方叫铁山，战败后，他逃往刺鱼坨，铁山的朝鲜人全部被后金俘获。八旗兵长驱直入，攻克义州、定州、汉山，渡过嘉山江，克安州、平壤，再进，至中和。朝鲜国王李倧惊恐万状，让老婆、孩子先逃遁江华岛。国王跑了，朝鲜国人大乱。二月五日，八旗兵攻占黄州，朝鲜国王心知，再打下去就亡国了，无奈遣使求和。

和还是打，后金将领产生了意见分歧。岳讬和济尔哈朗、阿济格等主张议和，阿敏不顾众议，执意要打。岳讬和济尔哈朗、阿济格两位叔父商定，不理阿敏，派人和朝鲜谈判。议和确定，岳讬对阿敏说："朝鲜既已定盟，我等统朝廷重兵，不可久留于外。且蒙古与明逼近我国，宜急归防御。"心有异志的阿敏听不进去任何忠告，一心想去朝鲜的王京。岳讬知道阿敏把自己的话当耳旁风，后阿敏以未签订合约为借口，纵兵劫掠。岳讬反感："盟成而掠，非义也。"岳讬唯恐再拖下去于后金不利，果断和济尔哈朗等派人前往江华岛，和朝鲜签订《江都合约》。朝鲜之战，达到了皇太极的预期目的，岳讬和济尔哈朗等同心协力，适时回京，避免了后金政权的潜在危险。

皇太极解决了朝鲜问题，开始集中精力蚕食明王朝这条肥蝉。五月初，明王朝调换边将，袁崇焕改变战术，于大凌河、锦州、小凌河等地屯兵。皇太极获得情报，率大军前往——他要为父亲报一箭之仇。岳讬和德格类、济尔哈朗等率精锐骑兵，猛攻锦州二十多天。袁崇焕防守严密，不给后金漏洞，八旗士卒消耗很大，毫无进展。皇太极无奈，于一个月后撤回沈阳。

二

继努尔哈赤之后，皇太极和袁崇焕再次交手，仍以失败告终。但他打出了士气，因而越挫越勇。这是后金的传统作风，努尔哈赤由弱小逐步强大，吞并群雄，皆因他的性格深处有一种锲而不舍的精神。皇太极等优秀的人亦是如此。后金八旗兵回沈阳两个月后，皇太极获得情报：牛庄发现明军船只。他立即派岳讬前往侦察。岳讬到了牛庄，果然发现明军，他果断出手，杀死明军，抢夺了船只。

小股骚扰，局部小胜，不关乎大局。皇太极一心想拿下锦州，撕开明王朝的"屏风"。只要锦州失守，山海关就是最后一道防线，山海关一破，明王朝就将一命呜呼。1628年五月，皇太极派岳讬和阿巴泰骚扰锦州、杏山、高桥三城，及以东二十一座敌台。这一战没有大的战果，却意义非常——皇太极想一探明军虚实，为下一步行动做准备。牛刀小试，按原定计划完成任务，皇太极奖给岳讬一匹良马。

接着，大规模的袭扰开始。岳讬和济尔哈朗率部进攻宁、锦，烧毁所经之地的明军积聚，明军补给受创，被俘三千多人。天聪二年（1628年）十月初，皇太极借凉爽之秋，偕后金身经百战的几大名将——岳讬、济尔哈朗、阿巴泰、萨哈廉、阿济格、多尔衮、多铎、豪格、杜度及八旗精锐，第二次征宁、锦。这一仗，皇太极背水一战，志在必得。此战就像萨尔浒大战的战略意义一样，关系到后金的兴衰。所以，皇太极这次派出的是后金最强大的阵容。此外，他还调集蒙古科尔沁奥巴等二十三位贝勒出兵会攻，以确保战役的全面胜利。

稍稍留意，我们就看到，这个强大的阵容中没有阿敏和代善。其实，两人也在众将之列，只是他俩被皇太极收回并坐议政大权后，在闹情绪，故出征士气不高。甚至，他俩还找皇太极进言回师沈阳。理由是，倾全国之力打宁、锦，对手老谋深算，万一受挫难返京都，几十年心血将毁于一旦。阿敏和代善手握重兵，说话有分量，皇太极碰了钉子，又不想受制。为难间，岳讬等人站出来，力挺皇太极。他们从大局出发，认真分析敌我形势，一致认为，攻打锦州是正确的战略抉择。

大家说服了代善和阿敏，军队继续开拔。岳讬和济尔哈朗是一对铁搭档，按作战部署，两人率右翼夜攻大安口，捣毁水门入长城。大安口明军见后金大军如蚁，慌忙求救。马兰营援兵刚到城下，就被岳讬和济尔哈朗堵截。天明，晨曦中夜雾消散，后金发现山上有明兵营地，济尔哈朗和岳讬分兵，前者上山消灭小股明军，后者驻山下截杀逃下山的溃兵。两员大将配合默契，心意相通。刚歼灭山上的小股明军，遵化方向的明朝援兵又赶到了。岳讬对济尔哈朗说："我当击之。"岳讬冲锋，济尔哈朗殿后，两人五战五捷，八旗兵欢呼雀跃。之后，两人和阿巴泰会师遵化，直捣北京。他们先占领顺义，继而击败明大同总兵满桂的援兵。随后，岳讬偕弟弟萨哈廉围攻永平、克香河。因为全国兵力在外，沈阳城内空虚，皇太极为防万一，从前线调回岳讬，留守沈阳。

国君一手武力，一手法度，后金不乏勇武，若法度执行不严，官民无束，久而久之必互相生怨，扰乱国家秩序。俗话说，没有规矩不成方圆，皇太极要找到病根，对症下药。他召集贝勒、大臣开会，内容是："国人怨断狱不公，何以弭尔？"岳讬未加思索，第一个站起来说："刑罚舛谬，实在臣等。请上擢直臣，近忠良，绝谗佞，行黜陟之典，使诸臣知激劝。"想做一个好的统治者，要近君子、远小人，严肃法纪，上行下效，这是基本原则。岳讬的话，皇太极深以为然。

岳讬和皇太极交情不浅，当年如果没有岳讬做代善的思想工作，皇太极要登基也不见得会一帆风顺。所以，两人是政治盟友。皇太极初设六部，重用岳讬主管兵部。兵部和工部、户部不同，它的好坏跟国家机器的运转挂钩，管理得不好，开疆域、拓国土就会成为一纸空谈，甚至自己攻破自己。皇太极把兵部重任交给岳讬，可见对其信任之深。

完善了内部管理机制，已进入天聪五年（1631年）八月，皇太极亲率大军再次向西挺进。这次的作战部署是，皇太极率诸贝勒攻大凌河，赴广宁。岳讬和阿济格绕道义州，与皇太极会师。皇太极这次采取围而不攻的战术，八旗兵绕大凌河城驻扎，营盘四十五座，周围绵延二十五公里，环城挖四道壕堑，把城围得像铁桶。援军进不来，城内的人出不去。皇太极稳稳当当地坐在城下，等着祖大寿投降。祖大寿是员虎将，皇太极喜欢他，曾几次招降。皇太极有耐心，要像诸葛亮七擒孟获一样，让祖大寿心服口服。这一次，皇太极仍在等。

围城到了十月，锦州城外秋色宜人，禾丰谷熟；锦州城内却是"粮绝薪尽，兵民相食"。祖大寿再也坚持不下去，决定率部投降。他怕皇太极不相信，先派儿子祖可法出城做人质。皇太极委托岳讬接待祖可法。当祖可法来到后金兵营，迎接他的是女真人最高礼仪的抱见礼。心提到嗓子眼的祖可法一下子放松下来——他看到了后金的招降诚意。双方落座，岳讬问祖可法："你们粮草柴薪断尽，军民争相为食，死守空城是何用意啊？"祖可法放下手中的茶杯，说道："因为怕你们屠杀降民，所以迟疑。"岳讬这才明白，原来汉民有顾虑，降是死，不降也是死，左右都是死，莫如死得有骨气些。岳讬和颜悦色地解释："杀辽民是太祖时候的事了，我们也有追悔。杀永平降民的是二贝勒阿敏，他已受到了严厉的惩罚。皇上（指皇太极）继位以后，遵循礼仪，爱民如子，放心吧，我皇一定不会亏待你们的。"

岳讬是善于做思想工作的，他能说服父亲，就能说服祖可法。果然，他的政策宣传起了作用，祖可法流露出感动、信任的神情。岳讬见好就收，让祖可法先回去，把后金招降的诚意转告祖大寿。三天后，祖大寿投降。祖大寿投降后，皇太极又盯上了锦州，令诸贝勒统兵四千，换上明军服装，假扮败军，偕祖大寿企图夜袭锦州。不巧，当夜大雾弥漫，伸手不见五指。皇太极不得不中止了夜袭计划。

三

岳讬聪慧睿智，考虑周全，大凌河战役结束后，他总结出一个道理：武力征服不了人心。为此，他向皇太极奏疏："前克辽东、广宁，汉人拒命者诛之，后复屠滦州、永平，是以人怀疑惧。今天与我大凌河，正欲使天下知我善抚民也。臣愚以为，善抚此众，归顺者必多。当先予以室家，出公帑以赡之。倘蒙天眷，奄有其地，仍还其家产，彼必悦服。又各官宜令诸贝勒给庄一区，每牛录令取汉男妇二人，牛一头，编为屯，人给二屯。出牛口之家，各牛录复以官职赏之。至明诸将士弃其乡土，穷年戍守，畏我诛戮。今慕义归降，善为抚恤，毋令失所，则人心附，大业成矣。"

他认为安置大凌河降民是个契机，后金应动用国库资金，妥善安置降民，从贝勒们所属的牛录中抽出牛马、奴隶，分给各级军官等，用实际行动改变后金在汉民中的屠夫印象，以此吸引大批汉军民降服，则大业必成。皇太极看完奏疏，觉得岳讬分析得丝丝入扣，对后金有百利而无一害，全盘采纳实行。

大凌河全胜，压制了明朝在山海关外的军防，明朝从此无力反扑，只能死守。皇太极腾出时间，转而攻打察哈尔的林丹汗。1632年三月，东北大地冰雪初融，乍暖还寒。皇太极征集蒙古兵，远征察哈尔。察哈尔是皇太极的一块心病，不铲除林丹汗，蒙古不能统一；铲除林丹汗，茫茫草原才能成为他的领土。林丹汗是成吉思汗的后裔，血液中流淌着祖先的桀骜，是后金统一蒙古的一只拦路虎。皇太极发了狠，不剿灭林丹汗决不收兵。他亲率远征军，日夜兼程六百公里赶到察哈尔。林丹汗兵少将寡，抵挡不住后金的铁骑劲旅，仓皇西奔。皇太极穷追不舍，一个逃，一个追，捉迷藏一样地纠缠到五月下旬。后金追至木鲁哈喇克沁，兵分三路，岳讬与济尔哈朗、德格类、萨哈廉、多尔衮、多铎、豪格率右翼二万人，以每日三百五十公里的速度进军归化、黄河流域。林丹汗闻讯，抢渡黄河，西逃青海。

皇太极听说林丹汗逃亡青海，下令还师。这次出兵历时三个多月，往返行程上万里，林丹汗虽然没有被完全消灭，但他已大伤了元气，一度强大的察哈尔部土崩瓦解。

追击林丹汗回沈阳后，八旗兵整饬休息。天聪六年（1632年）九月，皇太极又派岳讬出去，与德格类配合，从沈阳至营口旧界一路攻到盖州以南，把这一带土地纳入了后金。

智者明鉴，晓利害而谋深远。和济尔哈朗、阿巴泰等人一样，在皇太极召集的关于三家对手先吃掉哪家的会议上，岳讬是坚定的攻明派。他照着老搭档济尔哈朗的思路往下说："目前的形势于我们有利，宜乘最佳时机图山海关、通州或燕京的其中一城，在关内站稳跟脚。"有了这些人的支持，皇太极拍板定案：先干掉明朝这个老对手。

后金与明朝一进一退，局势出现一边倒。天聪七年（1633年）八月，岳讬和德格类再度合作，率左右两翼八旗及明降将孔有德、耿仲明等汉兵上万人，攻旅顺口，缴获大量财物。汉将孔有德、耿仲明及其部下纪律不严，对降民大肆搜刮，贪污缴获的财物。岳讬看在眼里，藏起不平，没露出半点不满之色。德格类等人看不惯汉将贪得无厌，要和汉将理论，岳讬劝他们委曲求全，切勿因小失大。这避免了汉将与八旗军士的冲突。皇太极非常赞赏岳讬的大度，回沈阳时，亲自出郊迎接，并金杯赐酒。

皇太极当政期间，有两次阅兵，一次在山西，另一次在沈阳。阅兵的目的，无非长自家威风，灭敌人士气。岳讬主管兵部，阅兵的一揽子计划安排，非他莫属。岳讬做得十分到位，他把阅兵地点定在沈阳城北郊的浦河。三百年前，浦河还是荒原，没有人居住。天聪八年（1634年）三月上旬某日，一阵惊天动地的鞭炮声响过，阅兵式开始。岳讬把检阅台设在视野开阔的山岗，红毡铺地，台上披挂红绸，台下敲锣打鼓，热闹得如同过节一般。后金的领导层站在检阅台上，岳讬策马八旗军前，镇定地指挥受阅队伍从台前缓缓经过。皇太极看着逶迤十多公里的八旗大军，举着耀眼的旗帜，牵引着炮膛系红绸的大炮，整齐划一的骑兵，龙颜大悦，鼓掌叫好。大阅兵圆满成功，既展示了八旗兵的整体素质，也体现了岳讬的治军才能。阅兵后，岳讬随皇太极再次出征察哈尔，大概是忙于阅兵体力消耗过大，阅兵后精神松弛，反而途中患病。皇太极亲自去帐中看望，强迫岳讬回沈阳休息。

林丹汗苦于皇太极的穷追不舍，逃到河西，染痘病死了。老子死了，儿子还在，皇太极为斩草除根，以绝后患，派岳讬、多尔衮等人率一万精骑，过黄河，西寻林丹汗之子额哲。1635年三月末，青草萌发，枯黄的草原生机无限，地鼠钻出洞，啃噬新鲜甜蜜的草根，牛羊沐浴春风，在草原上自由漫步。这时候，岳讬和多尔衮在西喇珠尔格草原意外地遇到林丹汗的妻子囊囊太后。囊囊太后不是准备和岳讬决一死战的，而是带领一千五百余名部下归降。岳讬喜出望外，好言宽慰了老太后。老太后经不住哄，一激动，说出了额哲的匿身之地。岳讬和多尔衮纵马疾驰，星夜兼程，抵达托里图。额哲见后金兵从天而降，知道被逼到绝路，不投降唯有死，只好放弃抵抗，献上传国玉玺。老婆和儿子都成了别人家的，林丹汗的魂魄，独自游荡在大漠之上。

四

没有永远的敌人，也没有永远的朋友。岳讬和皇太极这对政治盟友，在长期的合作之后，亲密关系出现拐点。岳讬没想反对皇太极，而皇太极却想打击岳讬——阿敏、莽古尔泰先后被皇太极铲除，为进一步加强皇权统治，他对代善家族也由笼络转为打压。代善对皇太极这种卸磨杀驴的终极目的一清二楚，不予回应。皇太极的重拳打出去，犹如击在棉花上。皇太极不甘心，把锋芒转向岳讬，指责岳讬偏听哈达公主（莽古济）。哈达公主因受莽古尔泰案牵连，论罪死。岳讬作为哈达公主的女婿，亦受牵连。岳讬有点被铁杆政治盟友戏耍的感觉。但他的性格当中有父亲的遗传因子，皇太极来势汹汹，他却风平浪静，以柔克刚。

皇太极是铁腕人物，在扫清了障碍以后，1636年四月，他改元称帝。他称帝的第一件事，就是大封群臣。皇太极觉得岳讬还有价值，而且他也知道，岳讬和其父一样擅长以柔克刚，再念其功劳苦劳，就晋封岳讬为成亲王。然而，皇太极毕竟是皇太极，老担心有人和他抢帝位，晋封岳讬四个月后，他就反悔了。他说岳讬“坐循庇莽古尔泰、硕讬，及离间济尔哈朗、豪格，论死”。为了表示他的宽宏大量，又免岳讬死，罢免兵部主管，革去王爵降为多罗贝勒，罚银一千两。

这个处罚够狠，折磨得岳讬情绪极度低沉，心情烦躁。1637年八月，皇太极命两翼王爷、贝勒武场较射，岳讬也参加。岳讬不会像阿巴泰那样泡病号，照实说手软不能执弓。皇太极见岳讬不愿意，再三鼓励。岳讬推托不过，拿起弓箭，但发出去的箭大多落地。校场一片嘘声。岳讬愤然地把弓箭扔在地上，掉头而去。皇太极被晾在校场，愣了半晌。两个政治盟友闹掰，吃亏的还是岳讬——诸王进言，岳讬藐视皇上，当死。皇太极又装好人，把岳讬降职贝子，罚银五千两。

经过一连串的打击，岳讬心灰意懒，和皇太极的私人交情一刀两断。皇太极达到打击岳讬的目的后，又给他一颗甜枣。有一天，皇太极把他叫到勤政殿，虎着脸训斥一顿，说一些先抑后扬的话，温暖岳讬，又任他为多罗贝勒，管理旗务。两人谈得很好，貌似冰释前嫌。崇德三年（1638年）八月，皇太极重新起用岳讬，授扬武大将军，统右翼军，和左翼多尔衮兵分两路深入明辖地。出征这天，皇太极亲自把酒送行，祝大军旗开得胜，早日归来。

先封贝勒，再封将军，皇太极要的是岳讬的军事才华，想得天下，这种人才是离不开的。但皇太极的祝愿化成泡影，这次他没有盼到岳讬归来。岳讬率兵攻克地形险要的墙子岭，从岭东侧入长城，沿燕京西至山西界，又从山西转战山东，纵横数千里，败明军十六仗。占领济南后不久，岳讬不幸染上天花，命丧异乡。

崇德四年（1639年），多尔衮遣人向皇太极呈报大捷。皇太极见没有岳讬的署名，吃了一惊，一问，才知道岳讬已病死于济南。皇太极惊闻噩耗，悲痛万分，几天没有吃饭，并下口谕，岳讬病死的消息暂对礼亲王代善封锁——他怕年老的代善经不住丧子之痛，有个三长两短。这时候，他才从内心深处感到惭愧，觉得愧对岳讬的赤胆忠心。岳讬的灵柩运至沈阳近郊，皇太极赶到沙岭含泪遥奠。回到沈阳，皇太极下诏罢朝三天，为岳讬吊丧，并追封其为克勤郡王，赐骆驼五头，白银一万两。这一对政治盟友的心灵间隙，终于在岳讬付出生命之后弥合了。

悲情肃亲王

豪格，母亲是皇太极的继妃海西女真乌拉那拉氏。他出生于1609年三月，这个月份，使豪格与叔祖舒尔哈齐的命运有某种共通性——舒尔哈齐被幽禁，豪格降生。时隔三十九年，豪格步其后尘，冤死狱中。

一

竹生江南，中通外直，亭亭玉立。辽东本无竹，赫图阿拉乃一土冈，亦无竹种，常见榆、杨，像花甲老人，穿越时空，沧桑遒劲。但这方圆数里的横冈也生异质，如箫竹，几百年只产一株，前无古人，后无来者。此箫竹非竹，是人中之竹，盖指一位哈姆雷特似的悲剧王子——皇太极的长子豪格。

豪格，母亲是皇太极的继妃海西女真乌拉那拉氏。他出生于1609年三月，这个月份，使豪格与叔祖舒尔哈齐的命运有着某种共通性——舒尔哈齐被幽禁，豪格降生。时隔三十九年，豪格步其后尘，冤死狱中。

或许是豪格给赫图阿拉带来福音，他降生的前一个月，努尔哈赤上书万历皇帝，请求令朝鲜归还其境内的一千户瓦尔喀部落民众。万历皇帝出面调停，朝鲜如数交还。赫图阿拉人口激增，努尔哈赤眉飞色舞，这一年他五十一岁，没几天，上天又赐给他一个孙子，可谓双喜临门。

1610年，1611年，努尔哈赤和他的“五大臣”东夺西掠，滹野路、渥集部等皆被收伏。1612年十月，努尔哈赤给三岁幼童豪格添了一个叫多尔衮的叔叔。这是冥冥中安排给豪格的冤家：既生瑜，又生亮，相生相克，鹿死谁手，玩的是生存技巧——封建政治不讲亲情、悲悯，只讲利己主义，鲜血与生命是铺路石，没有爱，功利至上。

二

冬季的赫图阿拉万籁俱寂，白色的城堡宛如童话雪国。在这幅凝固的山水画里，到处是豪格童年的影子。在雪城里游逛，或许在旧墙边相遇，或许在正白旗门外碰头，不管在哪里，笔者在幻想中总有一张白雪样纯净的脸庞，一个孩子的笑容。那时候，他没有仇恨，没有权力欲，祖父、父亲、叔父以及哥哥、大臣们上马征战，下马建国，在他看来还没有捉蚂蚁好玩。十几岁，豪格的童年游戏发生质的飞跃——从捉蚂蚁演变为捉人，像碾死蚂蚁一样碾死敌人。

十五六岁的豪格到了出征的年龄，祖父带着他远征蒙古、察哈尔、鄂尔多斯等草原部落。第一次看到美丽的大草原，新奇、激动，蒙古人手持弯刀冲上来的时候，生的欲望让他亢奋，女真人骨子里的好斗激励着豪格冲锋陷阵，逞少年之勇。这只嫩翅膀的海东青，在血光中露出我武惟扬之色。祖父努尔哈赤对他大为赞赏，几场仗下来，封豪格为贝勒——越级提拔，即越过低级的台吉官衔，直接跃升贝勒。

升为贝勒的豪格一发不可收，天命十一年（1626年），他随大贝勒代善远征蒙古扎鲁特部落，斩杀扎鲁特贝勒鄂齐图，俘虏部落百姓回归。这一年，他的父亲皇太极荣登汗位，豪格一跃成了后金骄子，为大众瞩目。或许，后金高层统治阶级在当时就看到了豪格的灿烂未来。但命运是一张鬼脸，倏忽即变，精心的设计，往往一个差池就会前功尽弃。理想永远屈服于现实，这便是残忍和捉弄。

皇太极继位后，朝思暮想占领辽西，在内部整肃后，发动攻取锦州的战争。豪格与德格类先败明军，再率偏师保卫塔山，充当运粮队。运粮途中，突遇两万明援军，敌强我弱，豪格冷静智取——趁明军掉队，他率八十人巧妙穿插，寻找缝隙突然袭击，大乱明军。豪格颇有祖父遗风，以少胜多是看家本领，这第一要有胆略，第二还是要有胆略。

后金新大汗野心勃勃，战争频仍，在辽西虚晃一枪后，回身重拳出击蒙古。豪格与济尔哈朗如探囊取物，直击固特塔布囊部落，杀死部落贝勒，部众收归为后金臣民。天聪三年（1629年），皇太极绕道科尔沁，万千铁骑踏过草原，威胁北京。豪格同莽古尔泰率军到通州渡口，迫近北京。后金甩开山海关直取北京，袁崇焕和祖大寿都被吓得不轻，两人没想到皇太极玩起黑虎掏心这招，急调两地部队飞驰八百里救援。八旗兵与山海关、锦州两地明朝援军决战于广渠门外，明军重兵据右。莽古尔泰命豪格等人迎击。豪格率所属八旗兵冲击明军阵营，直至城壕，明军不抵豪格之勇，兵败如山倒。皇太极一计得逞，气焰嚣张。同年十二月，皇太极派豪格、岳讬围攻永平，永平陷，又攻下香河县，豪格和岳讬劫掠人口、财物扬长而去。锦州、北京、永平三场大战锻炼了豪格，他也在大战中崭露头角，树立了威信。

对明朝与蒙古，皇太极一直在两边打压，今天炮击老冤家明朝，明天教训蒙古各部落。北京、永平两战，后金压制了明朝，使之不敢硬碰，缩在北京城内提心吊胆。接着，八旗兵掉转马头驰往察哈尔，收归了草原上的人畜。回归途中，豪格移师明边，抢劫归化等城池，收获甚丰。这次出征成绩突出，士卒拥护，将官折服，豪格呼声日高。天聪六年（1632年）六月，豪格晋封为和硕贝勒，开始参与后金政事——和其他人一样，豪格的政治地位是靠战场上打出来的，没有因为他是大汗的儿子而予以特殊关照。不搞特殊化，不讲出身背景，八仙过海，各显其能，后金的用人机制非常理智。

拥有议政权，意味着拥有话语权。和多尔衮、多铎、济尔哈朗等人一样，豪格也是主张攻明派之一。当皇太极问明朝、朝鲜、蒙古先打谁的时候，豪格说："征明，如徒得锦州，余坚壁不下，旷日持久，恐老我师。宜悉我众及边外新旧蒙古从旧道入，谕各屯寨，以我欲和而彼君不答，彼将自怨其主。再用更番法，俟马肥，益以汉兵巨炮，一出宁远，一出旧道，夹攻山海关。不得，则屯兵招谕流贼，驻师通州，待其懈而击之。朝鲜、察哈尔且缓图焉。"豪格这一招比较毒，有嫁祸于人的味道——他说：征明，不能为攻锦州而攻锦州，若一时攻不下来，旷日持久，恐怕我军心生厌倦。有一个较好的办法是，率我精兵及边外新旧归附的蒙古人，从旧道入明地，布告途经屯寨，我们想和明朝议和，但你们的皇帝不予答复。这样，百姓官吏必怨恨明朝，人心离间。另外，等战马养肥，利用汉兵大炮，一路出宁远，一路出旧道，夹击山海关。如果攻不下来，可屯兵通州，招收土匪，等待明军松懈，一举歼灭。且不论豪格的计策有多少利弊，单说嫁祸于明，这也是所有主张攻明派中的唯一怪招——挑拨离间，破坏明的内部关系，后金坐收渔利。有其父必有其子，豪格毕竟是皇太极的儿子。

八月，豪格与阿巴泰等人进攻山海关。这一次，他们的主要目的是扫荡，弄点战利品，给山海关一个下马威，为发动大举攻势打前站。天聪八年（1634年）七月，扫荡近一年后，后金的马匹养得膘肥体壮，皇太极攒足精神，亲统八旗士兵向明朝叫阵。八旗兵由宣府赴朔州。豪格同额驸扬古利捣毁边墙，分道进军尚方堡，略朔州及五台山，之后从皇太极巡视大同，阅兵——长城逶迤万里，巍峨高耸于崇山峻岭，其实是自欺欺人。清王朝坐稳江山后，长城内外一统，不再需修整以拒外族，因为天下已真正成为一家。

三

皇太极采用交替战法，打了明朝打蒙古。天聪九年（1635年）二月，豪格、多尔衮、岳讬等统兵征讨察哈尔部，他们对成吉思汗的子孙林丹汗穷追猛打，一路追到河西。其子额哲穷途末路，献出传国玉玺归降。豪格与多尔衮回到归化城，岳讬生病留养。豪格同诸贝勒继续推进，擦着山西边缘，毁宁武关，入代州、忻州，抢掠一圈，又到归化，与病愈的岳讬回师，返回沈阳。

十几年南征北战，豪格有苦劳有功劳，其父皇太极幸得传国玉玺，自认吉人天相，遂在沈阳称帝，大封群臣。豪格晋封和硕肃亲王。二十七岁的和硕肃亲王早已褪掉孩子气，童年和少年时期的生活只留在记忆和梦乡中。这个标准的大清军人形象，在赫图阿拉的草木山水间，再难以与那个孩子的影像重合。在出生地，豪格无忧无虑地成长，没有抱怨，没有负担，没有打击；到了成年，尤其随着政治身份的日益提高，群众基础日益牢靠，他的功利心也像体内寄生的毒瘤，一天天膨胀起来。

封王不久，豪格遭遇了人生的第一次挫折——向连襟岳讬发牢骚，对皇太极处理莽古济一案心怀不满。论辈分，莽古济既是豪格的姑姑，又是豪格的岳母。莽古济的大女儿嫁给岳讬，二女儿嫁给豪格，豪格有心里话，自然向连襟倾吐。莽古济受莽古尔泰、德格类谋逆案株连论死，他的儿子与莽古尔泰的儿子及相关重要人员一千多人全被镇压。这场惊天大案搞得人人自危，豪格审时度势，竟抽刀把妻子杀了——莽古尔泰弑母邀宠是疑案，豪格杀妻邀宠则属千真万确。皇太极对儿子大义灭亲的行动好像挺赞许，在分割莽古尔泰的财产时，豪格得到八个牛录，改编后的正蓝旗也归他统领。

非常时期，杀死妻子情非得已，豪格心中波澜起伏，内疚与怀念交织——亲王是用妻子的生命换来的，地位升迁浸着爱人的鲜血。豪格幽怨，和岳讬聊天时时常流露。不知是谁打的小报告，皇太极听到后龙颜大怒，召集诸王商议处罚两人。通过会议研究，一半人主张处死，另一半人倡议监禁。意见分歧。皇太极最后裁断说："他俩一个是我的儿子，一个是我的侄子，若加诛戮，将招致恶名，宜从宽处理。"皇太极遂把儿子降为贝勒，解除公职，成为户部的一名管理人员，另罚银五千两。

被亮黄牌，豪格才知道，是父皇手下留情，死里逃生后，心生余悸，再不敢造次。不久，豪格与多尔衮进攻锦州，这时，两人还保持着良好的叔侄关系，没有利害冲突，配合默契。两人在锦州大显身手，抓获明将胡有升等人。念其痛改前非，皇太极又恢复了豪格的户部官职。

十二月，皇太极征朝鲜，豪格与多尔衮再度携手，统女真、蒙古及外蒙左翼兵，从宽甸入朝鲜。翌年正月，豪格进长山口，克昌州，败安州、黄州军，兵压宁边城。朝鲜国王李倧惧怕这尊战神，慌忙从各地调兵支援宁边。豪格围困宁边，派将拦截援兵，活擒朝鲜总兵。他又拿下宣屯村，村民说，黄州守将听说国王被困，遣一万五千兵前往支援，已经走三天了。豪格听到这个消息，立即率军急驰一昼夜，赶到陶山打败黄州援军，活捉其将领，为总攻赢得宝贵时间。

豪格带战功从朝鲜回沈阳，不久又触犯律法——固山额真鄂莫克图欲强娶蒙古台吉博洛之女，为达目的，献媚豪格，争取他的支持。事发，皇太极咬牙瞪眼，怪儿子放纵手下，定了一项"豪格不治其罪"，罢免户部官职，罚银一千两。

丢官、罚款，自尊心受挫，但这毕竟是连带责任，豪格不是主犯，拥护者依旧拥护他。为挽回面子，崇德三年（1638年），豪格奉命率军从董家口捣毁边墙入关，败明军于丰润；遂下山东，降高唐州，略曹州、东光；又遣二千骑兵，于滹沱河畔摆阵郭太监的明军，克献县。这一战打了七个月，崇德四年（1639年）四月回到沈阳。豪格憋着一口气作战，立功受奖，皇太极奖其马两匹，银一万两，并官复原职。豪格千辛万苦，总算找回心理平衡，丢掉的银子、官职失而复得。

或许是命运的不期然，豪格和多尔衮有意无意地被拴在一起；或许两人都太出色，皇太极有意把他们捆在一起。在空旷寂静的赫图阿拉，豪格与多尔衮相互纠缠着。在这座城堡里，他们是两个一般大的孩子，满地追逐打闹。少年、青年，叔侄亲情浓厚，互相关爱。战场上，两人几度联手，无坚不摧——1640年六月，豪格与多尔衮屯兵义州，两人不劳而获，把锦州的庄稼提前收割；攻克九座墩台，两座小凌河西墩台。明军不堪其扰，白天不敢出动，夜间突袭镶蓝旗大营。豪格与多尔衮双双出战，大败偷袭的明军。接着，两人一起率兵袭击洪承畴，搞得洪总督慌了神。十二月，这对铁杆搭档再围锦州，他俩本应该在锦州附近扎营，却跑到远离城区的三十里外驻扎，并私自让士兵放假回家。这两人以为将在外军令有所不受，恃宠自傲，公然违反军令。此事被皇太极追究——好你们两个，一唱一和，眼里还有我这个皇上吗？降职，两人均被降为郡王。

皇太极在任时，叔侄两人同荣同辱，未生嫌隙。同时被降职，同时被起用，皇太极对他俩确实格外重视。双双被降为郡王的第二年，豪格与多尔衮、济尔哈朗再围锦州，击败松山及山海关援兵，缴获五百匹战马。洪承畴带十三万大军增援，皇太极也从沈阳飞驰到锦州，驻高桥。豪格和多尔衮恐距敌太近，城内城外夹击，请求皇太极改驻松山、杏山之间。清军、明军将锦州塞满，山上平原人喊马嘶，一副壮观而又山雨欲来的飘摇之态。松山明将夏承德害怕近在咫尺的清军把自己当过河卒吃掉，拿儿子当人质，密约降清。豪格和多尔衮收到人质，派左右翼夜间搭梯入城，晨曦微露时分，克松山，洪承畴及巡抚邱民仰被俘，杀死官员近百名，明军阵亡六千多人。随之，皇太极驻杏山，与多尔衮、济尔哈朗克塔山。

三角关系最紧密牢靠。三人精诚合作，辽西之战使其声名大震，如日中天。豪格在战功方面，不逊于多尔衮，也拥有一批支持者。但在紧要关头，豪格的懦弱性格让他再次受挫，痛失皇位。皇太极急病而亡后，为争夺皇位，多尔衮和豪格皆磨刀霍霍。此时，大清日受汉文化影响，借鉴父死子立之风俗，但兄终弟及也是满洲惯例。皇太极一死，给众人出了个大难题。国不可一日无君，第五天，多尔衮单独召见索尼，套其口风。索尼是皇太极的亲信，跟多尔衮竹筒倒豆子：先帝有皇子在，应在皇子中选立。索尼的话代表了一个派系，多尔衮听出弦外之音，权且再议。

四

在索尼那里碰了一鼻子灰后，多尔衮改变策略，第二天，群臣在崇政殿复议。两大派的斗争白热化，崇政殿飘着浓烈的火药味——两黄旗大臣命护军全副武装，环立大殿。会上，索尼和鳌拜首先发言，提出立皇子。资历最高的代善也表示，豪格为先帝长子，应立为帝。连代善都说立长子，豪格这边形势大好。但就在这时，豪格却言不由衷地说了一句："德小福薄，难以承担。"豪格的推辞确实也有难以启齿的忧虑——杀妻邀宠，违背传统道德价值观，为之德小；生身母亲地位卑微，谓之福薄。皇太极有后妃十五人，尊贵的有清宁宫、关雎宫、麟趾宫、衍庆宫、永福宫。五宫均出身蒙古贵族，清宁宫、关雎宫、永福宫又是贵中之贵。豪格的母亲乌拉那拉氏不在其列，嗫嚅福薄，倒有几分自知之明。一个德小福薄的人，怎么可能君临天下，威加四海?

豪格半真半假地一推让，阿济格与多铎顺势提议立多尔衮，两白旗将领坚决拥护。多尔衮犹豫沉吟，他想看看风向再定。多铎见多尔衮迟疑不决，索性推荐自己，又推荐长兄代善。多尔衮坚决不同意立多铎，弟弟是聪明，要当皇帝却是痴心妄想。代善见事态不妙，推托自己年老借故溜走。会议再开下去，就会变为流血事件——两黄旗大臣手握佩剑，说："先帝之恩大如天，若不立先帝之子，我等宁死追随先帝。"多尔衮一看这阵势，提议折中：立六岁的福临。他和济尔哈朗辅政，待福临长大，当即归政。

鹬蚌相争，渔翁得利。在这场暗潮汹涌的斗争中，获利的是九皇子福临。福临糊里糊涂地成了最大的赢家，没码一张牌，凭空赚来一个皇位。如果豪格说自己福薄，那么毫无疑问，福临是自娘胎里带来的福厚，这也要感谢他的母亲，永福宫的庄妃。或许，她宫名中的"福"字应验到了儿子身上。

豪格不进反退，丢了唾手可得的帝位。有人说，豪格痛失帝位，不在于双方的实力对比，而在于他患得患失的性格。原本他有两黄旗的支持，再有自己的正蓝旗；济尔哈朗态度暧昧，如果投票选举，他宁投豪格也不会投多尔衮，原因只有一个：皇太极生前对济尔哈朗不薄。但大清入关前后形势诡异多变，豪格如果接过国家重任，能否担当还是未知数。如果让豪格继位，大清可能会毁于旦夕——豪格的魄力、才略、抱负远逊于多尔衮。有了高瞻远瞩的多尔衮，清军才能入关，扫平群雄，一统天下。豪格个人之不幸，却是国家之大幸。

大权旁落，功亏一篑。豪格并未反思自己的优柔寡断，而是把一肚子邪火撒到多尔衮的身上。1644年四月，顺治继位的第七个月，固山额真何洛会检举豪格，揭发他经常中伤摄政王，说“睿亲王素善病，岂能终摄政之事”，就是说多尔衮疾病缠身，会短寿，等等。当时大清正欲大举入关，本该上下同心，团结一致，豪格散布流言不看时局，犯了众怒。多尔衮乘势打压豪格，来个“三堂会审”。结果，豪格的心腹俄莫克图、议政大臣扬善、伊成格、罗硕等均被处死。豪格本人也差点一命呜呼，幸亏福临心疼长兄，终日哭闹，才免他一死。但他仍被削爵，夺七牛录，罚银五千两。

十月，福临进京，再次举行登基大典，分封诸王。福临念及豪格从定中原有功，恢复其肃亲王爵位。但几经挫折，豪格的地位、声望、势力已严重受损。失小节而伤筋骨，入关后的豪格沮丧、烦闷。冬天，豪格率军出京入山东，去济宁地区镇压满家洞农民军。这一次的心情几近于皇太极重罚他的心情，一方面需要发泄，另一方面他确有军事才华，在济宁大破农民军，堵塞农民军山洞二百五十一处。

济宁连胜，缓解了豪格的愤懑，待心态稍微平和，他开始创造一生最辉煌的战绩——顺治三年（1646年），豪格被任命为靖远大将军，西征李自成的大顺军。三月，师抵西安。大顺军在豪格的攻势下，宋大杰、贺洪器等主要战将投降。豪格还派人进攻庆阳，斩杀了守城军将。五月，他又大败刘文炳、康千总、郭天星所部。时大顺军贺珍、二只虎、孙守法据汉中、兴安，武大定、高如砺、蒋登雷、石国玺、王可成、周克德据徽县等地。豪格自西安分兵进击，蒋登雷、石国玺、王可成、周克德投降，其余逃跑，兴安、汉中、徽县等地全部被清军占领。陕西平定。

十一月，豪格率军入川。此时张献忠据西充。对于攻打张献忠，豪格非常谨慎，派出强大阵容——先锋为“满洲第一勇士”鳌拜，自己亲统大军跟进。时值大雾弥天，张献忠刚愎狂傲，未加提防，清军突至，他仓促迎战。混乱中，张献忠被豪格一箭封喉（一说为豪格部下雅布兰射杀）。清军攻破西充，农民军死数万人，尸体成墙，枯骨成山。捷报传回北京，顺治皇帝通令嘉奖，豪格用军功一吐心中块垒。

张献忠死于豪格之手，后世编造了一个故事，说张献忠曾在一座古塔中拆出一块碑，碑上刻有两句话，后句是：吹箫不用竹，一箭贯当胸。“吹箫不用竹”自然指肃亲王；“一箭贯当胸”，指张献忠毙命于豪格手下早有预兆。但故事没有可信度。清人樊彬的《燕都杂咏》诗对豪格一生倒有小结：

“名王昭伟绩，马鬣认崇封。不见吹箫竹，惟余偃盖松。”“偃盖松”，指豪格墓地上的松树，枝干强壮，绿荫匝地。

五

松影盖地遮天，箫竹不知何处。徜徉赫图阿拉，吟哦清人的诗句，笔者幻觉一杆箫竹在一方素白中孑立。读豪格，读悲情王子的悲情人生，宜在隆冬时节。万物无声，足踏积雪吱吱咯咯，一行行脚印像四个世纪前蹒跚的顽童——豪格在城堡里学步，骑马习射，十多岁走出城，再没有重返故乡。故乡，在他的回忆里无限美好，而离开故乡的岁月扣人心弦，中原逐鹿，至尊至贵，却也酿造苦果，自己吞咽。

平定陕西后，豪格下遵义、茂州、荣昌、内江等县郡，终平定四川。次年八月，豪格师还北京，顺治帝在太和殿宴请长兄，表彰他的功绩。春风得意马蹄疾，四方祝贺的恭维和酒宴的欢声笑语，荡去豪格心头的阴影，脸上展露笑容。豪格没有大奸大恶，只是忘记了紧盯着他的那双眼睛，享受了一个月的舒心日子，然后开始稀里糊涂地走向人生末路。

先是济尔哈朗被一批贵族举报，豪格被株连。修理完济尔哈朗，多尔衮转向豪格，召开会议，专门讨论他的问题。多尔衮大权独揽，诸王大臣仰其鼻息，揣摩他的意图，便罗织三条罪名：一、征四川两年，地方并未全部平定；二、庇护部将冒领军功；三、推荐提拔罪人之弟。三条罪状无一不是欲加之罪。豪格失去各路保护神，叫天不应，叫地不灵，被削职入狱，籍没财产。不久，绝望的豪格卒于狱中。

多尔衮逼死豪格，纳他的妻子为妾，亦让豪格在九泉之下蒙羞。但多尔衮亦觉愧怍，对豪格的儿子富绶百般呵护，召他到王府任校射。多尔衮的心腹何洛会很不理解，说：“见此鬼魅，令人心悸，何不除之？”多尔衮说：“何洛会意，因尔不知我爱彼也。”

豪格是怎样的一个人呢，他与多尔衮同生于赫图阿拉，同饮一眼井水长大，和多尔衮的区别究竟在哪里——在汗王井边，望着辽东的不老泉，笔者想到有人给豪格的性格下的定义：“欲言而嗫嚅，欲进而趑趄。”举棋不定，瞻前顾后，风吹草木而自惊，是豪格失败的主要原因。

八旗下的五个背影

事实证明，努尔哈赤的识人和用人之道是与生俱来的。这位领导者天生慧眼，擅长观察言行。他选中的开国“五大臣”，一辈子忠心耿耿追随，为大清王朝的建立立下汗马功劳。他们是额亦都、费英东、何和礼、安费扬古、扈尔汉。

一

嘉靖四十一年（1562年），建州英崿峪村庄（今辽宁抚顺市清原县英额门乡）的女真人家里，降生了一名男婴。父亲很喜欢这个男孩子，取名额亦都。刚几岁，额亦都的父母就被仇家所杀，他因藏在邻村，才幸免于难。额亦都不是普通孩子，随着年龄的增长，偿还血债的念头越发强烈。十三岁，少年额亦都就手刃仇家，为父母报仇，然后逃到苏克苏浒河下游嘉木湖寨的姑姑家避难。

十九岁那年，额亦都在姑姑家巧遇一个人，从此改变人生。这个人，就是姑夫的朋友努尔哈赤。当晚努尔哈赤留宿嘉木湖，两人躺在温热的火炕上聊天。额亦都发现努尔哈赤的言语、见识非同常人，遂引为知己，萌生追随努尔哈赤的想法。姑姑不同意，流泪阻止。额亦都去意已决，说："大丈夫生世间，能以碌碌终乎？此行听所之，誓不贻姑忧。"留不住侄儿，姑姑只好由着他的性子。第二天早晨，额亦都辞别姑姑，随努尔哈赤离开家门。

额亦都跟随努尔哈赤溯苏克苏浒河而上，到距离赫图阿拉十里的北砬背定居。北砬背，即现在的新宾（兴京）县网户村。笔者独步村路，八月清晨的浓雾遮蔽了清前期名臣的身影，能感知到的是，他恩怨分明、行事果断、侠肝义胆的性格。而这位著名的女真开国功臣如八月的山乡浓雾，吸引着人撩开他的面纱，观其本真面目。

二

那年努尔哈赤二十二岁，一个没有任何政治名分的平民，靠采山货、赶马市，维持一家人的生计。额亦都和努尔哈赤情同手足，形影相随，无话不谈。不过，二十五岁之前的努尔哈赤的主要生活轨迹是狩猎采集，因此，两人是为衣食奔波的亲密兄弟。古勒城之役，他们之间的兄弟情又叠加了一层患难与共的关系。

努尔哈赤生来不凡，脚踩七星，面貌不俗，又几经磨砺，因此人虽年轻，但特立独行的性格已逐渐展露。父祖冤死古勒城之役，努尔哈赤愤然起兵，靠十三副铠甲复仇，以一个班的战斗力冲击建州大大小小的城寨。然而，对一个弱小民族来讲，努尔哈赤的冒险无疑是将全族人推进深渊的自我毁灭，他遭族人忌恨，有人潜入村子暗杀，箭镞射透了他家的门窗。每每发生危险，额亦都皆面无惧色，挡在前面保护努尔哈赤。

创业艰难，既要计谋也要士气，选个有勇有谋的人最重要。这个人在努尔哈赤心里，非好兄弟额亦都莫属。事实证明，努尔哈赤的识人和用人之道是与生俱来的。这位领导者天生慧眼，擅长观察言行、检测品质。他选中的开国“五大臣”，一辈子忠心耿耿地追随自己，为后金和大清王朝的建立立下汗马功劳。而额亦都本人位列开国“五大臣”之首，功高可见一斑。

之后，额亦都成为努尔哈赤的先锋官，从此他逢战开路，遇水架桥，直到六十岁病逝辽阳。

努尔哈赤这十几人的队伍十分骁勇，数月内竟一举攻下四座城寨，不断创造以少胜多的神话。这些胜战中，先锋官额亦都不负众望，心计与奋勇兼备。攻打浑河下游的巴尔达部落，秋天的浑河大浪滔天，人马不能涉水。焦急中，额亦都想起捕鱼的情景，遂灵机一动，用绳子连接士兵，鱼贯而渡。夜晚，额亦都带人摸到城下，在不知晓城内兵力的情况下，捷足先登，攀上城墙。守城士兵惊醒放箭。额亦都沉着应战，大刀抡圆如旋转的风车。守城士兵见状，知他非等闲之辈，箭镞如雨向他射来。此战额亦都受伤五十多处，却没有后退一步，最终克城。

班师时，努尔哈赤亲自到郊外迎接，设宴庆功，当众馈赠额亦都全部缴获物资，并赐号“巴图鲁”。

狭路相逢勇者胜。几场仗拼下来，一支小小的队伍拼出踏遍广阔天地的豪情，努尔哈赤等人也从血腥中品咂到胜利的乐趣——物质极大丰富，地盘快速拓展，作战人数呈几何倍数增长。波勒密山城容纳不下，迁城事宜摆到高层人物的会议桌上，经过多方面论证，大家一致同意迁往佛阿拉。

这一年，二十五岁的额亦都成长为身经百战的建州女真将领。

三

“北砬背”，三面青山围拱，南面呈扇形敞开，田野静谧，风中传递着庄稼成熟的味道和花草的香气。明万历十一年至十五年，即1583年至1587年，马蹄声代之以素朴的田园。五年，统一建州的目标实现了，创业者要拔营了，走时也是秋天。额亦都骑着马，跟在努尔哈赤身后，他不留恋这条小山沟的端庄，他的价值在战场，他活的意义是追随异姓的兄长。

壮大后的努尔哈赤在佛阿拉定国政、立法典，以王自居。稍事休整，征讨大军像豆子一样撒向四面八方。建州哲陈部最先被列入打击名单，1587年六月到十月，努尔哈赤专注于蚕食这个近距离的大部落。额亦都统军主战的地方叫巴尔达城，战役没什么悬念，轻松取胜。他或多或少感觉不过瘾，从征战几年的经验看，建州范围内已没有劲敌。而名将最大的愿望，是打一场漂亮的大仗。

愿望酝酿六年，1593年，叶赫纠结的九部联军来了。当时，双方投入兵力一比三，建州一万人，联军三万人。仅看数字，就让人胆寒。这一战你死我活，一旦败北，会损失大量精壮男子，建州必将一蹶不振。此战事关族群兴衰，当慎之又慎。说到底，战争是人的战争。

大兵压境考验着努尔哈赤的智慧，他再三考量自己与叶赫部的力量对比，认为智取胜于强攻。在此前提下，先锋官用谁显得极为重要。彼时的建州女真已非当初，旗下战将个个是一等一的好手，但他最终定下额亦都——这位小他三岁的兄弟，与他有微妙神奇的心灵感应，这种心意相通从烽烟战火中提炼，没有什么比它更值得信赖。

某日，努尔哈赤的军队抢先在古勒城排兵布阵，恭候两位舅哥的到来。联军渐进埋伏圈，在暗布机关的谷壑里缓慢移动。骑马走在前列的对手，是努尔哈赤的叔伯大舅哥布寨贝勒，攻打建州的发起者之一。狭长的山地之中，布寨贝勒一心想着取胜，迫使努尔哈赤答应割地、分牛马的条件，从而忽略了这种地形的危险性。

努尔哈赤俯瞰来敌，心底冷笑：既然不念亲情开战，那就来好了。

那场在史书中没有详细记载的恶战，就这样天崩地裂地展开——布寨家的声威是打出来的，两辈人雄踞海西，在女真部落中咳嗽一声，无人不畏惧三分。布寨贝勒和纳林布禄贝勒兄弟俩比父辈还骄横，在他们看来，努尔哈赤等人是乌合之众，称霸建州可以，但跟强大的海西斗还差得远。可惜他没料到，战役一开始，先锋额亦都身先士卒，就把九部联军冲击得七零八落。努尔哈赤趁势指挥大部队加入战斗。尽管联军奋力砍杀，最终损失四千多士兵，布寨贝勒本人也被额亦都掀翻马下，被建州兵斩杀。

接下来，额亦都抓住士气高涨的时机，连续攻克古勒城周边多个城寨，攻占很多土地。为表彰他的功勋，努尔哈赤把自己心爱的战马奖赏给他。

如果没有这一仗，努尔哈赤还下不定决心攻击海西，长久以来，海西的强盛为其忌惮，恐一击不下引火烧身。但古勒之战的轻取使他看清海西其实是外强中干，于是，转年五月，建州挥戈挺进海西女真、野人女真部落。建州士兵长途奔袭，气焰可炽，先锋额亦都和褚英、代善一路走，一路打开局面。海西抵挡不住，数百年累积的人口、财物尽为建州所得。野人女真尚处于穿鱼皮、划桦皮舟的生活状态，他们不需要动武，只要做做宣传，对方就认了进步族群的亲。而海西女真的大批俘虏迁往建州，被充实到军队，成为新的有生力量。

两大部落先后被剿灭、招抚，意味着明王朝丧失了对东北地区的统治权。

院门外失火，懒惰出奇的万历皇帝还没醒过神儿，并未预感到朱家经营二百多年的江山岌岌可危。他躲在后宫干着不为人知的事时，1616年，努尔哈赤已在赫图阿拉登基称汗，建后金国，年号天命。

登基大典结束，努尔哈赤迅速着手办理两件大事：定旗制，置“议政五大臣”。八旗制堪称中国封建史乃至世界史上的奇迹，集行政、军事、经济等于一身，上下贯通，有分有合。“议政五大臣”，相当于小型内阁，五位大臣参政议政，掌握核心机密，享有立法、人事任免、制订战略计划等特权。后来，努尔哈赤废黜褚英，“五大臣”的弹劾就起到推波助澜的作用。“五大臣”中，额亦都位列其首，因为，论功、论苦、论和努尔哈赤的感情，没有人可与之比肩。他当之无愧。

天命二年（1617年），努尔哈赤和明王朝分庭抗礼的号角吹响。抚顺关因地理关系先遭重创，紧接着，额亦都和安费扬古（“五大臣”之一）统率后金军，攻取抚顺关周边要塞马根单、花豹冲和三岔等城堡。牛刀小试，后金君臣自上而下明白一个道理：大明帝国已老朽得掉渣，一只没牙老虎，只有吓唬人的份儿。

虎再老也不是病猫，大明帝国集结几十万大军，计划出关教训教训不知天高地厚的一帮子“野人”。但集结速度慢得让人心急，拖拖拉拉地从全国各地调集一年，才凑齐四十七万大军。不过，后世学者认真研究了这个数字，一致认为四十七万大军掺了水。据统计，加上朝鲜盟军，总共才十几万参战人员。

明朝四路征讨大军因军费问题拖拖拉拉，直到过了年才出关，长短不齐地到了广宁。兵部右侍郎杨镐定好了四路大军一起出发，下令不管谁先到建州，都要原地等待其他兄弟部队，集结后再包围努尔哈赤，把他消灭在家门口。

这是战争史上的神话之一，努尔哈赤对付杨镐，赢得较为轻松。

杨镐这位河南进士相当自负，兵法钻研得不怎么样，却挺能摆谱。尚未出师，他就和东路军主帅刘綎干了一架。刘元帅说辽东下大雪天气不好，请求迟缓几日行动。杨镐不干，揶揄刘元帅，国家养兵，临战时却推三阻四，要按军法治罪。刘元帅没辙，硬着头皮出发，后又因给养不足，行军速度慢得很，而且兄弟部队的情况他也不知道。与此同时，杜松统领的西路军由于装备好、给养充足，最先进入辽东山区，地形也没侦察，就心急火燎地进军赫图阿拉。主帅杜松想单刀赴会，抢头功。

明明计划好的事儿，杜松为什么敢于带头不遵守呢？

杜松确实是位优秀的将军，实战经验丰富，对朝廷忠贞不贰。但是，以往西南战场的胜利，助长了他的骄横，没有把一个隐居东北荒僻之地的民间武装放在眼里。一到抚顺关，本应短暂休息、等待兄弟部队的杜松，匆忙指挥部队强渡浑河，想给努尔哈赤致命一击。杜松哪里知道，努尔哈赤早已派出额亦都、代善和皇太极为先锋，西出三关，在萨尔浒布阵，准备迎头痛击他。这一仗，额亦都和代善、皇太极以极少的兵力成功拖住西路军，等努尔哈赤援军一到，拆掉预先在萨尔浒上游修筑的拦截设置，浑河水突然大涨，水流湍急，把正在渡河的明朝西路军部队冲得七零八落。明军的重武器完全用不上，被八旗兵杀得血染浑河。

作为讨伐大军的主力西路军全军覆没后，努尔哈赤腾出手，派额亦都、代善和皇太极折向阿布达里岗，自己则率部迎战北路军马林。马林是个平原作战的将军，采取方形阵法作战，这种战术在丛林中不但发挥不了威力，而且不够灵活，被善于单兵作战的八旗军打得毫无还手之力。马林惨败时，东路军刘綎在距赫图阿拉五十公里的阿布达里山岗遭遇先锋额亦都和代善兄弟，三个人分头堵截，轻取刘綎。

四

在佛阿拉城遗址，伫立于石头和树木间，往事像耳畔风声，穿越时空呼啸而来。想到一个朝代到另一个朝代的演变，实在不是某个人的成果，而是共同智慧的凝结。这些人拧成一股绳，彼此信任，方成大业。有人说努尔哈赤用兵如神，窃以为归纳得不全面，善于识人、用人，想方设法地团结属下，使领导层凝聚成坚不可摧的战斗集体才是成就大业的关键。

拿额亦都来说，他最早追随努尔哈赤，参与了所有战役，且没有一次败绩。努尔哈赤深感其诚，把妹妹嫁给他，并赏赐大量战利品。后来，努尔哈赤又以女儿和硕公主下嫁额亦都的儿子达启。虽然两人缔结血肉之亲，但额亦都从不居功自傲，与诸大臣、贝勒相处融洽。额亦都性情豪放，重义轻利，每得努尔哈赤的赏赐从不贪敛，而是按功劳大小转赠随战将士，在部下心中树立了威信。

额亦都性格中的另一闪光点，是不徇私情，深明大义。他的二儿子达启聪明伶俐，深得努尔哈赤喜爱，自小养育宫中。达启长大成年后，努尔哈赤亲自赐婚和硕公主。年轻的达启恃宠而骄，连皇子们都不放在眼里。额亦都心怀忧虑，屡次告诫教育，儿子就是不听。他毅然做出惊人举动——有一天，额亦都约儿子们到郊外喝酒。大家正喝得兴奋，额亦都突然出手抓住达启，对其他儿子说："天下安有父杀子者？顾此子傲慢，及今不治，他日必负国败门户，不从者血此刃！"他严厉的措辞，让儿子们非常害怕，随后让众子将努尔哈赤心爱的驸马爷用被子捂死。

之后，额亦都觐见努尔哈赤，实情相告。努尔哈赤大惊，许久，哀叹说，额亦都为国深虑，不可及也。

额亦都怔怔地听着努尔哈赤的夸奖，脑海里却是挣扎的二儿子的影子——那一幕他至死难忘，二儿子抱住他，苦苦哀求，哭得他心碎。这员生死场里打滚的女真大将，肝胆俱裂——天下哪有父杀子的道理，他说："你屡教不改，长此下去，小则危及家族，大则祸害国家，唉，我岂能容你！"

话音一落，几个儿子扑通跪倒，为兄弟求情。凝视着充满期待的眼神，额亦都犹如万箭穿心，但他硬起心肠，大骂儿子，喝令惩治大汗的驸马。说罢，他把二儿子按倒在炕上，命其他人动手。儿子们眼含泪水，你看看我，我看看你，谁也不上前。额亦都怒声喝骂，儿子们被逼无奈，呜呜痛哭，将老二蒙在被子里……

额亦都谢绝努尔哈赤的奖赏，走出屋外，仰望湛蓝的天空，默默祈祷：天神阿布凯恩都里，求你原谅我，保佑我儿子的灵魂在天堂安息！这时候，一只鸟落在老榆树上，冲着他啾啾鸣叫。额亦都再也抑制不住，流下伤心泪。

忍常人所不忍，以小爱换大爱者，方成大事。中国历史上，不乏类似的例子。西周时，西伯侯姬昌被纣王囚禁于羑里七年，为试探他，杀了他的长子并做成肉饼给他吃。姬昌佯装不知，吃得满口生香。使者放心地走了。姬昌呕出肉饼，老泪纵横。后来，周以珍宝、美女赎回姬昌，周在吕尚的辅佐下，终灭商。

后金也是，拥有额亦都这样的慷慨悲歌之士，努尔哈赤简直如虎添翼。在血雨腥风的战场，他们并肩战斗，结下生死不渝的战友情。天命六年（1621年）额亦都六十岁时死于辽阳，努尔哈赤三次吊唁，痛哭失声。皇太极和福临，一个追封谥号，让他配享太庙；一个亲自为他立碑旌功，撰写碑文——做人的成功，不在官爵大小、财富多寡，而在于一生恪守的信仰。额亦都的性格铸就了他在清王朝前期的领军地位，他的患难兄弟费英东、何和礼、安费扬古、扈尔汉等人戎马生涯，也是开辟清王朝江山数一数二的英杰。

五

在寂寥的佛阿拉，大风和尘土当中，"乱世出豪杰，时势造英雄"这句硬邦邦的古老命题起舞风尘。时势铸造豪杰，豪杰创造时势。豪杰以乱世为母体，裂变、震荡、重组，直至诞生全新的面孔。这副新面孔，即英雄们的杰作——国家。

明朝万历年间的女真豪杰以努尔哈赤为首，一转女真民族长期以来的弱势，迈开三大步，使明王朝本已迟滞的脚步越发沉重，整个朱氏统治集团慌乱无措。第一步，波勒密山寨起兵；第二步，佛阿拉城建国；第三步，赫图阿拉称汗。第二步承上启下，称为“白银时代”——建州的发展突飞猛进，像雪球越滚越大，各路英雄在这一时期纷纷聚拢于八旗的旗帜下。

佛阿拉王城建成的第二年（1588年），费英东，随父亲及五百户族人来归，年二十五岁。费英东擅长射箭，能“引强弓十余石”。渔猎民族不乏箭术、骑术精湛的人，为生存故，孩子和妇女马上飞驰亦如履平地。费英东善射，亦言传身教。他的性格优点是“忠直敢言”，表里如一，博得努尔哈赤的赞赏。不久，努尔哈赤授他一等大臣，参与政事，还把褚英的女儿嫁给他，让他做长孙女婿。须知，风头正劲的褚英是未来的储君，费英东娶褚英的女儿，于个人和后金寓意深远——努尔哈赤如果不是特别看重费英东，是不会走这着棋的。

大胆起用费英东，既有努尔哈赤使用人才不拘一格的一面，也有费英东出类拔萃的因素。作为皇长孙女婿，他知道该怎么做，以报效努尔哈赤的厚爱。下面是他的大致战绩：

第一次独立作战，讨伐瓦尔喀部落的寨子，费英东手刃酋长，押解他的部众回到佛阿拉。1598年，他再与岳父褚英、爷爷岳丈巴雅喇（努尔哈赤的异母弟弟）伐瓦尔喀部落城寨，连端二十多座屯寨，瓦尔喀部落遭重创。皇太极的两位叶赫部舅舅侵略哈达部落，哈达部求援建州。努尔哈赤派费英东和噶盖（满文发明者之一）增援，趸兵哈达部。费英东发现，哈达部落的孟格布禄贝勒（努尔哈赤的女婿）心怀二心，并串通明朝和叶赫部。费英东马上送回情报，努尔哈赤大怒，发兵哈达，哈达部始亡。如果费英东没有及时觉察哈达部脚踩两只船，建州很可能被三股势力阴谋绞杀。费英东的情报，等于挽救了建州。

生为将帅，自身的价值当在刀光剑影中体现。他们以君王的意志为天职，沉溺于征服的快感，一次次披挂上阵，穿梭在硝烟和兵器碰撞的声音中——佛阿拉宽敞的空间，写着大大的“武”字。荒凉静穆的土地上，印满千千万万个脚印，这些模糊的轮廓中，就有费英东的一双。十六年里，他不断出入这里，率士兵远征，押解降民归来。

1607年，瓦尔喀部连遭重创，蜚悠城主派使者送信给佛阿拉，表示愿意归附。有人登门归顺当然是喜事，努尔哈赤旋即令费英东和舒尔哈齐前往收伏城里的居民。事情很顺利，但中途遭遇舒尔哈齐的女婿乌拉贝勒布占泰的拦截——原来乌拉部也想吞下这条砧板上的大鱼。五百户居民，在女真来说，数量极其可观，吃到嘴里的美食怎肯吐出来。于是，建州名将和乌拉驸马之间展开了人口争夺战。结果，驸马败北。

随着战线延伸，建州将焦点对准海西渥集部（吉林省的女真部落）。这段时期，战事多发、外交频繁——努尔哈赤制订了三套方案，一套加紧征讨东海；一套紧锣密鼓地与蒙古攀亲；一套是兄弟俩进北京朝贡。然而，三管齐下的策略已经有人看出来了。万历三十七年（1609年），明朝兵部尚书李化龙和熊廷弼在一次谈话中说道："今为患最大，独在建奴。"明朝的皇帝们糊涂，军事核心层却有明白人，已视建州为最大隐患，忧心忡忡，议论颇多。可惜万历皇帝躲在深宫不愿意见大臣，也不想听大臣们在耳边唠叨。各位大臣想进内宫面圣，太监又不通报，他们只是忙着打扫勤政殿的灰尘，腾不出空。

惰怠的万历皇帝大大方方地又给努尔哈赤腾出十多年时间（1603年至1616年），三十多年的蓄积，建州羽翼丰满，在政治、经济、军事、文化中心的赫图阿拉，炮制出一系列的军政改革。这次改革中，费英东身为皇孙女婿，隶镶黄旗，归努尔哈赤直辖。他的具体官职为左翼固山额真。这个职务听起来很陌生，打个浅显的比方——相当于今天的元帅一级，而且原一等大臣待遇不变，跻身内阁，系"五大臣"之一。

新旧交替，总有神祇推波助澜，努尔哈赤称汗就碰上了棘手的麻烦——建州连续遭遇两年灾荒。头一年水荒，第二年粮荒。灾荒也是天赐良机，年届六十的努尔哈赤为转嫁社会矛盾，把灾荒难渡归罪于明王朝，组织饥寒的女真人沿用老办法——抢，以此撕裂明王朝与东北少数民族间的伤口，激起民族反抗的斗志。只不过，这次他将抢劫的目标聚焦在抚顺关。

1618年，后金军就攻破抚顺关。在抚顺城休整两天，努尔哈赤押解大于军队十倍以上的战利品返回建州。明朝援军追上断后的费英东，向后金军施放火器。冷兵器时代的后金军，第一次尝到火器的厉害，费英东的战马受惊，士兵也面露惧色。然而，费英东到底是费英东，他勒住战马，大声呼特权的府宅，它于1987年重建，设计者和文化官员忽略了这座特殊建筑，额驸府成了花木扶疏的观景点。但仍保留着小门，方便游客进入努尔哈赤的办公地点及后宫。

站在石板小路目测小门，推想努尔哈赤与何和礼的亲密关系：一是战友，二是准女婿，三是朋友。三层关系使努尔哈赤对何和礼恩宠备至，早在佛阿拉初定四旗制时，何和礼就出任正红旗总管。他不负厚望，征乌拉、渥集两部均立功受奖。从行事上看，努尔哈赤亲选的准女婿发挥的作用令他欣慰。何和礼意志坚定，知道什么时候动恻隐之心都会坏大事——再征乌拉，侄女婿加女婿的布占泰巧舌如簧，竟然把努尔哈赤的心说软了，他打算撤兵。何和礼见形势不妙，提醒努尔哈赤千万别听信布占泰的三寸不烂之舌鼓噪，那小子两面三刀，根本不值得信任。一经提醒，努尔哈赤挣脱感情的羁绊，拿出政治家的魄力，剿灭了乌拉部。

这件事对努尔哈赤影响很大，他愈加认定，准女婿是其事业上的得力助手。努尔哈赤修订八旗制，封何和礼隶正红旗，一等大臣，即“五大臣”之一。这时候，何和礼已磨炼成贴身军师，为努尔哈赤出谋划策。那道小门，就是为随时出入汗宫议事方便所设。一道小门，连通了君臣之心。公开身份掩饰了何和礼的神秘，实际上，他掌握着后金的核心机密。

何和礼老成持重，不爱张扬，努尔哈赤对他的用兵意见每每采纳。而他的军队，在历次战役中亦奠定了统一女真及重创明军的基础——萨尔浒大战结束后，努尔哈赤给何和礼一句评语：“萨尔浒之役，卒败明师者，皆公之力。”这句评语意味深长，从兵力、智谋、勇敢等几方面进行了高度概括。

事关生死存亡的大战胜利后，何和礼密奏努尔哈赤，应集结兵力，一鼓作气攻取辽东重镇——辽阳、沈阳。经过紧张筹备，何和礼亲自督军出师辽阳，连克七十余座城堡。这一仗，致使明朝布置在辽东的军事力量基本崩溃，也为后金定都辽阳做好了准备。

这次战役的具体时间是1621年二月。三月，后金迁都辽阳。努尔哈赤这一年空前忙碌——复立大妃阿巴亥；定诉讼审理程序；派兵镇压拒不剃发的汉民；命八旗设巴克什，召儿童入学；颁布“计丁授田”令；准许辽商开店营业；等等。这其中有弊政，有明政，也有大胆的改革创新。

明朝也忙着走马换将，先起用熊廷弼为兵部右侍郎，再以辽东巡抚薛国用为兵部侍郎，经略辽东；以王化贞为右佥都御史，巡抚广宁。明朝调整高级武官的配置，显然是准备和后金打拉锯战、持久战。

历史发展的趋势也是这样，1621年至1624年，后金与明朝战事频频，而后金每占上风。但纵观整个政局，是混乱无序的。先说明朝，王化贞、熊廷弼被罢职，王在晋、孙承宗临危受命。老哥儿俩也没有能力挽救辽东，经孙承宗推荐，再度起用袁崇焕。这位努尔哈赤的克星在赴任前后，努尔哈赤已连损“五大臣”，额亦都、安费扬古、扈尔汉、何和礼。在此之前，费英东已死。到1624年，随着何和礼病死，旧内阁人员皆无一健在。努尔哈赤难抑悲恸，哭曰：“朕所与并肩友好诸大臣，何不遗一人以送朕老耶？”

五位战友相继离去，努尔哈赤非常伤心，几十年并肩战斗，到头来一个个撇下他，天命汗倍觉孤独和寂寞。甚至，他预感到，冥冥之中有什么在召唤，这使他的内心充满了恐惧，想极力躲避那个声音，偏偏那个声音如影随形，这让他寝食难安。越是这样，努尔哈赤越缺乏安全感，越缺乏安全感，就越怀念死去的战友。这位女真人的优秀舵手，深深体验到人生暮年、四面楚歌的滋味。这四面楚歌，并非项羽被围困垓下、自刎乌江的绝望，而是一个人无法自拔、无处求援的孤独。

像恶性循环一样，随着时间流逝，努尔哈赤对逝去的麾下大臣日益想念，伤感无法排遣，常常捶胸顿足，怨恨苍天为什么不留下一位陪伴他终老。努尔哈赤对开国功臣的深情厚谊，在有清以后，影响了皇太极、顺治、康熙、雍正、乾隆等皇帝，五代统治者对这些功臣更加尊崇，代代追封爵位，以表达感恩之心。

九

论入伍时间，他比费英东、何和礼、扈尔汉早，与额亦都同期。他的履历是这样说的：安费扬古，觉尔察氏，世居瑚济寨。父完布禄，事太祖，有章甲、尼玛喇人诱之叛，不从，又劫其孙以要之，终无贰志。安费扬古少事太祖。旗制定，隶满洲镶蓝旗。从这段话看，安费扬古与努尔哈赤的臣主关系，是从父辈延续下来的。他的父亲效忠努尔哈赤，被人劫去孙子威胁也不背叛，在努尔哈赤势孤力单的时候，这种精神实在可嘉。

安费扬古从小随父从军，不离努尔哈赤左右。起兵之初，努尔哈赤追讨杀父仇人尼堪外兰，安费扬古跟从他捣毁仇人的老家图伦城，又计划攻甲板城。当时，萨尔浒城的酋长因尼堪外兰有明朝罩着，势力大，留宿尼堪外兰，并泄露攻城日期，以致尼堪外兰逃脱。努尔哈赤怒从心头起，派安费扬古率兵攻打萨尔浒，安费扬古把萨尔浒城很快拿下。

努尔哈赤英武，身边聚集了一批龙虎将领，别说外人，就连家里人都忌妒。努尔哈赤有个堂兄，叫康嘉（努尔哈赤祖父兄弟六人，堂叔伯若干，不知道此人是哪位大爷、叔叔的儿子），勾结哈达部落劫瑚济寨，请兆佳城主做向导（兆佳城，即现今的赵家营子，居新宾西近百里，猴石省级国家森林公园附近）。正在打猎的安费扬古闻讯，带十二个人追上哈达兵，将其击溃。为报一箭之仇，1584年正月，于大雪纷飞的深夜，努尔哈赤和安费扬古率兵摸进兆佳城，活捉城主，收伏了他的部下。

安费扬古作战善于出其不意，攻其不备。有一次，他和努尔哈赤攻马尔墩寨。寨子依天险而建，防守严密，箭镞、石头飞滚而下，建州军连攻三天也没拿下来。第四天，安费扬古仔细观察地形，找到一条山间小径，悄悄地带人攀崖而上，拔掉了马尔墩——马尔墩，系赫图阿拉西行几十里，扎喀关下的村庄。村名沿用至今。

出师顺利的努尔哈赤一发不可收，拿下马尔墩后，又盯上陈哲城、王甲城、章甲城、尼玛喇城等山寨。这些山寨抵挡不住他的攻势，纷纷投降。在这些战役中，都有安费扬古参与。

“五大臣”最显著的共同特点是忠君，他们不计较个人得失乃至身家性命，和努尔哈赤一样，同为大清王朝的奠基人。攻哈达部落的城寨时，突发了一件事：哈达部落的孟格布禄贝勒（此人后来做了努尔哈赤家的女婿，简称“孟贝勒”）闻知所属寨子被毁，率兵追上努尔哈赤，中有一人横马挡住去路，努尔哈赤将其射杀；又有三人偷袭，努尔哈赤闪身回避，险些掉下马，哈达兵趁机砍杀。千钧一发之时，安费扬古不顾自身安危，反身拦截偷袭的哈达兵，将之歼灭。这一次战斗，努尔哈赤赐安费扬古“硕翁科罗巴图鲁”称号。

君臣间的感情建立在救命的基础上，自然牢不可破。这样的群体沙场血战，焉有不胜。安费扬古一生四处转战，没有一次退缩。他的性格当中缺少费英东的忠谏，何和礼的睿智，额亦都的无私，扈尔汉的好胜，但他憨厚忠诚，不计名利，马背上驰骋三十年，不畏艰险，无怨无悔。

万历二十七年（1599年），安费扬古随努尔哈赤攻灭哈达部落。七月，他和阿巴泰（努尔哈赤的七儿子）等人伐渥集部两个城寨，占领该地，俘虏全部兵民凯旋。最激动人心的一次壮举，是历尽辛苦剿灭乌拉部落后，大军兵临城下，他手执建州大旗登上城墙挥舞，城下士兵欢声如雷——胜利的旗帜激励勇往直前的斗志，象征众志成城的团结。

安费扬古品质忠厚，使他迈入“五大臣”行列，成为辅佐天命汗执政的著名人物之一。赫图阿拉建国时，他已是一员老将。天命三年（1618年），后金突袭抚顺关，率部冲击援军张承荫左营，大破明军。接着，他乘胜夺取三岔儿诸堡。天命四年（1619年），安费扬古六十二岁，以主将身份参加萨尔浒大战，之后，统兵征伐叶赫部落。六十三岁时，后金攻沈阳、辽阳，安费扬古的身影又出现在战场上。这是他最后一年驰骋沙场。六十四岁时，劳苦功高的安费扬古病逝于辽阳。

皇太极评价他说：“昔达海、库尔缠劝朕用汉衣冠，朕谓非用武所宜。我等宽袍大袖，有如安费扬古、劳萨其人者，挺身突入，能御之乎？”

十

觉尔察城，隔着唐代高句丽郡旧址与赫图阿拉遥望，背依潺潺流淌的硕里加河，南方的鸡鸣山怀抱佛阿拉，三座城三个点，在天地间勾勒出巨大的三角。觉尔察城的秋天寂寥静谧，在铺满落叶的石径行走，寻觅传说中的瑚济寨。所谓寨，不过几户人家，前不着村，后不着店。梦魇般的年代，人们喜欢把房子建在深山，以躲避战乱和防不胜防的抢劫。

无目的地在山上乱走，没有期待中的地址，树林笼罩着阳光，黑乎乎的石头孤僻、荒凉。古老的石头，沉淀着几百年前炊烟的味道、米粥的味道和孩子啼哭声。安费扬古的家在密林和石头的深处，哪里都可能是，哪里也都可能不是——岁月已经把一个静物拆解成影像，一张抽象派图画。

秋风当中，在记忆里翻阅安费扬古的生平，在“五大臣”中，安费扬古是唯一与努尔哈赤没有亲缘关系的人。他与努尔哈赤同年出生，又是最早加入起兵队伍的外姓女真之一。尚武，注定疏离博学，但恰恰原生态思维培养了无羁的思想，铸就了传奇色彩的人生。

1616年，后金挥师黑龙江，安费扬古和扈尔汉讨伐东海萨哈连部。部队伐木做舟，走水路，接连收伏沿途城寨。队伍集结于黑龙江南岸，此时出现奇异的自然变化——按正常时令，黑龙江九月才结冰，安费扬古驻师的地方，江水居然一夜结冰。宽约六十步的银亮冰层，像一架浮桥铺到对岸。安费扬古喜出望外："此天佑我国也！"说罢，他跃马过江。士兵见状，紧随主帅，陆续到达江对岸。大军刚一过去，冰层就哗啦塌陷，旋即被汹涌的江水冲走。

过江的安费扬古，一口气降伏使犬部、诺洛部、石拉忻部。安费扬古收伏的三大部落，与俄罗斯接壤，甚至纵深至俄罗斯。敢于双脚站在欧洲土地上的人，在他之前，还有一位帝王——大唐天子李世民，唐帝国北部，囊括了贝加尔湖和叶尼塞河上游。唐之前，中国的皇帝忙着搞内战，在统一和鼎立的局势中你抢我夺，没工夫把眼光放到外面去。唐进入全盛时代后，雄厚的经济基础保障了国家机器的高速运转，夺回了广袤的草原。再有蒙古成吉思汗，他的铁骑横扫俄罗斯西伯利亚、乌兹别克斯坦地区。成吉思汗死后，他的孙子拔都占领了莫斯科。

要说的是，比之唐、元两个超级大国，女真刚摆脱被欺压的窘境，经济和军事尚属粗创。安费扬古大将军长途跋涉，兵卒倦怠，却不惧风险，在他人眼皮底下走一遭，在兵法上实在是犯忌。他成长于闭塞的觉尔察城，没接受过高深的汉文化教育，假设他熟读《孙子兵法》，闹不好会受其拘泥，瞻前顾后，万不敢跨入此地。他敢为天下先，皆因自由思想和锐意进取的战斗精神。正因众多拥有这种精神的社会精英，建州女真才一步步走出大山，走向北京。

十一

站在佛阿拉"内城"门下，四周杂树高约数丈，泥土埂黝黑潮湿、青草衰败。没有喧天锣鼓、热闹隆重的仪式，但一个人的佛阿拉仍然能模拟出1587年（万历十五年）的模样。这一天，努尔哈赤敞开王城大门，迎来一位十三岁的少年——"五大臣"中最年轻，也是投归最晚的扈尔汉。

扈尔汉原籍佟佳江（今桓仁县浑江），女真人有以地为姓的传统，扈尔汉自然也姓佟。归服佛阿拉，是因为他老爹与族人失和，一气之下投奔努尔哈赤。特别值得注意的是，他和财政大臣佟养性是老乡，后者离开家乡早，在抚顺做生意，两人先后投奔努尔哈赤，成为其左膀右臂。

扈尔汉机敏聪颖，相貌端正。一见面，努尔哈赤就立即喜欢上这匹稚气未脱的千里马，觉得他是日行千里的可塑之才，于是收为义子，养育宫中——王宫在北面平台，榛子树和柞树下面，虽然不能根据残迹推测哪间房住过扈尔汉，但视若心肝的乖儿子应该不会离义父太远。

稍长几年，扈尔汉做了一名贴身侍卫，寸步不离义父，保护他的人身安全——努尔哈赤善用婚姻连线，编织政治网，网罗人才为其服务。认扈尔汉做义子，是个例，义子有时会比女婿们牢靠——从后金几十年的创业史看，努尔哈赤在人才提拔和录用上滴水不漏，至少不必攀附、拉关系，骡子和马各司其道，各尽所能。

努尔哈赤在佛阿拉初定旗制，扈尔汉跻身正白旗。他对义父的养育之恩感激在心，发誓舍命效忠，每次出征作战，必冲锋在前。

瓦尔喀部的蜚悠城，原属乌拉部管辖。努尔哈赤的女婿布占泰贝勒生性暴戾，城主不堪虐待，送信给费阿拉，说愿意率部归服。努尔哈赤大喜，派弟弟舒尔哈齐等几员大将率三千骑兵迎接。扈尔汉在骨子里是块打仗的料，一跨上战马，每个毛孔都迸发着亢奋。他和另一位大将扬古利率三百名士兵，护卫归降的五百户居民前行。途中，努尔哈赤的女婿布占泰发兵万人拦截。三百对一万，敌我力量悬殊。剑拔弩张的时刻，扈尔汉很冷静，他将有限的兵力驻扎在山巅，占据有利地形，又分出一百兵力保护降民，然后亲率两百名士兵与万名乌拉兵周旋，再派人给后续部队传信。做好一切准备，天色将晚，扈尔汉和五百个降民在等待中度过了一夜。他心里清楚，乌拉兵不会给他太多时间。果然，天一亮，乌拉兵就如蚂蚁一样压上来。别无选择，他和大将扬古利奋勇鏖战，击溃了乌拉兵的进攻。战争拼的就是速度与力量，往往几分钟就能决定胜败。阻击赢得了时间，建州的后援部队适时到达，两股精锐合并，大败乌拉部。

义父养兵千日，用兵一时，扈尔汉不负众望，临危之际气定神闲，一出场就赢得满堂彩。努尔哈赤心花怒放，多年的情感和经济投资，终于培养出一位有胆气、智谋超群的义子，他给建州的肌体注入了新鲜血液，他的血管里喷涌着青春的活力。有些迫不及待，努尔哈赤下达第二道命令：进军渥集部。种种迹象表明，是该捕猎这匹野马的时候了。

1604年五月的一天，暮春的阳光照耀着东征路，千匹战马踏起的尘土遮天蔽日，漫漫烟尘里，建州四大名将率领的一千精兵行色匆匆。盔甲的沉重和饥渴消耗了体能，一千张脸面带疲惫，眼神倦怠，但疲惫和倦怠里却充满着腾腾杀气，这种气势，足以摧毁世界。此刻，他们仅仅是用武力说服同语系的族类，至于宣传语，靠战刀和马蹄就够了。

几乎没遇到像样的抵抗，建州就大获全胜。事实上，和穿鱼皮衣、划桦皮船、使鱼叉的原始部落打仗，与以石击卵何异。东海女真人的攻击对象，仅限于鱼和黑熊，他们在陆地的交通工具是狗和鹿，而建州是马，犬和鹿怎么能与马比呢。

胜利是大家的。扈尔汉知道，他必须干点令人震惊的事情，给义父一个惊喜。通过勘察，他找到突破口——泸野路，那里有两千户居民。对这伙弱势群体，用不着流血恶斗，只稍吓唬一下，再和风细雨地安慰，描绘一下建州的宏伟蓝图，部落民众就会乖乖地跟他走。

两千户居民被他收拢了，在回建州的路上，民众和马队逶迤数里，走得兴冲冲、急切切。大队人马风尘仆仆地进了佛阿拉，努尔哈赤欣喜地走出内宫，迎接制造奇迹的义子。寒暄过后，努尔哈赤大摆庆功宴，在当天所有列席的人里面，扈尔汉星光耀眼——义父赏赐他一副上等的铠甲和一匹良马。对于武士来说，战马良驹、金丝战甲是最高级的奖赏，这种荣誉比财富更让人激动。而封号“达尔汗”，预示初出茅庐的扈尔汉在义父眼里，已成长为一位文韬武略的将军。

十二

努尔哈赤对这位“每战则为先锋，奋不顾身，着实可嘉”的“虾阿哥”（诸贝勒、大臣对扈尔汉的尊称）爱若明珠，设“五大臣”时，青春年少、意气风发的扈尔汉亦位列其中。为进一步凸显义子的特殊地位，议政时，努尔哈赤特批扈尔汉与“四大贝勒”平起平坐。他还公开地对“四大贝勒”说，“虾阿哥”即是你们哥儿几个之后的五阿哥。

然而，人气如日中天的“虾阿哥”，在萨尔浒大战告捷后不久，却渐渐失宠了。父子俩的感情隔膜，起于进攻沈阳浦河的一次战役——浦河，是沈阳北郊的村寨，地理位置非常重要，是抚顺至沈阳乃至沈阳西明朝腹地的连接点。这条交通动脉被忽视几百年，直至二十一世纪它的风姿才逐渐展现。但少有人知道，早在努尔哈赤时代，他就青睐这片处女地，为争夺土地的主权，不惜与义子翻脸。

浦河战役打得并不激烈，多次正面交锋证明，明军不是擅长野战的后金军的对手。后金的弓箭和战马所到之处，明军节节败退。外围失守，沈阳城里的明朝驻军坐不住了，“城门失火，殃及池鱼”，再不派兵增援，努尔哈赤将抡圆手臂舀尽池水，一池子的鱼将被晒成鱼干。

明朝大批援军赶到浦河，赶着把命运交由虎狼之师拿捏——扈尔汉的右翼部队冲散了援军队伍，明军溃败如潮。于兵家来说，机不可失，扈尔汉本应乘胜追击，一直杀进沈阳城。但不知他哪根脑筋错乱，竟突然下令停止追击，以致丧失战机。努尔哈赤气得肝疼，一反多年对义子的爱惜，要按军法治罪。更让他恼火的是，扈尔汉还拒不认错，公然顶撞，让他这个威风的大汗下不来台。或许，努尔哈赤本意想做个姿态，杀鸡儆猴，警示他人避免再犯类似的错误。无论如何，义子就是不买账，居然和义父争得面红耳赤。起兵几十年，还没有人敢对他这么不尊重，努尔哈赤恼羞成怒，画地为牢，下令监禁扈尔汉三天。

南征北战的大将军在光天化日下蹲牢房，屈辱的滋味比杀头还难受。从牛市到熊市，没有太长周期的过渡，就那么哗啦一下垮下来，并跌破底线。父子间有了矛盾，扈尔汉的自信心被彻底摧毁，从此变得一蹶不振，严重影响了他以后的军事指挥判断力，致使后期的作战决策连连失误，他和义父的感情更是一日不如一日。

天命八年（1623年），郁郁不得志的扈尔汉病逝。他是后金开国“五大臣”中唯一受罚的一位，遗憾的是，他没有处理好和义父的感情纠葛，英年早逝，遗恨黄泉。

残碑

他曾是商人、军火贩子、军人、财政部长、后勤部长，再大一点说，兼土地革命的大胆改革家、火炮专家。佟养性一生充满传奇色彩，褒贬不一，争论最大的，是他的身世之谜——有人疑其为汉族，有人说他属满族。飘忽不定的种族关系，使以他为首的、荣誉与显耀贯穿整个清史的佟氏家族毁誉参半。

一

盛夏，正午，寂静的野外，在苜蓿草的熏香中，弯腰阅读碑刻的铭文，大意是：佟养性，抚顺城人，能视时务，诚心来归，因此，赐爱新觉罗家的女儿与你为妻。屡立战功，尽励忠诚，授三等男；攻克辽阳，晋升二等子。身为汉军都统，辛勤操劳，不愧王室忠臣。今追昔往事，念及你的功勋，实为泉壤国典，名垂千载。

碑文是顺治皇帝亲撰，行文流畅，极尽感激之情。皇帝为前臣立传并不多见，那么，佟养性何许人也，竟然引天子垂青？

佟养性，是后金史上地位显赫的重臣。他曾是商人、军火贩子、军人、财政部长、后勤部长，再大一点说，兼土地改革家、火炮专家。这个人的一生充满传奇色彩，褒贬不一，争论最大的，是他的身世之谜——有人疑其为汉族，也有人说他是满族。飘忽不定的种族关系，使以他为首的、荣誉与显耀贯穿整个清史的佟氏家族毁誉参半。

满族佟姓之来历，清人佟兆元在《佟氏宗谱》的《佟氏谱系之由来》中记载："吾族佟氏古史不概见，商记载有夏太史终古归商后为佟氏。又北燕时有辽东郡佟万、佟寿者以文章名世，它无可考。意者：佟虽古姓，而中以衰耗，故史书有缺，惟今奉天省桓仁县有佟佳江，为古之沸流水，南入鸭绿江，明季佟姓聚居于此，然以江姓。"

终古归商始有佟，历史上的终古与前燕佟寿、北燕佟万和满族佟姓有无渊源？满学家认为，满族佟姓可追溯到元朝末年斡朵里万户府兼管鹰事、努尔哈赤的先祖童（佟）挥厚，他以夹温（夹谷）谐音为姓，与终古、前燕佟寿、北燕佟万并没有血缘关系。满学家从历史的角度，否定了满族佟氏的汉族源流。

该族谱还记载，康熙二十七年（1688年）三月十七日，国舅佟国纲奏请康熙皇帝："窃臣祖原系满洲，被明人诱入开原，再放抚顺。后太祖高皇帝兵取抚顺，将臣祖养真（佟养正）并族人大半令居佛阿拉。明时以臣家原系满洲，将臣族数百人尽行杀害，今臣等仍在汉军之列，能无伤心痛恨而告于我皇上？"同年四月，康熙皇帝谕户部，针对佟国纲祖上是否原系满洲一案展开调查。经户部调查，在给康熙皇帝的汇报中引用了努尔哈赤的一段话："福晋系佟氏塔木巴彦之女，尔佟姓兄弟分散入汉，朕知之久矣。"

另外，一份最完整的佟佳氏谱牒《鄂谋豁索哩地方满族佟佳氏世系谱牒（一）》，详细记载了始祖巴虎忒克申七个儿子中的五位世系状况，包括出生地、住址、搬迁原因和搬迁的艰苦悲壮历程。其中有一条："始祖起初在祥云瑞雾名旺地方所生，后移居鄂谋豁索哩居住。长子（大祖）吞图谋图，次子（二祖）坦图谋图……"谱牒中的祥云瑞雾，是指长白山。鄂谋豁索哩，是指斡朵里。这证明佟佳氏的源头是在长白山。

满族佟姓构成复杂，史料表明上述两种情况都存在，即汉族终古等佟氏、元朝斡朵里万户府童（仝）氏、佟佳江之佟氏。这说明满族佟氏是一个集合体，形成时间不一、形成方式不一，姓氏也不一，如佟氏、佟启氏、纳剌氏、完颜氏等。由此断定，满族佟氏的形成是多种多样的。

佟兆元所指的桓仁县，是辽东山区的小县城，城区怀抱一条蓝色浑江，背依五女山。五女山曾是高句丽王城，夫余王子朱蒙因宫廷之争流亡，在山上建立新的王城，盘踞四十年。高句丽人后来迁居吉林集安，永乐二十二年（1424年），即七百多年后，女真人李满住来的时候，王城已经成了空城。

伊始，浑江称婆猪江，聚集两岸的女真人以佟姓居多，赖以捕捞的江流，因此改称佟佳江——佟家江、婆猪江、浑江乃一江之多名。

至于佟家的分支迁至抚顺城，富甲辽东的发家史，乃至通过什么渠道结识努尔哈赤则是时间的哑谜。但至关重要的细枝末节仍可弄清，那就是佟养性的民族问题。世人以佟养性为汉军都统，指认其为汉族，看明王朝大势已去而投降后金。其实，这是只知其一，不知其二。追查佟氏宗谱，发霉的黄表纸上记载，佟氏先祖巴虎忒克申原居黑龙江依兰，后迁长白山，后人又随李满住向西南迁徙。明中叶，东北少数民族尤其是女真人，改称汉姓曾风靡一时。这种细微的变化，与边地民族崇尚汉文化有关。尤其佟养性走南闯北见识多，赶时尚也好，趋利也好，改姓于己有利，故改为佟姓亦未可知。仅根据一个“佟”字而断言他顺风倒，是没有把这件事放在历史语境下思考。

佟养性通过什么渠道和努尔哈赤建立关系？野史说得有鼻子有眼——一个大商人与一方诸侯的相识，竟是由抚顺游击、第一个投降后金的汉人官员，做了努尔哈赤家女婿的李永芳穿针引线——高尔山，在抚顺城区之北，高几百米，树木成荫，终年香火不断。古人说山不在高，有仙则名，因李永芳、努尔哈赤及佟养性三人在此奇遇，高尔山从此声名大振，连山上的那座辽塔都忌妒——李永芳和努尔哈赤在山下打猎，巧遇佟养性，也可能是李游击的故意安排，反正两人一见如故，互相引为知己，成为莫逆之交。

另一个民间版本记载，两人是在北京偶遇，老乡见老乡，亲近感油然而生。熟稔北京城的佟养性带着努尔哈赤游街市、拜官府、交朋友，使努尔哈赤大开眼界，洞悉了明王朝外强中干的内幕，且借进贡之机，向高级汉官首辅状告李成梁在辽东贪污腐败。

两种说法彼此排斥，但佐证了佟养性呼风唤雨、结交八方的能耐，以及其与努尔哈赤交往的密切。这些前期铺垫，为努尔哈赤起兵，佟养性“潜输巨款”奠定了基础。

中国历来是人情社会，有了感情好办事。努尔哈赤起兵后，佟养性利用商人身份做掩护，向建州大量贩运钢铁，最大限度地满足了八旗军的武器原料供应。佟养性倒卖军需，引起明朝地方官员觉察，经核实，秘密逮捕了他。触了高压线，原本是死罪，但佟养性乃大商人，头脑灵活，在大狱假装悔恨，又送厚礼又赔罪，以此收买、迷惑地方官。有钱能使鬼推磨，佟养性商海浮沉多年，深谙此道，收受贿赂的地方官最终释放他，并交代任务——对后金进行反间谍活动。明朝官员放虎归山，佟养性趁机逃亡建州。努尔哈赤求之不得，热情迎接，选佟养性做爱新觉罗家族的女婿，并封他为三等副将。

二

佟养性的墓地几分壮丽，几分凄凉。灰色的水泥方砖缝隙中挤出一簇簇野草，栏杆和生锈的铁链隔离开周围的庄稼地，厚达数尺的巨碑像失血过多的人，脸色苍白，仰面朝天，似乎在说，主人的荣耀已成桃花流水——努尔哈赤对佟养性的厚爱，在后金十分少见。佟氏家族的人随佟养性迁至佛阿拉后，努尔哈赤特批佟家人三年不加派差役。也就是说，后金要白白养活佟氏家族三年。努尔哈赤为什么这样做？后金的将领个个出生入死，功勋赫赫，唯独佟家高人一等，努尔哈赤就不怕他人心存不满吗？

这里头，还有另一个人起了作用。这个人，即元妃佟佳氏哈哈纳扎青。佟佳氏的爷爷号称辽东“佟百万”，家里的银子几辈子花不完，更重要的——努尔哈赤兴兵的十三副铠甲并非继承祖父的产业，而是来自佟家当铺。这一说法有佟家的家谱为证，努尔哈赤初起兵，赤手空拳，财大气粗的爷爷丈人便将珍藏的十三副铠甲赠送给孙女婿。

除铠甲外，佟家还在经济上资助孙女婿，他的银库变成努尔哈赤的军费开支仓库，随时需要随时划拨。而佟养性与“佟百万”同属一族，论起来，后者还是佟养性的亲伯父，哈哈纳扎青和佟养性是堂姐弟，他捐助姐夫，是内亲大度的馈赠。佟养性逃亡建州归顺努尔哈赤，明朝对佟氏家族大举剿杀，一次就杀死三百多人。后来，明朝又抄他的老家，据佟家的后裔说，明军在佟佳江拎走一千多颗人头向上级邀功请赏，可见佟养性叛逃给佟氏家族带来的灾难之深。

这些都是其他人不具备的先天条件，所以佟养性一出场，就扮演了后金重臣的角色。

客观分析，身为商贾的佟养性豁出一切去追随努尔哈赤，存在几方面因素。第一，亲族因素，佟养性系女真根脉，紧要关头，他必倾向本民族利益；第二，佟养性见多识广，知大明王朝江山的根基已经动摇，灭亡只是时间问题；第三，他看中了女真这支驾驭全中国的潜力股，于是买支潜力股，做长期投资。三大因素促使佟养性不惜代价，全力支持后金。事实证明，佟养性在为后金倾注了大量资本后，收益速度比预想得快。他出任后金总管大臣、财政大臣等要职后，敛财概率大大提升。譬如他隐瞒部分战利品，私下和几位贝勒分掉，侵吞大量土地和奴仆，以及马匹牛羊。

之所以这么干，因为他本质上还是商人。

国以民为本，民以食为天，民不饱则国不稳。中国古代不乏锐意进取的改革家，譬如商鞅。商鞅推动农业生产的重大举措是“废井田，开阡陌”，他主张废除奴隶制、土地国有制，实行土地私有制，允许人们开荒种田，土地自由买卖。赋税则按照人均占有土地的多少来承担。为鼓励小农经济，他招募无地农民到秦国开荒，生产粮食和布帛多的，还免除本人的赋税和劳役。商鞅的改革举措，使秦国经济快速发展，进一步加强了中央集权，为实现扩张战略奠定了物质基础。

佟养性推行的“土地革命”，自后金攻占辽东始。他先尝试“计丁授田”，这个“计丁授田”的分配面积十分惊人，整个海州、辽阳地区为一百五十万亩，另外还有松山、铁岭、沈阳、抚顺等辽东的土地也参与进来。授田，顾名思义，是将现成的土地及种子分给劳动者，谷物五亩，棉花一亩，每个男劳力按这个数字平均分配，包括乞丐和僧人。三个成年男子联合，再耕种一亩官田等。授田办法极大地调动了百姓生产劳动的积极性，使流离失所的汉民回到土地上安心耕种，既顺应了民意，稳定了时局，又解决了后金军队粮食补给严重不足的问题。

努尔哈赤对佟养性的创意非常赞赏，佟养性也借助这次改革暴富起来——战乱造成辽南地区经济萧条，很多土地无主经营，佟养性等后金贵族，趁机成了这些土地的主人。这个时期，他积累了二十四万亩土地。粗略计算一下，佟养性拥有的二十四万亩土地，就需要四万人耕种。如此看来，他的六千奴仆实在是九牛一毛——这六千人，按每人种六亩地计算，才能种区区三万六千亩，佟养性还需用三万四千人为他劳动，创造土地价值。

但是，“计丁授田”也有弊端，生产者只有土地使用权，没有所有权。在所占份额土地上耕作的农民，实际上只是土地的附属物，不能随便迁徙，不许垦荒增田，甚至连种什么作物都要受到严格限制。在这种制度下，健壮的男性劳动力实际上等于后金贵族的半自由化奴隶。时间一长，隐患爆发——后金贵族实行经济剥削，阻碍了生产力的发展。幸好皇太极及时发现，召佟养性商榷，请他拿出新的土地管理制度。

针对新矛盾，佟养性提出 “照田起科”的改革建议。他是这么跟皇太极说的——粮食关乎民命，如今地少人多，失去劳动能力的不能计数授田，健康的劳动力又苦于没田耕种。官粮入不敷出，近日还发生一些令人忧虑的事情，断粮者如婴儿嗷嗷待哺，司农无奈，称仓无余粟。现在的情况，如值丰年，官府、民间的粮食尚够用一年；倘遭灾歉收，各家糊口尚且不足，何谈赈济他人？我国生灵百万，粮食生产事关重大，以臣愚见，可告令民间：凡有能力者，广为开垦，照亩纳税；没有能力的，政府贷款，让他们购买牛具、种子。这样的话，一年耕，三年积，九年蓄，仓廪陈积，粮足兵强，还有什么比这利益大呢。

佟养性的建议一出，皇太极就全盘采纳，很快在辽西及辽东地区推广。

佟养性的改革意见，与商鞅异曲同工，他提倡开荒种地、土地私有化及照亩纳税，与春秋时代士大夫的倡导不谋而合，且获得成功。不夸张地说，他是治国的良医，站在国家利益的高度把脉农业经济。从这一点来看，他是走在改革前沿的大胆实践者，勇于探索的冒险家。而佟养性的冒险精神，不只表现在政策的把控上，如果需要，他什么都敢尝试。

三

从贩卖南北物产到组织班底研发热兵器，从唯利是图的商人到科技攻关的“项目经理”，隔山隔水的大跳跃无疑在挑战佟养性的智慧。但皇太极皇命下达——宁远之战，八旗兵吃过红衣大炮的苦头，努尔哈赤就是被袁崇焕炮轰殒命。残酷的事实唤起皇太极的觉醒，要彻底摧垮明军的斗志，夺取宁远、山海关，只作战勇敢显然不够，还得拥有重型武器。他把后金所有的大臣遴选了一遍，觉得能担当此重任的，非额驸佟养性莫属。

佟养性统领汉军营，这支队伍中有不少能工巧匠，粗通机械原理，还有俘虏来的明朝火器营的士兵。佟养性就地取材，利用人才资源，开始了艰难的研发之路。

研发以明军的红衣大炮为模型，从结构部件到射程，再到炮筒的内径厚度，花费了不少时间。万事开头难，佟养性研制的大炮达不到预定射程，要么炮筒厚度不够发生爆裂，厚度勉强过关后，其他问题又接踵而至。最严重的一次，整尊大炮被炸毁。佟养性有些急，宁远攻不下来，八旗兵被阻隔在山海关外，没有火炮，即使进关，也难以应战装备精良的明军——明朝中叶，为提高战斗力，从荷兰、葡萄牙进口了很多佛郎机，在其基础上，改建和新造多种门类，并配置地方部队——袁崇焕的四门大炮就让后金军损失惨重，何况一千多门黑黝黝的炮口对准你，随时都能将你碎为齑粉。

功夫不负有心人，研制小组终于攻关成功，大清终于有了红衣大炮的制造自主权和生产能力。这意味着，八旗兵由冷兵器时代转入热兵器时代。皇太极喜极而泣——如果早拥有大炮，何苦搭上老爹性命！没别的可说，马上投产，造得越快越好，越多越好。还有，额驸佟养性作为“国家级科研项目”的带头人，必须予以重奖。

有梦寐以求的大炮做后盾，皇太极卷土重来，杀向大凌河。八旗兵将大凌河围得水泄不通，再断绝锦州援兵的来路，很快，吴三桂的舅舅、守将祖大寿弹尽粮绝。城里饿殍遍地，勉强活着的人，抢食死者的肉，甚至用人骨当柴烧。大凌河失陷不久，皇太极跨过它，又率军横扫山西腹地。

天聪六年（1632年）初冬，佟养性病死于沈阳，皇太极把他的灵柩送回老家抚顺。

皇太极没来得及给额驸佟养性树碑立传，也突发脑溢血（疑似）猝死于沈阳。然后顺治皇帝，这位三天两日闹着出家的皇帝，念念不忘劳苦功高的佟养性，命人树碑纪念，还亲自为他撰写碑文。同时，他也命人给他的叔伯兄长、太祖努尔哈赤的舅哥佟养真（佟养正）一起树碑。

两块巨碑陪伴大清王朝一路走过来，由盛及衰，由衰而亡。“文革”期间，一支水利工程队在抚顺郊区的会元村干工程。一天晚饭后，看见村外的两块碑，好奇心驱使下，年轻人装点炮药，轰隆两声，汉白玉碑粉身碎骨。当笔者看到时，它已经被佟氏后人翻转，碑文朝上，字迹已经模糊，只有碎块缝隙中挤出纤细的狗尾草，在乡村的风中独舞。

四

据说，佟氏家族有家训，大意是说，做人要灵活，不能在一棵树上吊死。还说，佟氏家训出于佟养性之口。灵活机变，是他的人生信条和处事原则，而“变”是智慧闪光的不二法门，变则通，通则久。因为“变”字，他敢与人跨领域协作——商人造大炮，再次向世人证明，没有做不到，只有想不到。

佟养性带人研制的红衣大炮至今尚在沈阳故宫，与清朝各时期的火炮并列草地之上。笔者游历沈阳故宫的时候，独立围栏外，看到黝黑、厚重的炮筒，感觉到衰落帝国丝丝缕缕的余温——满族善骑射，于刀光剑影中拼出一个后金，闯天下的路上行至宁远，与其说遭遇袁崇焕，莫如说遭遇了西方的科学技术。但年轻的王朝锐不可当，以其人之道还治其人之身，变被动为主动。与西方先进科技的首次交手，大清王朝的奠基者就毫无惧色。

顺治皇帝之后，康熙皇帝登上中国政治舞台，这个满族人，不喜欢花大力气造什么枪炮，他喜欢骑马射箭，在马蹄声中一展雄风。木兰围场圈禁了放之四海的目光，桎梏了纵横捭阖的无忌思想，他忙于平“三藩”、大移民、收台湾、驱沙俄、西征漠北，而此时西方国家的工业革命正在热火朝天地进行。

慈禧太后也不喜欢往军费上投资，她喜欢造园子来过生日。洋人的自鸣钟她爱不释手，长筒火枪捅到鼻尖却仍表情麻木。终于，洋人开着战船登陆上岸，烧了园子，抢走珍宝，摆在列强的国家博物馆和私人收藏室。中国，由内战变至外辱，几千年古老文明毁于朝夕。满族，一个扳倒桀骜不驯的蒙古、瓦解朱氏江山、打败农民军的强悍民族，竟潦倒得手无缚鸡之力。鸦片烟的青雾中，它总算醒过来：红衣大炮失灵了，弓箭也派不上用场了——第二次与列强交手，上来就一败涂地。没有讨价还价，它只有无条件地服从，割地赔款、开放口岸等。

佟养性如若有灵，看见后人被人家打得鼻青脸肿，定会痛斥目光短浅、玩物丧志的不肖子孙——红衣大炮怎能当传家宝呢，只有不断地更新升级技术，才能在弱肉强食的竞争中保持自己的存在啊。

叛国者忧思

祖大寿是宁远沉甸甸的分量，无论过去、现在还是未来，他永远经得起推敲，并且岁月越久，越能反射出耀眼的光芒。或者说，读透了祖大寿，你就读透了辽西明清战争文化中的精彩篇章。祖大寿，既不同于袁崇焕的千古奇冤，也不同于吴三桂蛟龙困于泥潭的挣扎，对他来说，叛国投敌的耻辱太重，而且不该由他一个人承担。

一

祖大寿是宁远沉甸甸的分量，无论过去、现在还是未来，他永远都经得起推敲，并且岁月越久，越能反射出耀眼的光芒。或者说，读透了祖大寿，你就读透了辽西明清战争文化中的精彩篇章。祖大寿，既不同于袁崇焕的千古奇冤，也不同于吴三桂蛟龙困于泥潭的挣扎，对他来说，叛国投敌的耻辱太重，而且不该由他一个人承担。

本来，祖大寿是一位关外明清战争中的豪杰，但命运把他卷入《贰臣传》，抹杀了他的功绩。贰臣就是“汉奸”，男人最怕这两个字顶在头上，一旦顶上，自己及子孙的名誉会都搭进去，且几辈子不得翻身。“汉奸”这个词大约出现于元朝，最初含义并没有这么尖锐，泛指有人心怀叵测，搬弄是非，造成社会不稳。到了晚清以后，汉奸的内涵发生嬗变，这个群体介于内外、敌我之间，认贼作父，为国家和民族所不容。若以这个定义来衡量祖大寿，显然，他是排除于这个罪名之外的。

祖大寿是土生土长的宁远人，祖宗儿孙，亲朋好友，同僚士卒，全在这块土地上。祖氏一族，骨子里传承着尚武精神。晋朝时，其远祖祖逖任镇西将军；明初，祖氏一族由滁州迁至辽阳；宣德五年（1430年），祖氏一族再迁宁远卫。之后，祖氏族中，有人历任百户、千户、指挥佥事、指挥同知。较之先人们，祖大寿的父亲祖承训的军旅生涯波澜壮阔，他参加过援朝抗倭战争，声名也在抗倭战争中得以传世。

祖大寿性格的形成，源自祖氏的一脉相承。祖大寿系祖承训长子，字复宇，据说身材高大，体格健壮。祖大寿青年时代在广宁军中供事，受巡抚王化贞赏识，升为游击。天启二年（1622年），后金突袭广宁，王化贞虽组织抵抗，怎奈技不如人，将广宁拱手相让。祖大寿遂率部分辽兵撤驻觉华岛。蓟辽督师割韭菜似的换了两茬，老臣孙承宗出关，与袁崇焕一起守辽。祖大寿就在这关键时刻被重用，协助袁督师修筑宁远城。

明天启六年（1626年），即后金天命十一年正月，努尔哈赤来攻宁远，祖大寿坚守城南，兼顾城东。激战中，祖大寿指挥守军积极防御，后金在城南与城东均未实现突破。第一次宁远之战宣告结束，祖大寿因作战有功，受朝廷封职奖赏。他和袁督师也在连天炮火中结下兄弟情谊。

二

笔者以为，宁远最具魅力的不是温泉，不是海浴，亦不是花花绿绿的泳装产业。若看看新砖老砖咬合的方城，看看延珲街的两架牌坊，方才觉悟，它们才是宁远的精神内核。那两架牌坊完全属于明代，其建筑背景、材质、雕工等，均反映了那个时代的政治、经济和艺术特色。牌坊的另一番意义还在于，它们极力夸耀了两个忠臣——祖大寿和祖大乐兄弟。

两架牌坊中的一座，专为祖大寿所立，赞扬他效忠朝廷、镇守边疆、扫平战乱的功绩。如果仔细观察，额枋边柱上刻着有趣活泼的一个人戎装骑马出征的浮雕，马儿四肢粗壮而短，体现了明代动物雕刻的风格。最让人浮想联翩的，是谁全副武装，欲马上征战？工匠通过画面告诉世人，此人乃祖将军，他正为保卫辽西走廊奋勇战场。

天聪元年（1627年），沉寂一年的皇太极卷土重来，直扑锦州，势头之猛烈甚于其父汗。袁督师兵力有限，考虑再三，派祖大寿、满桂、尤世禄飞驰锦州。祖大寿等与锦州城内守军里应外合，皇太极啃不动第一打击目标，又挥师转攻宁远。

祖大寿作为袁督师的干将，再次与皇太极面对面交锋，他和满桂、尤世禄三人同心，力阻皇太极于宁远城外。皇太极屡屡发动攻势，祖大寿却像根钉子，拔不掉，砸不弯。袁督师借机狂发炮弹，与皇太极互相炮击。一时间，攻方与守方僵持，互不相让。精明的皇太极料定这一仗仍难获胜，以天热为由撤兵。

再战宁、锦不下，皇太极心焦恼火。而在大明朝廷，却于渺茫中看到一线希望，权贵们情绪热烈，点数着谁该记功，记几等功，数来数去，竟千余人。这么多有功之臣，连总指挥袁督师都排不上号，仅象征性地颁发一点物资奖赏了事，祖大寿自然也没捞不到太多好处。

更让祖大寿喉头哽咽的是，袁督师在胜利的锣鼓声中离职了。

英雄的宁远弥漫着失望的情绪，祖大寿悲观、落寞。但他不能放弃这座城，祖氏的传统不允，袁督师行前也有嘱托。还有，他的妻子、儿女、部属、亲朋、财产都在这儿，他必须顶住压力，与城共存亡。

祖大寿在抑郁中守着宁远。这期间，皇太极曾借给天启皇帝吊丧，致书祖大寿，表达议和的意愿。祖大寿看完信，一字未复。他没有意识到，随着天启皇帝的死，崇祯皇帝继位，他和袁督师、皇太极之间将重续纠结的关系。

笔者有一百种理由相信，祖大寿听说袁督师再度被起用，担任蓟辽督师消息时的振奋。他也为崇祯皇帝对袁督师说的那句“复辽，朕不吝封侯赏。卿努力解天下倒悬，卿子孙亦受其福”感到欢欣，这让他深切地感受到朝廷对袁督师的倚重。袁督师的地位高了，意味着祖大寿等猛将有了核心，收复失地指日可待。

祖大寿的预计没有错。袁督师重返宁远，祖大寿受封前锋总兵，驻守锦州。此举等于让他站在抗击后金的最前沿，替宁远、山海关，乃至北京抵挡皇太极射来的当胸一箭，这是袁督师对祖大寿莫大的信任。

皇太极再攻前夕，打的还是投石问路的牌。史书说，他先后给袁督师发了六封议和信，试图和平谈判。不过，这一次皇太极判断失误，因为袁督师已立下五年复辽誓约，岂能引满朝文武耻笑，招致杀身之祸。而皇太极也从袁督师严厉整顿军纪、斩杀毛文龙等果断行为看出，议和是万万不能的。他遂率领大军，绕过关宁锦防线，取道蒙古，破边墙入塞，杀奔崇祯皇帝的北京。

三

袁督师曾给朝廷上奏疏。

袁督师说：臣在宁远，敌人越关西进的算盘必不得逞；臣忧蓟门薄弱，恐敌人钻了空子，宜置重兵把守。

观此言，袁督师可谓苦口婆心。只是，崇祯皇帝和朝廷官员们终日忙碌，没工夫搭理督师，结果被他不幸言中。

即便袁督师早有预测，一旦变成事实，也险些让他乱了方寸。史书这样记载道：

崇祯二年，即天聪三年（1629年）十月二十九日，蓟辽督师袁崇焕由宁远赶往山海关，行至中后所时，得报八旗军团破大安口，立即部署赵率教点四千兵马，驰救遵化。

三十日，皇太极抵遵化。袁督师紧急抽调祖大寿，随其入京。

十一月初一日，京师戒严。崇祯皇帝于慌乱之中，谕选智略者御敌。这时，袁督师和祖大寿等正浑身汗水，策马狂奔京师。

初四日，皇太极攻陷遵化。

初十日，袁崇焕得崇祯皇帝谕旨："调度各镇援兵，相机进止。"袁督师被迫调整防御部署。

十五日，袁崇焕和祖大寿抵河西，商议进京师援救。奈何崇祯皇帝下令，不准袁督师越过蓟州。

后人都明白，事到此时，崇祯皇帝已被流言蜚语蒙了心，不再信任袁督师。可怜袁督师置身其中，一心保卫圣驾，浑然不觉圣上已把刀架在他的脖子上。

十七日，袁督师率祖大寿到达京师广渠门外，忍着饥渴寒风，露宿扎营。

二十日，皇太极率八旗铁骑滚滚而来。京师脚下，狼烟四起；京城之内，人心惶惶。遭遇劲敌，袁督师和祖大寿只有一个念头：拼死抵抗，绝不能后退半步。两军对峙，万籁俱寂。不知过了多久，马蹄声、号角声、喊杀声，骤然响起，双方人马搅成一团，刀来剑往，难分彼此。那一天，在以多尔衮三兄弟为首的左翼八旗旋风似的攻击下，袁督师与祖大寿背抵城墙，血溅蓟门。目睹这场恶战的朝鲜使臣向他的李氏国王如是描述："贼直到沙窝门，袁军门、祖总兵等自午至酉，鏖战十数合，至于中箭，幸而得捷。贼退奔三十里。贼之不得攻陷京城者，盖因两将力战之功也。"

然而，袁督师的拳拳报国心却被阉党的流言所害。忠君与爱国，原不可混为一谈。

祖大寿亲眼看着袁督师被捕，惊得丢了三魂七魄。他悲伤、恐惧，愤然与何可纲总兵率军离京出关。

谁能想到祖大寿离京时的表情？他必定咬着牙、青着脸，回望北京巍峨的城墙，狠狠地骂一句，策马奔回辽西。

祖大寿一声招呼都不打，就带着人马走了。接下来惊呆恐惧的是老臣孙承宗，他明白老部下为什么突然撤走，更担忧祖大寿一走，北京怕是无人能保。

焦急万分的孙承宗派人带上自己和袁督师的手书，急切切地追赶祖大寿。

祖大寿手捧袁督师的亲笔书信，义愤填胸，伤心哭诉。为解救袁督师，祖大寿披肝沥胆："京师城门口大战堵截，人所共见，反将督师拿问。有功的人不蒙升赏，阵亡的人暴露无棺，伤者呻吟冰地，立功何用？收复遵化，皇上哪知我们的功劳？既然说辽人是奸细，今且回去，让他们厮杀……"

祖大寿一字一句，动容动情，辽军一片呜咽。那哭声如海潮滚滚，隔着数百年时光，传达笔者的耳畔。当时，笔者站在祖氏兄弟牌坊下，辨认着额枋上刻的"廓清之烈"四个大字。

扫清外患，忠贞者付出了怎样的代价？可祖大寿哭也好，骂也好，却不相信他们誓死捍卫的朝廷已无法理可讲，亦不念人情道德。朝廷的所作所为，只会叫他伤感。他说出这番话，唯希望朝廷理解袁督师，理解为国守土的辽军将士。他还幻想，凭着辽军劳苦功高，还可以拯救身陷牢狱的袁督师。

四

但是，祖大寿的忠义并未感动崇祯皇帝。尽管他回师入关，在孙阁老的领导下一口气收复永平、滦州、迁安、遵化四城，但崇祯皇帝仍然杀了袁督师。

由于史籍的疏漏，我们无法知悉袁督师的死讯传到祖大寿那里时，他是什么样的心情。笔者觉得，祖大寿的第一反应，唯有惨然一笑，笑得天地千古寒。

皇太极计杀袁督师成功，也未得意。一个没有对手的人，定会心生失落感。因此，他不想祖大寿重蹈覆辙。

在皇太极的眼里，祖大寿不独他一人，而是宁远、锦州乃至辽西走廊四百里的核心，他就是辽西的一杆大旗，有他在，辽西人的精神意志犹存，军事防线就不会垮。反之，招降了祖大寿，意味着大明的宁锦防线全部垮塌。而对付祖大寿最有效的办法是围，困住这只虎，挫他的锐气，磨他的勇气，消解他的斗志。

崇祯四年（1631年），即天聪四年七月，皇太极来了，困祖大寿于大凌河城。

彼时的大凌河城，包括祖大寿在内，副将八人，参将游击二十人，骑兵七千人，步兵七千人，夫役、商贾约万余人。祖大寿几次突围，均被皇太极逼回城内。山海关、宁远、锦州方面的援兵也被八旗兵打得落花流水。内外阻隔的祖大寿，很快尝到坐困的滋味。

皇太极拿捏着分寸，展开劝降手段。祖大寿仍采取置之不理的老办法。皇太极不急不恼，端坐城外和祖大寿耗着。

大凌河告急，监军道张春和总兵吴襄统兵四万，由宁远飞驰来救。这一仗，以援军覆灭、监军道张春一干人等被生擒告终。十月底，以张春为首的二十三名将领分别写信劝降祖大寿，祖大寿毫无所动。皇太极的亲笔招降信打了水漂，激不起丝毫涟漪。

大凌河城内断粮断炊，人吃人的惨剧天天在上演。

若保卫百姓到自相残杀的地步，保卫之意义何在？被保卫的百姓为了活命，还原野兽本性，保卫者焉能不脊背生寒？祖大寿聪明，如何参不透这玄机，只好开城投降。但何可纲骨头硬，死于八旗兵乱刀之下。饿疯了的大凌河人冲上去，分食了他——一想到何可纲，笔者总为他悲切，他从宁远转战锦州，从锦州转战京畿，从京畿战到滦州、永平，又从锦州战到大凌河，结果和袁督师一样，为百姓而死，而百姓待他却比豺狼还狠。

祖大寿降了，皇太极把自己最心爱的东西一股脑地赠送给他，他的兄弟、子侄、副将通通厚待。可祖大寿的心里，只有他的朝廷、他的城、他的百姓。他诓骗皇太极说，请放他回锦州，然后里应外合，占领锦州城。这种伎俩，由祖大寿使出来，有点儿诙谐，也隐着凛凛的成分。皇太极呢，有意无意地着了祖大寿的道儿，同意了他的计策。祖大寿一入锦州，却再无音讯。后金高层异常恼火，建议杀掉祖大寿的家人、部将，因为自明清开战以来，还没有哪个降将敢这么戏耍大金。面对祖大寿的去而不返，皇太极的做法则高明得多。他大度包容，采取政治攻势和人情攻势，加倍善待祖大寿的亲人、部将，希望以此感化他。

这些事情，锦州城里的祖大寿尽收眼底，但皇太极始终没撼动他的心。接下来的七年间，祖大寿一直与皇太极为敌。两人曾在中后所，也就是今天的绥中相遇过，皇太极再次劝他投降，祖大寿仍不理睬。后来，多尔衮统军攻明，崇祯皇帝急调祖大寿入援。崇祯十二年（1639年）十二月，清军攻占济南，祖大寿又往，直到三月才完成使命，奉诏返回宁远。不久，祖大寿再次被派驻锦州，直到崇祯十四年（1641年），皇太极再次来围。

这一次，祖大寿自知难逃此劫了。他业已老迈，当年的少壮和慷慨激昂都被时间退化成行动迟缓、须发飘然。但是，他不能脱下那身征袍，过去他是辽西的擎天一柱，现在他依旧主宰辽西人的精神世界，他必须战斗到最后。

漫长的围困开始了，皇太极表现出十足的耐心，气定神闲地坐在城外，指挥兄弟子侄们轮番围城。其间，皇太极轻松地灭掉洪承畴的十三万援军，洪军门被押解盛京，不日降清。最有可能救锦州于水火的洪军门投降了，明朝再无合适的人选来挽救祖大寿，他只能静候死神到来。

一年后，锦州城尸骨遍地，惨不忍睹，若再坚持下去，城亡人也亡。直到最后，祖大寿仍信念不改，倒是祖夫人不忍百姓无辜受死，苦劝他归降。祖大寿走投无路，一声叹息，由部下抬他出城。而他走后，祖夫人却悄悄上吊自杀。

祖大寿降清，并未削弱他的英雄气概。说到底，他不是败在军事行动上，而是败于腐朽的明朝。

云南梦里的银杏

他是宁远的一团灰影，宁远人对待他，持一种既亲密又疏远的复杂心态。亲密，因他是乡党；疏远，为他一生的板荡。吴三桂，是宁远字典里一个夹缠不清的词条。

一

他是宁远的一团灰影，宁远人对待他，持一种既亲密又疏远的复杂心态。亲密，因他是乡党；疏远，为他一生的板荡。吴三桂，是宁远字典里一个纠缠不清的词条。

在宁远，笔者很期望能看到与吴三桂有关的遗物，像老宅院、一件器物什么的，但终究心愿落空。吴三桂斑斓了宁远的记忆，他本人可供追思的东西几近空白。吴三桂不同于袁崇焕，也不同于祖大寿，宁远的一切风情均可牵连上他，也在有意无意地避讳他。所以，笔者在宁远东逛西逛，才只在文庙的一间耳房里，在排列着宁远历代名人的木牌上发现他的父亲吴襄的名字。

后来听说，绥中镇北上帝庙的小学校是吴家的一处宅子，院内有棵银杏树，乃吴三桂亲手植下，笔者的心里就存下念想。

吴三桂，是宁远永远解决不了的矛盾。宁远人无法割除与他的一乡水土情分，又不能神采飞扬地宣扬他的才干，他是宁远一颗明亮而晦暗的星。

中国的封建社会，包括拼家世，你系出名门，铁定比别人走得快。说到吴三桂，在当时的宁远，没有谁家的孩子比他出身更好——亲舅舅祖大寿，亲爹吴襄。把亲舅舅放在亲爹头里，是因为辽西没有第二个家族的威望能胜过祖家。祖氏一门人丁兴旺，尤有祖大寿、祖大乐、祖大弼等皆为军中猛将。吴襄因续娶祖大寿的胞妹，沾了祖家的光，跻身宁远望族中的一支。

查吴家原籍，是在安徽歙县，原以贩马为业。后多来往关内外，常寄居辽西，到明中晚期，吴家开始定居宁远中后所。

吴襄深得父亲的言传身教，相马很有一套本事。但他厌倦了祖传的生存技能，中途转入行伍。相马，练就了吴襄为人灵活的性格，他很快得到李成梁垂青，升为千总，初显军事才华。

吴三桂十一岁那年，吴襄考中武进士，被任命为参将。地位的提高和依靠祖氏的裙带关系，吴襄多了与关外明军中高层接触的机会。他不失时机地让二儿子吴三桂认时任宁锦监军的太监高起潜做干爹，为儿子的未来拓开一条路。

吴襄本人的官运，浪花般的起起落落：崇祯二年（1629年）十月，已升为都司佥事的吴襄随袁崇焕和祖大寿入卫京师。第二年，他随祖大寿收复永平四城，因功升任团练总兵官。祖大寿被困大凌河，吴襄发兵增援，不料四万人马皆败，大凌河也落入皇太极的手里。吴襄作为主帅之一，罪责难逃，被朝廷削职，令戴罪立功。

吴襄垂头丧气半年余，山东孔有德叛明，高起潜带祖大弼、吴襄前去平叛。此次战斗中，吴襄表现出色，先官复原职，再加官都督同知，驻守宁远城。然而，仅一年工夫，吴襄又丢掉总兵职务。崇祯七年（1634年）夏，皇太极入边袭扰宣府、大同。朝野震惊，苦无良策，这时吴襄挺身而出，请求入关增援并获准。吴襄与各路援军进入山西战场，孰料明军畏缩不前，致使八旗兵团从容地洗劫太原、宣府等地。结果，吴襄被朝廷以贻误军机、逗留不进罪逮捕入狱，并革去辽东总兵之职。这对吴襄不啻沉重打击，他上书自辩，且在上书的最后说：臣子吴三桂世受国恩，亦必杀贼仰报万一矣。

由此可见，年轻的吴三桂已在关外军中崭露头角，走进崇祯皇帝及朝廷命官们的视野，是以吴襄力荐儿子，为自己开罪，同时为儿子施展才华创造机会。

二

据说吴三桂俊朗舒展，白皙风流，这话不管他人信否，笔者是信的。吴三桂成长的地方，有山有海有平原，气候湿润，物产丰饶。他享受着显赫家庭的尊贵，亦享受时令瓜果、珍贵海鲜，还有宁远街坊的民间小吃，甚至北京、江南各地的精美食物，都可以通过山海关咽喉，直接送到吴府。与生俱来的优越感，俊逸的长相，那吴三桂不超群，还会有谁呢？

一个人的气质和容貌得益于天赋，但很大程度上也是培养出来的。

生于武人世家，吴三桂自然对武将的好处心领神会。但是，他又区别于崇尚武德，不重文饰的粗莽汉。据明末稗史记载，吴三桂幼年师从董其昌，受一代文宗儒家文化教育熏陶，武将的素质中又多了几分书卷气，成就了他勇猛细腻的性格。

有了家庭这棵大树的荫庇，吴三桂青少年时就历官都督指挥、中军等军职，成为关宁铁骑中最年轻的将领。后来的诸多事实告诉我们，吴三桂本人的剽悍与骁勇，确实让很多人难以望其项背。

吴三桂的勇猛善战最早显现在崇祯元年（1628年）那一场救父传奇中。当时舅舅祖大寿为前锋总兵挂印征辽前锋将军驻锦州，吴襄作为属下参将，于彼年秋收季节带五百士卒出城“哨探”。在距城百里处，竟遭遇八旗兵围困，吴襄左冲右突，渐渐力不能支。

危急时刻，吴三桂随舅舅祖大寿登临锦州城，见四十里平原秋色宜人，烟云如黛。陶醉间，吴三桂惊见父亲陷入重围，急忙跪求舅舅出手相救。祖大寿坚拒外甥的求告，断然道：“我以封疆为重任，焉敢妄自行动？”吴三桂哭着说：“总爷不发兵，儿请率家丁拼死相救。”祖大寿心软默许。吴三桂起身下城，率二十余家丁冲向八旗军队。

救父心切的吴三桂冲乱包围圈，硬是杀开一条血路逃出。城上的祖大寿见此情景，不禁赞叹外甥的勇气与胆魄，命城上军士擂鼓助威，并亲自出城接应吴氏父子。脱离险境的吴三桂见了舅舅，顾不得鼻梁上淋漓的鲜血，翻身下马，付尘跪泣。祖大寿搀扶起外甥，抚摸着他的脊背安慰说：“儿不忧不富贵，吾即请封拜。”

吴三桂第一次表现出勇者气概，赢得舅舅嘉许，也获得朝廷封赏，并赚来了忠臣孝子的美名。就连皇太极听说后，也称他为好汉，不无感叹地说：“我若得此人，何忧不得天下！”

这是吴三桂给皇太极的第一印象，也是他与清王朝大半生纠缠的开端。

其实，吴三桂的奋勇因子，应传承舅父一门。纵观吴三桂的前半生，滚刀尖、蹚烈火的战场上，无论血拼李自成，还是剿灭南明小朝廷，他的毅然决绝都与舅舅如出一辙。而他善于攀附、多谋多思的另一面，则源于父亲吴襄的血液——别忘了，吴家早先是贩马的。贩马，就要懂马，摸透马的脾气，才能干好这个行当。再有，贩马本利益趋之，有的赚才能做。吴家的价值取向，被成长起来的吴三桂熟练地运用到效命的政治集团、打交道的人的身上。而这一切看起来，只是一个男人向往成功的运作模式，可算本性，却又未必完全是本性。

三

吴三桂以总兵身份再度登上宁远城的时候，既踌躇满志，又如履薄冰。

聪明绝顶的吴三桂，把驭马与驭人的理论融会贯通，先后攀缘监军高起潜、经略方一藻、经略洪承畴、新安谢四新等政要，加之自身条件过硬，终莅任宁远总兵。这时，他的舅舅祖大寿驻防锦州，爷儿俩相距二百里，战略地位在伯仲之间。

皇太极拉开松锦决战的序幕。

皇太极故伎重演，把大凌河围城打援的手段，全盘移植到锦州。这一次，他先蚕食锦州周围地区，等时机成熟，再一举围困锦州。吴三桂识破了皇太极的计策，建议朝廷增调蓟镇兵力会合锦州，集中力量击败清军的进攻。

事实印证了吴三桂的分析，崇祯十三年（1640年），也即从崇德五年的五月开始，皇太极频繁发兵袭扰锦州、松山、杏山、宁远，吴三桂等人也在方一藻的统一指挥下，在宁锦一线与清军形成胶着状态。

崇祯皇帝十分清楚锦州失守的严重后果，于是集合包括吴三桂在内的十三万人马，准备与清军决一死战。本来，根据洪承畴的战略意图，十三万大军且战且守，步步为营，直至逼退皇太极。怎奈高居庙堂的官员们不了解战局，以农民军在中原地区再度崛起为由，追着洪军门速决辽东战事，免得耗费军饷，贻误战机。洪军门迫于压力，誓师宁远，仓促上阵，不日追近锦州。受困笼中的祖大寿也趁势突围，突破了清军的两道封锁线。

皇太极却不慌不忙，他站在大营高岗，俯瞰明军阵营，发现了明军前有攻后无守的弱点，马上组织清军反攻，一举击溃洪承畴。混乱中，明军竞相逃跑，吴三桂也夺路呼号。

吴三桂奔回宁远，浑身血土，一脸愧色。

那天上午，宁远城大雨如注，渤海的风夹着波涛，狠命地摔打着海岸线。

锦州丢了，十三万大军灰飞烟灭。崇祯皇帝处罚的圣旨一道接一道。吴三桂躲在宁远，日夜忐忑。可等来等去，戏剧性的一幕上演了：关蓟各边就近辽兵由吴三桂总统。

吴三桂悲喜交加。

这次不是朝廷的误判，而是崇祯皇帝再挑不出比吴三桂更合适的人选来驻守关外。他要洗刷损兵折将的耻辱，就得把握天降的机遇，挽救松锦决战的败局——是的，实在不能把“临阵脱逃”四个字扣在吴三桂的头上，那是一场尚未开始就注定失败的战役，他们的真正对手是朝廷里头那些动不动就跳脚狂呼乱喊的官员，他们七嘴八舌的鼓噪葬送了十三万大军。然而，要重振士气太难了，吴三桂一面感恩图报，一面心里敲鼓。现在，集合辽西三镇及山海关等处兵马，总共才不足四万兵卒，万余匹马，如果皇太极再加强攻势，他要如何守住宁锦防线，保住山海关和北京？

吴三桂要应对的另一个考验，恰恰来自他的强硬对手皇太极。

十三万大军惨败，锦州开城投降，直接后果是洪承畴、祖大寿等集体降清。之后，吴三桂顿成辽西走廊最令人瞩目的人物，他的抉择去留，显得举足轻重。本来，皇太极极爱吴三桂的才干，这一来越发急于收于麾下。于是，皇太极针对吴三桂展开积极外交，希望他可以审时度势，尽早降清。

皇太极的手书，同僚、姑表亲戚的书信雪片似的飞落吴三桂的案头，他却只字未复。那天在风雨亭，他还陷在战败的失魂落魄中，就说：我不能降，也不想死。吴三桂的潜意识，在他高傲的思想中，无法亲近游猎民族，这不只是中央与边疆的争斗，更是民族出身和民族文化的差异使然，他不愿意浑噩地接纳皇太极的许诺，从此背上背信弃义的千古骂名。

鉴于吴三桂的态度，皇太极再去信时，言语中已含愠怒威吓之意。就在这段时间，吴三桂还示威似的与清军交过几次手，且取小胜，被明朝视为国家干城，上下一片赞扬之声。在吴三桂与大清国势不两立的坚定下面，藏着一颗躁动的心，他越坚持，他的作用就越在崇祯和皇太极那里凸显，双方都不敢对他小觑。以吴三桂的聪明，想必早已明了舅舅和洪军门等人的结局对于他意味着什么，但他也不能轻易跨过那道纲常伦理的槛。吴三桂是用他的特殊方式权衡，内心惊涛骇浪，表面却保持最大的平静。

出人意料的是，皇太极在1643年八月神秘死亡，他没留下任何遗嘱，谁来继位，谁统兵西进解决吴三桂这个心腹之患，都成为他身后的棘手问题。

四

年轻的大清朝经历了一场骇人的变局，多尔衮屈居摄政王。

此时，崇祯皇帝离上吊的凄惨境遇又近了一步：大顺军在陕西击败总督孙传庭，四万九边精锐全军覆没。事已至此，吴三桂成了崇祯皇帝唯一的指望。然而，崇祯皇帝面临两难：抽调吴三桂入关，等于放弃宁远；不调吴三桂入京师，又恐人心不稳。崇祯皇帝腹背受敌，那些自命不凡的朝廷命官们又一次玩起模棱两可的把戏，说起话来两头都不得罪。崇祯皇帝向吴襄讨主意，吴襄老练圆滑，奏称：可让臣子吴三桂以抵挡大顺军为由，撤出宁远入关。

崇祯皇帝犹豫不决间，大顺军已杀奔京城，消息传来，他这次出奇地果断：封吴三桂为平西伯，即刻入京。

第三方的多尔衮主动介入，打着赶走大顺军的旗号，挺进辽西。这位北京的老对头，俨然成了明天子的大救星。

多尔衮辛苦地跋涉在行进路上。

宁远开始大撤退，城里城外哭天抢地，一片狼藉。

许多年后，笔者躺在宁远一个近海的房间里，聆听窗外的哗哗大雨，想到吴三桂离别宁远时的悲怆。宁远城的所有人中，吴三桂应该最不想走。他的私宅、田产、亲情、友情都在这里，一朝人去，吴家和祖家多少年的心血将化为乌有。而且，就在几个月之前，他闲居在家的老父吴襄突然接到崇祯皇帝下拨的俸禄，诏命吴襄提督京营，携家眷入京。吴三桂岂不明白崇祯皇帝的用意，他的思想不再摇摆，给皇帝写下一封决心书，用吏科给事中吴麟征的话说，三桂已抱定了马革裹尸之心。

于公于私，吴三桂都想在宁远与多尔衮战斗到最后一刻，他就像特洛伊的赫克托尔王子一样，预感到城邦将被摧毁，自己将要阵亡，妻儿将沦为奴隶，可他毅然准备血洒疆场。

然而，吴三桂必须得撤，舍宁远以卫京畿。但是他走，也得带上全城的人，这是他的底线。

这时的吴三桂，忽然觉得宁远的一草一木、一砖一瓦竟如此牵动他的心。他明知不能搬走全城，还是执拗地收拾东西，直到再没有工夫磨蹭，才领着一城百姓担着担子，赶着车，扶老携幼地离开家门。在黑暗的雨声里，吴三桂骑马走在前面，后面跟着眼神迷茫的宁远人。这支长长的队伍没有一点笑容，没有喧嚷嘈杂，他们沉默着、逶迤着，缓缓地走向山海关。

吴三桂赶到丰润，噩耗传来：大顺军攻占北京，崇祯皇帝上吊死了。吴三桂勒住马，呆了。此时的吴三桂，心里弥漫着哀伤和绝望，而他除了山海关，已无处可去。

命运把吴三桂抛到诡异的境地，他要去往哪里，须再三掂量。

先是李自成让人捎来招降信，开列的条件让吴三桂怦然心动。于他而言，投靠李自成恐怕是最稳妥的一条路，主要是他与李自成素无结怨，而他与多尔衮兄弟却多年死磕，已结为宿敌。事实上，吴三桂与李自成也达成一致，如果不是后来刘宗敏抢吴家财产，夺陈圆圆，他转投多尔衮的可能性几乎为零。然而，命运就这么安排了。

有人说，吴三桂降清是怒发冲冠为红颜，这一说法也算站得住脚，他不缺大丈夫气魄——试问天下男人，有几个是百折不回的情种？但吴三桂绝不仅仅为一个陈圆圆就丧失立场，他也是有理想、有抱负的人，懂得权衡孰轻孰重。所以，他降清有着多方面的因素。

最后，吴三桂放下尊严，再三致书多尔衮。被逼到死角的他，不在乎什么银子、官位，只要有复仇的机会，一切均不在话下。多尔衮比他的兄长皇太极聪明得多，好生地为难了一番吴三桂，才接受他的剃发叩拜，然后让他与李自成先行消耗，考验他的诚心。吴三桂唯有浴血拼杀，才能证明自己，保存自己，因为多尔衮给吴三桂的封赏，亦远非崇祯皇帝和李自成的许诺可比。吴三桂从此追随多尔衮，而以多尔衮的精明，就要将吴三桂远调他乡，以此剥离他与故土的关系。

吴三桂把云南经营成自己的王国，一辈子该享的福都享了，却难以令人相信，他真的快活赛神仙？他泛舟滇池的时候不想念渤海湾？赏玩奇石珍宝时不怀念老屋院中央的那棵银杏树？他将半个昆明作为私人花园，与陈圆圆览胜观景，就全然忘了宁远城的风烟？笔者相信，在吴三桂的情感深处，一直藏着个宁远城，只是他心中有愧，即便权势熏天也不敢踏上归乡之旅，直到身死。

秋风策马阅兴京

“兴京”一名是演变来的。这座城原先叫万年屯，明朝万历年间改为兴兵堡。而兴兵堡，名出努尔哈赤。延至天聪七年（1633年），皇太极谕旨，赫图阿拉为“兴王故地”，赐名“兴京”。

一

水是一座城的灵魂，一本无字的纪传，汤汤脉脉，撰著百世而不殆。兴京的水唤作苏克苏浒河，清时，改称苏子河。满语中，“苏克苏浒河”意为鹰经常飞落的河。苏克苏浒河原有一种猛禽，叫海东青，它是鹰神的后代。传说，一年秋分后的子夜，天上的达拉代敏鹰神嘎恩哈俯瞰大地，发现这条河很美，就偷偷下凡到河边玩耍。她吃了人间的食物，生下一大堆蛋，这些蛋孵出来，变成一大群雄鹰。嘎恩哈鹰神怕天神察觉惩罚她，便丢下儿女，再不敢来。

长大的小鹰在河边筑巢，到河里捕鱼。沿岸村寨的女真人见雄鹰整天落在河边，遂称这条河为苏克苏浒河。女真人通过观察，发现鹰捕鱼的本领，就把鹰捉来训练。这种鹰异常凶猛，不服管教，一个叫七十的青年，发明了一种驯鹰办法，俗称“熬鹰”。七十几天几夜不许鹰睡觉，熬得鹰精疲力竭，又让它“跳绳、过拳”，意志崩溃的鹰无可奈何，只得乖乖地听从七十的命令。七十把野性收敛的鹰喂胖，又别出心裁地用一根麻绳绑上肉块喂食，鹰无法消化麻绳，吐出绳团，反反复复，肠油被刮尽，七十美其名曰“带轴减肥”。

这种方法虽残酷，却调教出强壮驯服的雄鹰。兴京的处女时代，苏克苏浒河渔船往来，海东青像黑色利箭，口衔鱼儿飞掠水面。努尔哈赤在赫图阿拉建立政权后，于苏克苏浒河畔设了好多网庄，每个网庄饲养若干只海东青，专为后金宫廷捕鱼。

海东青作为贡品价格昂贵，清初，一石小米值五钱银子，而一只海东青竟价值三十两白银。百年弹指，随着环境恶化，神秘的海东青早已消失了。

细鳞鱼是海东青的主要猎取目标，数百年前，乃至更遥远的时期，苏克苏浒河特产细鳞鱼。这种鱼终年栖息在山涧溪流，对水质要求十分苛刻，冬季在深潭或大江中越冬，初春解冻时洄游产卵。细鳞鱼肉质细嫩，脂肪含量高。清时，细鳞鱼作为宫廷贡品岁岁进京，端上帝王餐桌。由于人类活动、过分捕捞等原因，继海东青之后，细鳞鱼也绝迹于苏克苏浒河——它以自己的方式惩戒赖以生存的河流。

很难想象原始的苏克苏浒河的流量。有据可查的清代苏克苏浒河，宽阔、深邃、浩瀚。史载，兴京地方有好几处水驿，如苇子峪水驿、永陵驿、木奇驿等。夏季河水暴涨，向西南顺水漂流可抵达清河、本溪；去抚顺、沈阳，行船泛舟的水路始于苏克苏浒河，一路向西，可进入浑河。修建福陵（努尔哈赤陵寝）用的木料，也是沿这一条水路运抵沈阳东郊的。

苏克苏浒河母性、慈爱，有史以来，未给两岸生灵带来大的水灾。这条河像母亲的乳汁，滋养了迁出长白山，寻求丰饶之地的女真人。漂泊的女真人定居于烟筒山下，捕鱼开垦、狩猎采集，开辟新天地，创造新生活，最终冲出中国东北角，逐鹿中原，入主紫禁城，统治中国二百六十七年。

试想，如果没有这条大河，女真人会不会扎根兴京？屈指细数，从神话中的女萨满乌里西奔，到肃慎、挹娄、勿吉、靺鞨；从燕山山脉到乌苏里江再到松花江，一支有着三四千年悠久历史的古老民族一直在逐水草而居。水是灵魂和翅膀，没有水，迁徙的心会盘旋不定。有水，众多的生灵才能绵绵生息。

苏克苏浒河养育了建州女真，孕育了璀璨的文明——老满文，创建于河南岸的佛阿拉城；赫图阿拉，大清王朝的龙兴之地；永陵，关外三陵之首，世界自然文化遗产。兴京，中国最后一个封建王朝的摇篮，以人参、鹿茸、林蛙扬名于天下。平心而论，这么一块弹丸之地，文明的触角伸及八荒，谁敢说没有大河的功劳？！

二

江河不废万古，磐石岿然屹立。水有水的柔情，山有山的慈爱。如果说苏克苏浒河孕育了地域文明，那么，山就是这地域文明忠实的守护神。兴京多山，山环山，山绕山，山叠山，山拱山。数不清的山脉，溯其源，皆长白山绵亘千里而来，较著名的一条余脉，称为龙岗山。《盛京通志》称龙岗山为“纳噜窝集”。“纳噜窝集”系满语，大意为穴居山林的人。龙岗山为东西走向，分支无数，越兴京城，至城西四十里的永陵又称“启运山”。

“启运”，是清帝国统治者心怀仰慕的表达，他们把这块峥嵘峰蓥又不失钟毓之秀的关东大山奉为天尊，极尽赞美之辞。极致的夸耀，在外人眼里似乎可笑。实则不然，细细思量，祖先们四处漂泊，为的是什么？就是寻觅地肥水美的绿洲。兴京，恰好是上天恩赐予女真人的绿洲，它符合渔猎生活的习惯，又占地理优势，容易接触、吸收汉民族文化，打开眼界，飞速发展。统一女真后，仅用三十多年就建立了清王朝。这其中，有复杂的人为因素，也不能排除自然因素。

比较之下，清帝国统治者奉兴京为“圣地”，奉龙岗山为“圣山”，就不难理解了。在笔者阅读过的清代诗歌中，有不少描绘兴京的内容，康熙皇帝1698年（康熙三十七年）第三次回乡祭祖，欣然写下一首《兴京》：

霭霭兴王地，风云莫可攀。
萦洄千曲水，盘叠百重山。
瞻败园陵肃，凝思大业艰。
茏葱松柏茂，瑞鸟满林间。

水，潆洄千曲；山，盘叠百重。天空凝聚着祥瑞之气，树木葱茏，鸟鸣深涧，这样美好的地方，还不是开启鸿蒙、缔造大业之地吗？

和祖父相比，乾隆皇帝描绘兴京风景的诗歌更多，乾隆十九年（1754年），他在一首《恭瞻启运山作歌》中，起首就道出山脉的本源“长白龙干西南来，灵山启运神堂开”。在这里，乾隆皇帝一方面说龙岗山来自长白山；另一方面，暗指满族始祖是仙女生于长白山。短短十四字，寄托着一代帝王深厚的怀旧之情。

皇帝的赞美诗一落笔，百官们自是不敢怠慢，大家都是文人，饱读诗书，出口成章，于是乎，关于兴京的诗歌创作达到一个高峰。吟诵大小官员们成摞的诗文，笔者却偏爱纳兰性德的词《长相思》。这首词作于康熙二十一年（1682年），当时纳兰性德以御前一等侍卫的身份，随康熙皇帝返乡祭祖。这次祭祖是二月十五日启程，二月二十二日出山海关，所以有一句“身向榆关那畔行”。这个被王国维誉为“北宋以来，一人而已”的满族大才子，在词中称榆关那畔是“故园”，由此可见，兴京在他心目中的地位。

清没落之后，再没有这类带着强烈地方色彩的诗词了。每每抬眼眺望龙岗山，看着落日余晖给起伏的山岗涂上金光，那一首首诗歌，就像树叶在空中飞舞。

山怀抱碧玉，水滋润土地，兴京地区在唐代时就已建立郡制，但真正开发这片土地的是女真人，确切地说，兴旺于努尔哈赤时代。尤其是努尔哈赤任建州左卫指挥使以后，随着贸易的频繁，人口的增加，社会需求和社会生产力同步发展，大量荒凉的土地得到开垦。更有甚者，土地居然开辟到了山顶，以至朝鲜使臣申忠一大为惊讶，在《建州纪程图记》中写道：建州垦荒种田之风日盛，随处可见新植的谷粟。

从上述来看，努尔哈赤算是兴京农业产业开发的鼻祖，为生活和战略需要，他号召全族向山坡沟谷进军，伐木拔草，打造粮食生产基地。受历史资料的局限，努尔哈赤时代的兴京土地面积无据可查。民国二年（1913年）的统计数据显示，兴京城共计五十四万五百七十七亩土地。那么，这些土地种植了什么呢？请看下面这组数字：

元豆三十二万三百余石；

红粮一万两千五百余石；

小麦四千余石；

稻米三千余石；

小米三千余石；

苞米一千五百余石；

元米一千五百余石；

小豆一千二百余石；

绳麻九十八万五千余石；

元皮三千五百余张；

……

这组数字指输出域外而言，自足部分并未列入计算。它让我们看到，清末乃至民国，兴京地区的农作物是多种种植结构。其中，红粮（高粱）、小米、小麦、小豆属低产作物，但输出额度大，其种植面积之大可想而知。

需要指出的是小麦，四千石不是小数，笔者疑惑，兴京的地理气候并不适宜小麦生产，怎么会大面积种植呢？真是今人看古人，如坠云雾中。小麦到20世纪60年代已经没有种植了，荞麦倒是有。一般，种荞麦在下等地，带点涝性。荞麦收成晚，产量低，如果下早霜，将会颗粒无收。

再有九十八万石麻，搓成绳子也叫麻，生产这么多的绳麻，得多少土地？笔者对这种作物有点特殊印象，祖父在世时，常说起赶着大车去南甸卖麻的事。

20世纪80年代中期以后，兴京地区不再种麻。高粱也极少见，现在基本淡出种植范围。这也不奇怪，土地面积逐年减少，工业占地、开发占地，东家占西家占，逐渐逼近红线。土地减少，就要选择高产作物，大豆和玉米品种不断更新，抗倒伏、抗旱涝种植面积荣登榜首。

三

山水土木，民众产业，构成兴京独特的地域文化。兴京物产丰饶，亦有其建制沿革的脉络——现今的县政府，是三层灰色小楼，花圃里栽植芍药花，每年五月，芍药盛开，花团锦簇。嫩黄的复瓣蔷薇从廊柱两边斜伸出去，香气袭人。努尔哈赤的雕像在方形广场中央，是兴京的标志性建筑，昭示着这座城骄傲的历史背景。

“兴京”也是演变而来的，这座城原先叫万年屯，明朝万历年间改为兴兵堡，而兴兵堡，则名出努尔哈赤：

据说，努尔哈赤为逃脱明朝总兵李成梁的追捕，躲到风景秀丽的万年屯给人放猪。东家虐待他，给他吃发霉的干粮，还找借口克扣工钱。他愤然“炒”了老板鱿鱼。辞工的努尔哈赤身无长物，被索姓老头收留。老人看他相貌奇特，知其日后必成大器，于是召回在富尔江占山为王的儿子，叫儿子为努尔哈赤保驾。老人又把女儿许配于他，努尔哈赤封此女为妃。不久，老人在两岸扎下茶棚，邀请各山寨的大小首领，为努尔哈赤招兵买马，竖起造反大旗——北边竖黄旗，南边竖红旗，东边竖白旗，西边竖蓝旗。

索老人为乘龙快婿拉起队伍，努尔哈赤就将万年屯改名兴兵堡，从此小小山寨逐步发展成三万人口的县城。

故事讲得入情入理，听者不能全信——那时候，女真人无文字，更谈不上史官，许多事情在时间的流逝中已成为谜案。而摇曳多姿的民间传说，恰好填补了历史纪传的空白。

无独有偶，《圣武记》记载："盖我皇大启鸿图，诒谋燕冀路径如兹，得新兵一旅，冲锋对垒……而有力此堡"，故称为新兵堡。后来，此地"人事日繁，商辏有四方来宾之象"，遂改名为新宾堡。意思是说，太祖在赫图阿拉以东得一支新兵，遂将村名称新兵堡云云。这一说法，基本与传说相符。显而易见，兴兵堡和新兵堡意义一致，只是叫成谐音。新兵堡与新宾堡，亦是如此。

兴京在后金之前，归属几经更改，最早是战国，属燕；秦、汉初属辽东郡；汉昭帝五年，兴京划玄菟郡高句丽县地，因为这段时期，抚顺乃至吉林地区聚集了一批朝鲜人；唐贞观二十一年（647年），兴京隶属木底州；唐高宗总章元年（668年），又改安东都护府，隶属大名鼎鼎的渤海国；完颜阿骨打建立金国，兴京属沈阳的沈州，元朝亦如此；明正统七年（1442年），属建州右卫——折腾几个朝代，爱新觉罗家族当上兴京的行政长官，至努尔哈赤兴兵后，兴京又几易其名。

新兵堡抑或新宾堡的称呼，沿至天聪七年（1633年），太宗皇太极谕旨，赫图阿拉为"兴王故地"，赐名"兴京"。同时派兵驻守。民国十四年（1925年）编撰的《兴京县志》载："兴京官制在清以前，虽有名可稽，然远在遐荒，设官分职于宋，无徽职官之志。以有清始，天聪七年设满蒙汉驻额兵。"也就是说，在此之前，兴京没有正式的行政建制。驻兵把守，免不了设立官员，皇太极封扈什塔任兴京城总管。扈什塔是个什么级别的人物不清楚，但可以肯定，这个人是兴京第一任级别较高的地方官员。

顺治年间，大清统治地位巩固，社会经济逐渐恢复。当朝皇帝深蒙祖荫，出资修缮兴京陵，即肇、兴、景、显四位先王的陵墓，同年改称"永陵"。为加强保护力量，参与守陵的官员人数大大增加。康熙年间，朝廷增设了永陵总管衙门，官职级别为正二品。事隔两年，朝廷又增设永陵掌关防卫衙门，行政级别为正四品……两任皇帝悉心经营，永陵已具相当规模。

皇帝们的拳拳之心延续到乾隆、嘉庆、道光乃至光绪，历届清政府对永陵皆维护有加。不管国家怎么走下坡路，他们始终在增设行政机构，管理兴京事务。

四

光绪皇帝在1875年将兴京的历史地位推向顶峰——设兴京副都统衙门。这个衙门的官衔为正二品，权力极大：统辖兴京城守卫衙门、永陵总管衙门、永陵掌关防卫衙门及开原、凤城、铁岭、抚顺等地旗衙门。同年，将兴京理事通判厅（乾隆二十八年，即1763年设立）升格为兴京抚民厅，内设吏、户、礼、刑、兵、工六房。从各部门的设置看，兴京抚民厅的行政职能相当完备，可以独立操作政治、经济、文化等各项事务。

如果说，在此之前的行政配备是兴京县的雏形，那么，到光绪皇帝时期，兴京县政府已趋于成熟。正是这次升格，兴京抚民厅的办公地点由赫图阿拉迁往新宾堡，辖管桓仁、通化两县。

实质上，光绪皇帝一直受制于慈禧太后。他的“兰儿母亲”权欲熏心，当年选中光绪做大清皇帝接班人，也是颇费了一番心机。她利用儿子的天性弱点，凌驾于儿子的皇位之上。垂帘听政足够风光，难受的日子也瞬息即到——1900年前后的叶赫那拉氏心力交瘁，被迫进行“新政”改革。兴京抚民厅，就在这个时候改革为兴京抚民府，辖临江、集安两县。

宣统元年（1909年）的清政权如寒枝上的秋蝉，这一年，兴京抚民府改为“兴京府”。这一回改得彻底，连大印都换了，还选举出议会议员——一系列的改头换面预示着，满族独掌二百六十七年的江山，将被“新贵”中华民国取代。

五

为君谋事，食君俸禄。这是天经地义的道理。既然朝廷设置了地方行政机构，就涉及公务人员的开支和办公经费。机构不断扩大，公务开支节节升高。起初，清帝国的统治者没有通过税收手段来保证公务支出，而是采取中央拨款的办法，预算经费先划到沈阳，再由沈阳一竿子插到底，转入兴京账户。这也看出省管县的好处——经费直通地方，减少中间环节。

公平地说，清帝国前期的社会发展步伐迈得够大，无论是康熙皇帝、雍正皇帝还是乾隆皇帝，都为繁荣经济竭尽全力。1820年以前，中国的国民经济总产值占世界的32.9%，人口占世界的35%。古籍载，从西汉至明末，中国人口数字一直徘徊在六千万上下；清初战乱，人口锐减，1652年（顺治九年），全国仅一千四百万人。143年后的1795年，即乾隆六十年，中国人口达到四个亿的空前高度。要知道，这个人口数字的含义是什么，它标志着经济的壮大，也说明各地区在农业、商业、制造业等方面齐头并进的良好态势。

奇怪的是，在两朝社会大发展的形式下，帝王们的故乡却一直水波不兴。换句话说，它没有沾中央倾斜政策的光，财税收入并未大幅上涨。相反，兴京的社会各业寥若晨星，拉不动地方经济发展。为什么会出现这种情况呢？《兴京县志》分析说，兴京为兴王旧地，贵邑汤沐，功臣采邑几乎遍及全境。属于王产之地更多，皇陵官山一一封禁，免租免税，专吃皇粮的大有人在。如此，造成该开垦的土地未得到开垦，以致粮食供应捉襟见肘，各行各业死水一潭，财税方面如同乌有。

这个“乌有”很值得研究，它的潜意是说，兴京在民国之前，基本上没有财税收入。那么，兴京城的人就分为两部分，一部分是吃皇粮的，其中包括大小公务员、八旗兵、杂役、专为永陵提供各类服务的庄户；再有一部分，是自给自足的平民。这样一个背景特殊的城市，长期无税收收入也就不足为怪了。

平民自给自足，谈不上盈余。大小官员另有盘算，他们须“吃偏食”，各显神通，或购买土地、房屋，或进军商业领域。这些人利用身份掩护，终年不用纳税。

光绪十九年（1893年），兴京设立税务局，办公地点在兴京西门外，隶属省财政厅。初立税务部门，公务人员很少：局长一人，稽查一人，一等雇员二人，二等雇员一人，三等雇员四人，另外有巡差、临时巡差、夫役，还有几个下设的办事处。那时候财税不分家，公务人员拳打脚踢，年收入税额为十二万二千九百零一元。

六

虽然“七大庙”没有萨满的一席之地，但是，没有“名分”的萨满在满族心中根深蒂固，人们并不在意外在形式。因为满族的精神内核散发着浓郁的萨满文化气息。萨满是广义的，在原始社会后期，流行区域集中在亚洲北部和中部，乃至欧洲北部、北美洲、南美洲和非洲。从狭义上讲，我国东北地区的满族、蒙古族、达斡尔族、鄂温克族、鄂伦春族、赫哲族、锡伯族均信奉萨满。

如果按语系分，萨满信仰者大致分为阿尔泰语系和通古斯语系。阿尔泰语系，泛指白令海峡至斯堪的纳维亚拉普兰地区，中国主要有蒙古族、维吾尔族、塔塔尔族、哈萨克族等；通古斯语系，指满族、鄂伦春族、赫哲族、锡伯族等。

萨满一词，源于西伯利亚，词源saman。也有学者认为，“萨满”词源自通古斯语Jdam man，意指兴奋、激动的人，为巫师的专称。最早出现在中国，是南宋徐梦莘编纂的《三朝北盟会编》，他使用“珊蛮”，记述女真人信奉萨满教的事情。

萨满没有始祖、没有教义、没有组织、没有固定的庙宇，信仰者奉行万物有灵论，崇拜自然。因而，图腾也属于萨满的一部分。满族有各种图腾，可以是动物、植物，也可以是先民。他们认为图腾和人一样，有意志、思想和感情，时刻伴随着人们的生活。所以，在满族人的世界，图腾随处可见。

20世纪五六十年代，兴京乡下还保留着一种方枕。方枕一律黑色或蓝色，长方形，六面体，分单人、双人，填充物多为荞麦皮、洋铁叶子，讲究一点的填充山菊花和蒲棒。

黑与蓝是压抑沉闷的色系，但两个堵头（俗称枕头顶子）却五彩缤纷，缓冲了方枕的老气横秋。喜鹊是满族的吉祥鸟、图腾，绣花枕顶取材最多的就是喜鹊，展翅飞翔的，登上枝头的，俯瞰、仰视、扭头、呼朋引伴，携妻带子，一双双，一对对，呼之欲出。

乌鸦也是绣花题材之一。传说，乌鸦曾救过努尔哈赤的性命。努尔哈赤为摆脱李成梁的追捕，亡命奔逃，眼看官军快追上来，天边忽然飞来一群乌鸦，将他团团围住。急中生智，努尔哈赤就势躺在地上装死。官兵见乌鸦密麻麻衔食一个没有知觉的人，误以为努尔哈赤已死，就回去复命了。官兵一走，努尔哈赤鱼跃而起，一路狂奔逃回建州……乌鸦有救主之恩，满族人同样视其为吉祥物和图腾，表现在枕顶上面，也是群体形象——中间是团花，周围八只黑羽红眼的乌鸦，两面顶，共十六只。枕顶色彩艳丽，针法多变，既突出满族民间绣工的审美情趣，又烘托了乌鸦图腾在满族文化中产生的深远影响。

鹿，不仅在天涯海角回头，在满族人的美学世界中，它也做回头凝思的姿态。不论剪纸、刺绣，鹿的造型均是回头拧身，嘴叼一棵灵芝。由此我们相信，鹿最美的姿势就是这永恒的一瞬。其实，鹿图腾源远流长，在许多民族萨满的神帽上装饰着鹿角，杈越多，代表萨满的职位越高。

萨满教也是蒙古族的原始宗教，都说满蒙一家，盖指努尔哈赤以后满蒙通婚的频率之高。其实，人们忽略了更深层的文化原因，那就是两民族信奉同一宗教。努尔哈赤在赫图阿拉建筑七大庙，其目的就是维系人心，搞政教合一。

早期萨满教在蒙古人心中的地位相当崇高，其主要派别分两种，一为白萨满，一为黑萨满。但是到明末清初，阿勒坦汗（俺答汗）皈依藏传佛教，宣布萨满为非法教派，内蒙古中部地区被迫将萨满转入民间。然而，在科尔沁草原，与清王朝关系最亲密的地方，由于藏传佛教传播速度慢，萨满势力依然炽盛。为捍卫萨满教，一位叫郝伯克台的巫师带领门徒抵制藏传佛教。两股宗教势力相争，必有一伤，这好比一山难容二虎——当地的蒙古统治者皈依藏传佛教后，全力支持僧侣打击郝伯克台，巫师最终惨败。黑萨满教也奋起抵制，奈何大势已去，最终妥协。从此，蒙古族放弃萨满，遵循藏传佛教。

但是，萨满至今在满族人心中扎根，只是它在复杂的社会环境下虽有根而叶难茂，甚至濒于枯死。不管怎么样，满族对萨满至今始终充满敬畏，情有独钟。

古驿榆

木奇镇，清时称穆喜，满语，意为驿站，是清帝国东巡祭祖的必经之路。木奇镇东，孤零零伫立几株老榆。老榆不是寻常物，算起来已有三百多年的寿命。这个岁数，长过一个王朝。在整个清王朝历程里头，老榆是旁观者，将一切看在眼里，记在心里，它们是一个王朝的无字档案。它们为一个王朝扎根、茁壮，遮风挡雨。王朝逝去，老榆还守望在那里。

一

东北苦寒，不似杏花春雨江南，人物长寿。南方树木，活千百年为等闲事，东北的树长到七八十年，难免中空外腐，现衰败之象，若过百年，便曰稀奇；若两三百年，就成寿星。兴京城西去五十里，有一小镇，叫木奇镇。木奇镇清时称穆喜，满语意为驿站，是清帝国东巡祭祖的必经之路。

木奇镇东，孤零零伫立几株老榆。有的拔地而起，中通竖直；有的几欲歪倒，弯处顶几根手臂粗的木棒支撑；还有一株本已枯死，又倔强地抽出新枝。老榆腹中空空，裂缝几可藏人。夏天，飘来一朵雨云，噼里啪啦的几声雨点，村童慌不择路，急忙钻到树身里躲雨。烈日炎炎，老榆更为行人遮一片荫，终年如是。

老榆不是寻常物，算起来已有三百多年的寿命。这个岁数，长过一个王朝。在整个清王朝历程里头，老榆是旁观者，将一切看在眼里，记在心里，它们是一个王朝的无字档案。它们为一个王朝扎根、茁壮，遮风挡雨。王朝逝去，老榆却还守望在这里。

从前，老榆是两行，在道路两侧如卫兵一样排列，迎送皇帝们返乡离乡。老榆既看到富贵奢靡，也看到哀伤无奈。后来，老榆一株一株地死掉，或死于疾病，或死于机能衰竭，或死于刀锯之下。幸存下来的，不过五六。

老榆真的老了，像老人缩在阳光下，整日整夜沉默，两耳不闻世事，只顾回忆一生的经历。

老榆的回忆从1671年开始。1671年，是康熙十年。18岁的少年天子玄烨首次东巡，他本人住在沈阳，遣王爷、贝子、内大臣代谒祖陵。这是老榆第一次见到皇家天威，马蹄声似雷霆贯耳，华盖如彩云。风尘仆仆的王爷、贝子和大臣骑在马背上，目光如炬，不掩喜色——四代人苦战，终于统一中原，问鼎华夏。此一还乡，他意在告慰祖先，满族兴起，四海之内皆我王土子民。

康熙皇帝首次东巡，乃偿其父夙愿。据说，在顺治初年，世祖福临就筹划回自己的出生地一游，拜谒祖陵，但迫于政局不稳，屡动念头又屡屡作罢。康熙皇帝实现了父亲的政治抱负，返乡祭祖是别有寓意。

康熙皇帝首次回乡是九月，故乡层林叠翠，稻熟谷香，庶民安居乐业，牛羊遍地。身为帝王，还有什么比这更开心的事。喜悦之余，他把对故乡的爱，对祖先的敬仰，升华到治理好国家的责任感。他谋划着做一番伟业，无愧于祖宗，无愧于天下万民。后来，在执政的第五十一年，他就制定“兹生人丁，永不加赋”的国策。“永不加赋”的英明，在于它养活了更多人。推行了这一国策后，中国的人口快速增长——衡量一个国家的实力，一看人口，二看财富。

他要做的事情还远不止这些。他还惦记着“三藩”，“三藩”是堵在大清呼吸道的一口痰，吐出去才舒坦。然而，这口痰淤积太久，三大藩王本是投降大清的明军将领，一个是引清军入关的吴三桂，一个是尚可喜，一个是耿仲明。他们帮大清消灭南明，镇压农民军，立有大功。

三大藩王中，数平西王吴三桂的实力最强。吴三桂自恃功高，控制云南地方财权和军权，自派官吏，不把朝廷放在眼里。

要统一政令，必先撤藩，找机会削弱藩王势力。刚好，尚可喜年老，想退休回辽东老家，上奏章请康熙皇帝准其子留广东继位。康熙皇帝批准平南王告老还乡，却闭口不提让他儿子继承爵位的事。这一来，触动了吴三桂和耿仲明敏感的神经，两人也假意上书，主动提出撤藩回北方的请求。

奏疏上报朝廷，康熙皇帝召集群臣开会。大臣大多认为平西王和靖南王是做试探，真撤了，他们一定会反。

康熙皇帝自有主张，他说吴三桂早有野心，撤藩会反，不撤藩也会反，不如来个先发制人——下诏撤藩。吴三桂一见康熙皇帝动真格儿的，果然反了。他还联合平南王和靖南王一起叛乱。有吴三桂撑腰，平南王和靖南王也反了。

“三藩”一乱，整个南方落入叛军手中。情势危急，康熙皇帝并没被吓倒，他一面调兵遣将，一面停止撤销平南王和靖南王的封号。这一来，吴三桂就被孤立。吴三桂和清军独立作战八年（1673年-1681年），先胜后败，知道自己孤掌难鸣，生一场大病后离世。

南方重新回到清帝国手中，康熙皇帝撤藩宣告大功告成，又一次想到东巡祭祖。

二

撤藩第二年，即康熙二十一年（1682年），康熙皇帝率众臣启程回乡。三月十日这天，兴京下了雪。大雪中的老榆昂首挺胸，迎来了清帝国第一位返乡的皇帝。它看见马背上的康熙皇帝年轻、蓬勃、富有朝气，后者欣赏着雪中的故乡，感慨万千。

这一天，按照路程安排，他没有继续走，队伍驻在木奇驿。当晚，木奇驿住满了清帝国的王公大臣。老榆树下到处是帐篷车马，士兵随员。天明，大队人马拔营起寨，赶往永陵。雪没有停，且有风，风雪弥漫中，老榆目送康熙皇帝而去，直到他的背影消失在山岭上。

十一年前，康熙皇帝祭祖有两个目的，这一次他的目的仍有两个：一告祭祖先，“三藩”平定；二取道吉林，巡视边防。“三藩”平定是了却一桩心事，巡视边防后，他却心中不安。因为，沙俄屡犯边境，杀掠边民，他必须解决这个棘手的问题。内忧刚平，外患又生，康熙皇帝深感千斤重担在肩，他希望祖先的灵魂保佑大清，借祖先的雄风，助自己再创大业，巩固江山。

三月十一日，康熙皇帝率众臣冒雪祭拜祖先。仪式举行完毕，他赋诗一首《三月十一日雪中诣永陵告祭》。在这首诗的结尾，他道出心声：“一自迁岐基盛业，深思遗绪愧难承。”贵为天子，忧思千钧隐而不露，康熙皇帝只能借诗歌抒发胸中块垒。

拜祭完祖先，康熙皇帝马不停蹄，取道吉林巡边。由此看来，在康熙皇帝祭祖的情感外衣下，藏着鲜为人知的真实政治目的。

康熙皇帝第二次祭祖后一走就是十六年，驿路边的老榆静静地守望，坚信他还会回来。十六年后，康熙皇帝又回来了。

这次回来，康熙皇帝有如释重负之感——三次御驾亲征，平定了噶尔丹之乱。噶尔丹是厄鲁特蒙古准噶尔部的首领，早年在西藏当喇嘛，1670年其兄在本部贵族内乱中被杀。次年，噶尔丹自西藏返回本部，击败政敌，袭任台吉。噶尔丹骁勇，陆续吞并叔父、和硕特部。随后他的实力大增，统治范围扩大到天山南北。康熙十八年（1679年），噶尔丹被达赖喇嘛封为博硕克图汗。达赖喇嘛赠以封号，自有他的盘算——他不想听命于朝廷，于是联合噶尔丹对抗。虎视眈眈的沙俄也怂恿和支持噶尔丹。噶尔丹有两股力量推波助澜，于康熙二十七年（1688年）进军内蒙古乌珠穆沁地区，威逼北京。为安定边疆，康熙皇帝决定御驾亲征。1690年的乌兰布通之战，噶尔丹败退科布多。六年后（1696年），噶尔丹的主力在昭莫多再次被清军击溃。

征噶尔丹比撤"三藩"难度更大，第一次亲征，康熙皇帝亲自点将，兵发两路，一路出喜峰口，由恭亲王常宁任大将军；一路出古北口，由裕亲王福全为大将军。内大臣参战的有佟氏兄弟佟国纲、佟国维，索额图、明珠，等等。

开战之始并不顺利，恭亲王常宁部在乌珠穆沁败于噶尔丹。军情危急，因病回京的康熙皇帝改变战略，命两部合一，集中兵力予以反击。同时，他又派一路大军，切断噶尔丹的退路。

两军再次交手，裕亲王福全大败噶尔丹。乌兰布通战役，清军本可一举歼灭噶尔丹，不料噶尔丹狡诈，派人假意求和，福全误中其缓兵之计。噶尔丹逃回科布多，养精蓄锐，以图再战。

康熙三十四年（1695年），噶尔丹卷土重来。转年，康熙帝第二次御驾亲征。其实，为打击噶尔丹，康熙皇帝已经做了大量的准备工作。1691年，他亲到内蒙古锡林郭勒，召集喀尔喀蒙古左右翼、内蒙古四十九旗王公贵族会盟，瓦解可能倒向噶尔丹的势力，使他们彻底归顺大清。

有了充足的准备，康熙皇帝成竹在胸。这次他亲赴宁夏，兵发三路，夹击噶尔丹。值得一提的是，此次随驾亲征的有一个人，费扬古。噶尔丹在这位老将和其他两路清军的夹击下，兵败逃跑，后来服毒自杀。

在这样的背景下，康熙帝稳定了天山南北，边疆自此安宁。康熙三十七年（1698年）他选择回乡祭祖，比之前平"三藩"回家告慰祖先更添豪情。除掉心腹大患，康熙皇帝有了些闲情逸致，诗歌中传递着轻盈、端庄的调子。这一次，他不再感慨“深思遗绪愧难承”，而是说“凝思大业艰”。多年艰辛，他完全可以在祖陵前自豪地说，大业难承今已承，祖先创下的基业在他手中已发扬光大。

祭完祖，为感谢守陵官员的辛苦，康熙皇帝下旨厚赏。照例巡视边防军务完毕，兴致颇高的康熙皇帝又率人进山打猎，设堂讲武。在故乡打猎、讲武，康熙皇帝也是意在告诫王公大臣，当年祖先就是在这种艰苦环境下求生存，求发展的，不可忘本。他要让这些王公大臣们知道，创业难，守业更难，要继续发扬祖先的创业精神，明白治理好国家是多么不易。

回京的日子到了，老榆站在驿路边恭送康熙皇帝。这时候，它看到马背上的中年康熙皇帝的眉宇间收敛了少年人的奔放，而多了一份沉稳和从容。老榆不知道，再见到康熙皇帝要等多少年，或许，他不会再回来了。

康熙皇帝这一别，真的没有再回故乡。时隔二十三年（康熙六十年），年届七旬的康熙皇帝第四次东巡。因为年龄大，身体欠佳，走到沈阳后，他命皇四子胤禛、皇十二子胤祹、皇孙世子弘晟代祭永陵，祭告“御极六十年一无所失，皆祖宗积德阴佑所致”。

三

“驿外断桥边，寂寞开无主”，说的是古驿梅花。穆喜驿边的老榆，也像梅花般寂寞年年。当时栽下这些榆，为的是绿化皇帝东巡的驿路，给帝王遮阳挡风。康熙皇帝之后，雍正皇帝根本没回乡的打算。二十二年后，老榆终于迎来第二位主人——乾隆皇帝。

乾隆皇帝有祖父和父亲两朝积累，国库殷实，百姓富足。他循祖制东巡，有了炫耀的成分。

乾隆八年（1743年），乾隆皇帝带着皇后富察氏、军机大臣徐本、班第及文武群臣回乡。和祖父一样，他到达兴京地界也是九月。十五日，乾隆皇帝驻跸穆喜驿。穆喜驿只是个中转站，小小村镇，哪里容得下几万人食宿。大队人马不用驿站提供多少房屋，因有天幕帐房在车上装载，在哪儿住宿就卸下来随用随装。

清帝王东巡的声势有多大？扈从康熙皇帝第二次东巡的比利时人南怀

仁，在《满洲旅行记》中描述，皇帝自己乘马前进，太子随其后，再次是乘镀金大轿的三宫皇后，三宫之后是王公大臣，随员从者。总数三万多人。三万多人要食宿，一路上没有那么大的地方可以同时容纳。所有必需品都是用几百辆车运载，如水果蔬菜、肉乳禽蛋、饮食膳具等。每天按路程行进，到达驻地后选沿河地点，搭建毡庐帐房。次日晨起拆撤，再装车运往下一驻地。担任食宿的官员必须先到下一地点，搭建帐篷，并按地位高低顺序配置。

乾隆皇帝比祖父讲究，离开京城要15万大军护送到山海关，关外的15万大军要在山海关外等候交替。至于费用，他给摊派：御膳，内务府负责；猪羊牲畜，燕京进贡，输送到各驿站；蔬菜水果，由各皇庄负担；随驾百官的盘缠、伙食标准折合银两发放。沿途州府郡县，各户收款，田有加敛；生意店铺，捐献款银。另外，队伍所经州县及各省总管，皆要贡献方物。

乾隆皇帝驻跸穆喜，老榆树下重又喧哗。入夜，月光照着一顶挨一顶的帐篷，帐篷里鼾声四起。翌日清晨，寂静了一夜的穆喜人声如潮——乾隆皇帝起驾去永陵了。这一天，他要亲谒永陵，告祭祖宗。

一天谒陵完毕，乾隆皇帝驻跸夏园行宫休整。第三天的活动安排较为宽松：赏赐守陵官员，免沈阳和兴京两地十五处旗地的两年额赋。免赋，是一项针对龙兴之地的特殊政策，以表明清王朝对故乡的重视。在这一点上，乾隆皇帝做得比祖父和子孙好。

康熙皇帝和乾隆皇帝祖孙俩第二次返乡的时间都是间隔了十一年。不知道是乾隆皇帝刻意为之，还是机缘巧合。乾隆皇帝第一次返乡时，已继位八年。八年中，他把主要精力放在经济建设、整顿吏治、厘定典章制度等方面。农业上，他鼓励垦荒，兴修水利，全国呈现出繁荣昌盛的气象。他坚决贯彻执行父亲的“改土归流”“摊丁入亩”及“火耗归公”政策。

所以，三十三岁的他因循祖训，东巡祭祖，心中热情十分高涨。

乾隆十九年（1754年）第二次东巡，乾隆皇帝从北京启程，取道热河、承德、喀喇沁、土默特、科尔沁、吉林，到达兴京。较十一年前，他的心态又有了不同。这个时期，他做了许多事：建造了一个举世无双的圆明园，平定大小金川，下了一次江南。为下江南的事，他把恳切劝止其再下江南的江西抚州卢鲁生千刀万剐，两个儿子处斩，受牵连定罪下狱的达一千多人。

乾隆皇帝崇拜祖父，效仿祖父“宽严相济”之策，从这个大动作看，真的蛮像。有严必有宽，乾隆皇帝在老家奉行“宽”字政策。第二次东巡，他带着皇后乌拉那拉氏，九月五日举行拜祭大礼。礼成，他厚赏守陵官员，减免本年十分之三的额赋，赦免罪犯。

赏赐、减赋、赦免罪犯，乾隆的“宽”字，在老家体现得淋漓尽致。老家真是占尽风光。

离开老家，乾隆皇帝途经穆喜驿回京，老榆投下一片阴凉，为他送行。

二十四年后，六十多岁的老榆满目沧桑，已不复当年的茂盛，但仍努力挺直腰身。乾隆四十三年（1778年）八月，它没有想到，又与乾隆皇帝久别重逢。他骑马经过树下，它伸出手，抚摸一下他的帽子和肩膀。轻轻的碰触，它明显感觉到，这个人与当年那个人相比，既熟悉又陌生。

漫长的二十四年，腾给乾隆皇帝那么多时间做事：钻研书法、研究瓷器、编撰《四库全书》，杀内阁大学士胡中藻、秦州知州赖宏典。翰林院学士、庶吉士徐骏都死了，他还叫人挖出来戮尸，就因为他活着时说了一句“清风不识字，何故乱翻书”。被剖棺戮尸的还有内阁大学士沈德潜。此外，他给袁崇焕平了反。事过三朝，袁崇焕泉下有知，终于可以闭目。

还有这些事：1755年，平准部；1757年，再平准部；1759年，平回部；1769年，平缅甸；1776年，再平大小金川。

征服准噶尔，开辟新疆，是他平生最大的功绩，也是对中国历史的贡献。这期间，他做得最有人情味的事，是欢迎土尔扈特部回归中国。

四

土尔扈特部因与准噶尔部不和，迁至伏尔加河下游游牧。但是，他们维持着与清政府的关系，多次遣使进贡。康熙皇帝在位时，也曾派使团途经西伯利亚，耗时两年探望土尔扈特部。1756年，即乾隆二十一年，土尔扈特部假道俄罗斯，走了整整三年，到北京朝贡。伏尔加河到北京走三年，是不得已而为之——沙皇俄国开始限制土尔扈特人，不让他们离境。

17世纪，土尔扈特部开始不断反抗沙俄的残暴统治，多次率部起义。1771年一月，土尔扈特部准备起义回归祖国。由于伏尔加河没有封冻，起义归国的消息无法传递给西岸的卡尔梅克人，卡尔梅克人被迫留居俄国。沙俄为防止卡尔梅克人逃跑，派军队监视了他们十几年，不准他们离开伏尔加河沿岸，更不准他们四处放牧。

1771年五月，土尔扈特部历经艰辛东归。首领渥巴锡率十六万余人从伏尔加河出发，到达伊犁时仅剩七万余人，幸存者不足一半。东归的土尔扈特部牲畜、财物尽失，其状之惨，“悬于目而恻于心”。乾隆皇帝看完报告，深受感动，下诏陕西省、清政府直辖的达里刚爱、商都达布逊牧群等各处拨银两、牛羊、粮食、茶叶等无偿下发给土尔扈特部，并连续八年全免赋税，妥善地安置了回国的土尔扈特部落。

接收和安置土尔扈特部，是乾隆皇帝力排众议的结果。最初，伊犁将军奏报朝廷时，群臣认为土尔扈特部当时弃国家而走，在外面过不下去是咎由自取，又怕他们扰乱刚刚稳定的边疆秩序，多不赞成接收。乾隆皇帝悉心听取大臣们的意见，分析大量的材料，明确指示：伊犁将军要全面做好土尔扈特部回归工作。

文武百官的顾虑好做通，国际关系却不好调和。土尔扈特部返回伊犁，沙俄立即照会清政府，说土尔扈特部是叛逃，要求交还。乾隆皇帝看完沙俄的信件，正色道：“土尔扈特部本是大清臣民，绝不会送给你们！”

为此，乾隆皇帝专遣理藩院给沙俄写封回信，信上说：土尔扈特部不是我们武力征服来的，也不是设计骗来的，是他们忍受不了你俄国政府的欺压，愿意做我大清臣民，精诚恭顺而来的。这难道还有交还给你们治罪的道理吗？

这封信写于乾隆三十六年（1771年）七月四日，措辞严厉，态度强硬，触怒了沙俄。沙皇再次致函乾隆皇帝，警告若不交还土尔扈特部，就要刀兵相见。

乾隆皇帝不为所动，谕理藩院回文，重申中国政府的态度：要战争还是要和平，你们俄国政府自己决定！

沙俄没料到，一个签订了《中俄尼布楚条约》的政府，前后竟判若两人，外交手段突然强硬，让自己栽了面子。

乾隆皇帝之所以不受外辱，与综合国力是分不开的。最敬佩的祖父康熙皇帝和父亲雍正皇帝给他攒下了三千万两库银的家底，他自己在前中期励精图治，巅峰时国库存白银七千三百多万两。国运昌盛，四海升平，大清当然不怕沙俄叫嚣。这也是中国古代史上，一次叫人扬眉吐气的国际外交。

文治武功，政绩斐然，乾隆皇帝第三次回乡大肆张扬，沉浸于“中央之国”的得意之中。这一次，他在老家待的时间稍长，特殊政策仍然是减免税赋，减轻罪犯刑罚。祭奠大礼的第二天，他照例参观了赫图阿拉老城和兴京城，怀着崇敬的心情，瞻仰祖上几代人生活和奋斗过的地方。经纶满腹的他，感念祖恩，每到一处作诗一首，还为赫图阿拉的皇寺题写了四块匾额。可惜，由于战乱，匾额已经丢失了两块。

时隔短短五年，乾隆皇帝第四次回乡。乾隆四十八年（1783年），七十三岁高龄的乾隆皇帝，率领皇十五子颙琰及群臣，从北京起驾，经热河、平泉、建昌、朝阳，向北入土默特、科尔沁、彰武、沈阳，九月九日至穆喜驿。

驿路边的老榆，第六次目睹了人间帝王的豪华排场。第四次重逢乾隆皇帝，老榆看到他老了，须发染雪，皮肤松弛。三十三岁的弘历不见了；四十四岁的弘历不见了；六十八岁的弘历，也被光阴带走了。七十三岁，比祖父康熙皇帝第四次东巡时的岁数还大，但他一步步走到老家，而祖父只能走到沈阳——在体力上超过祖父，满足了他的好胜心理。

九月十日，驻跸夏园行宫的乾隆皇帝如期举行祭奠大礼。十一日，按制行大礼，巡阅兴京故城。同时，他下诏照免沈阳、兴京等旗地本年粮米、豆等。翌日，乾隆皇帝循原路，经穆喜驿，西进沈阳祭福陵、昭陵。

这是老榆和他的最后一面，从此，“十全老人”的故乡，只在他的爱里、梦里。

五

嘉庆皇帝摊上了夹缝年代——上承开拓疆域、揆文奋武的“康乾盛世”，下启鸦片战争、《南京条约》的“道咸衰世”。他本人没有父祖的政治胆略和开创革新精神，不适理财，缺乏作为。在他的身上，用“平庸”两个字即可概括。

嘉庆皇帝本来平庸，父亲不放心，又做了三年太上皇控制朝政。嘉庆皇帝有点儿窝囊，但碍于父亲的天威，有意见只能保留。乾隆皇帝驾崩后，嘉庆皇帝搬掉头上的大山，气发丹田。父亲死了，国库空着，嘉庆皇帝的日子并不好过，要找钱。嘉庆皇帝虽然平庸，但人不傻，他知道这些年大清的钱哪儿去了——在和珅那儿。他下诏将和珅革职抄家，一抄，抄出来的家产共计八亿两白银，还不算他挥霍掉的、七大姑八大姨贪污的款项。他的财产总和相当于清政府十五年的财政收入！

嘉庆十年（1805年），嘉庆皇帝首次东巡祭祖。此次回乡祭祖，嘉庆皇帝的心情是沉重的——积压了一百八十多年的社会阶级矛盾，他一接手就爆发了。川、楚、陕三省农民起义，他不得不剿抚兼施，分化瓦解。1805年上半年，嘉庆皇帝的全部精力都投放在镇压三省农民起义军上，总算把起义军的气焰压了下去，但大清的统治力量也遭到削弱。

八月中旬，嘉庆皇帝到达兴京。他望着故乡驿路的老榆，神色凝重，想起二十二年前以皇子身份随父谒祖。那时候，大清还处在盛世，国富民强，到他手中，却已经危机四伏，痼疾难医。时也，命也。嘉庆皇帝心底一声哀叹："秋霜满目增悲慕。"这句诗，和他祭祖的背景联系起来，语义双关——思祖的悲，对国家前途忧心的悲。

嘉庆皇帝祭祖的内容与父亲一样，十六日行祭奠大礼，次日行大礼，巡阅兴京，减免沈阳、兴京旗地额赋。当晚他仍住夏园行宫，第三日晨启程西进，经穆喜去沈阳。

晨曦中，老态龙钟的老榆行注目礼，眼看着这位生不逢时的皇帝离去。祭祖队伍浩浩荡荡，逶迤十数里，车辚辚，马萧萧，而浩荡天威中，已透着衰败之气。

十三年后（1818年）的九月，满腹忧思的嘉庆皇帝再返辽东。他真想在祖宗陵前倾诉多年的苦楚——内乱频仍、外患渐逼。大清帝国强弩之末，他倾尽全力，颓势已不可逆转。东南海疆蔡牵起义；北方天理教起义；鸦片荼毒，国库空虚；英国人不怀好意，要开辟通商口岸、割让浙江沿海岛屿……

这个时候回乡，嘉庆皇帝生了逃避之心，他想躲到关外，在老家清静几日，理一理思绪。他特意带上皇次子旻宁，让他亲身感受祖先的开拓精神和创业之艰辛。他希望在自己百年以后，旻宁能整肃朝纲，重振大清雄风——嘉庆皇帝预感，他命不长久了。

嘉庆皇帝的预感很准，东巡回京第二年（1820年），他去木兰狩猎，死于避暑山庄。

旻宁失魂落魄地来了。父皇驾崩，他于当日继位，改年号为道光，以明年为道光元年。

继任之初，道光皇帝是想有一番作为的。他采取一系列措施，立志中兴。他事必躬亲，勤俭节约。但大清已积重难返，吏治、河工、漕运、禁烟等事均未有大的起色。

道光皇帝的个人能力不如其父，加之用人不当，想中兴而未成。道光九年（1829年），旻宁照例东巡谒陵，谁都知道，旻宁以节俭著称，甚至是葛朗台式的吝啬——他想吃冰糖肘子，御膳房说要五十两银子，立即作罢。堂堂一国之君，却整天穿带补丁的衣服上朝。

节俭的道光皇帝东巡之始，就提出“少扰民力”“以省靡费”。道光皇帝东巡历时两月有余，行程一千三百五十余公里。九月十五日，他到达穆喜驿，当日赶到夏园驻跸。九月十六日，祭奠大礼举行，道光皇帝跪在殿下，泪水盈眶。他乞求祖宗赐予回天之术，力挽狂澜，永保大清江山。他不想看着数百年基业就这样中衰，更不能让祖宗的基业毁在自己手里，否则，他日无颜见地下的列祖列宗。

如果说，嘉庆皇帝祭祖是满腹忧思，那么，道光皇帝就是愁肠百转。他清楚地知道，内忧外患的矛盾已经表面化，大清的衰亡，只是时间早晚问题。他不敢想，也不愿意想，几代人苦心经营的帝国，在不久的将来会轰然崩塌。

道光皇帝把担忧向祖宗和盘托出，而宝座上的祖宗却没有只言片语回复。他站起身，揉了揉酸麻的双腿，默默地退出殿外。他知道这是最后一次，他走了，从此再没有爱新觉罗家的帝王来过。他想留下点什么作为纪念，于是，他脱下一件衮龙服留在永陵。

九月十七日，道光皇帝离开永陵，经穆喜驿，赴沈阳。百年老榆在秋风中摆动，向大清帝国的皇帝告别，向大清帝国的明天告别。

觉尔察的回声

觉尔察山城，建州女真的六祖城之一。除德世库之外，觉尔察城还孕育了几位赫赫有名的人，名声最响亮的有三位——安费扬古、班布理和达海。

一

觉尔察山城，建州女真的六祖城之一。城主德世库，是努尔哈赤的大伯祖。笔者走进觉尔察山城，是在游历过佛阿拉之后的近午。

下了乡村公路，穿越黄沙小径，绕过山头，看见树木上悬挂的广告标语。再往上走，石阶旁边赫然一口水井，金黄的松针和几枚阔叶树的叶片漂浮在水面。湿漉漉的砌石印着绿苍苔，井水与砌石是时间的幸存者，它们和破碎的瓷碟一样，默写着山城的兴衰。

因为这口井，觉尔察一下子复活了，吸引人认真观察，区分它与波勒密、佛阿拉乃至古勒城的异质：其他几个山城没有水源，觉尔察的水，近五百年过去，却一如往昔的清冽甘甜。有了这口井，德世库锻造兵器的作坊应在附近，打造兵器离不开水，水源越近，越能减少劳动用工。搜寻水井外围，阴翳的针槐林里，落叶满地，断枝横斜，兵器作坊的炭火和清脆的敲击声，隐遁在时光的暗影中。

觉尔察城造兵器的证据确凿，这里曾出土过铁制箭镞和盔甲片。打造箭镞、盔甲片要消耗大量原材料，明政府为保障边境安全，防止少数民族武装力量壮大，严禁出售给建州女真铁制品。建州女真只能借购买犁铧、铁锅的由头，将铁器运出抚顺关，然后再全部捣碎熔炼，制成军械——兵器作坊就在这样的背景下诞生。

铁价格不菲，开办作坊打制兵器，需要强壮的劳动力，更需要雄厚的资金支撑。觉尔察是一个小小山城，兵器只用于自卫，犯不着冒风险开炉熔炼，有多少家兵，想办法买来就是。以德世库的经济条件，他买得起。那么，他为什么不去买，却冒着杀头治罪的危险而自己造呢？唯一的解释可能是卖，再用销售军火的钱滚动发展，买奴隶，积财产，扩大影响，希图继承父亲的遗产，做统领建州左卫的都指挥。不过，直到去世，他也夙愿未偿——努尔哈赤的大祖父是位有钱的主，他家境殷实，一辈子没做成什么大事，也没什么大的野心，仅有一次与堂兄弟联手，找弟弟觉昌安的麻烦，还被弟弟和侄子打败，从此断了当官的念头，安心地做奴隶主。

宏观上看建州女真社会，觉尔察城冶铁只是横切面，因为与德世库同时代的女真人，凡家有资产者，都拥有炼铁的大小作坊。炼铁不仅满足内部需求，大大提高生产力和技术水平，也给女真人带来丰厚的利润。一时间，冶铁之风悄然盛行。兴京各个山寨，林莽中间，燃烧着一炉炉暗火，叮叮当当的敲打声不绝于耳。兴京大规模冶铁始于努尔哈赤，其目的是锻造反抗明政府的武器。这和现代冶铁的目的有天壤之别。

除德世库之外，觉尔察城还孕育了几位赫赫有名的人，名声最响亮的有三位——安费扬古、班布理和达海。在群星璀璨的后金政权里头，班布理的风采异乎寻常。他没有什么战功，也不经常出谋划策。然而，这个人却做了一件谁也不曾想到去做的事。

班布理的家世有点儿模糊，他世居觉尔察城，父辈不知怎么与努尔哈赤成为邻居。据说，两家仅一墙之隔——女真人的墙，其实就是一道木栅子。挖一排浅沟，木头一根挨一根地埋进去，隔一段，再用榆树缨子拧紧即可。觉尔察氏的族谱，记载了这样一件事情：班布理的老爹脾气很坏，有一天，他殴打阿哈（奴隶），阿哈跳进努尔哈赤家里躲藏。班布理的老爹追过去讨要，努尔哈赤矢口否认。班布理的老爹急了，出言不逊，从腰间抽下红带子，扔给努尔哈赤说："我不系你的红带子。"努尔哈赤非常生气，招来族人，陈述被羞辱的事。族人认为班布理的老爹太过分，要按族规惩戒。努尔哈赤却挺给面子，没有按章办，只把他降为紫带子，以示警告。

这个简短的记录存在很多疑点，第一，班布理家世居觉尔察城，何时迁至努尔哈赤身边，近得只隔一道栅子？第二，就算真有阿哈逃到努尔哈赤家里，送回去即可，何苦为一个奴隶大动肝火？努尔哈赤胸怀大志，匿别人奴隶，与偷人财产何异，这并不符合他的性格。如果是误会，解释一下不就可以了？值得玩味的是，班布理的老爹是什么人，敢对努尔哈赤出言不逊。腰间系红带子，说明他属宗室，也说明努尔哈赤已经称汗建国。既然称汗建国，卫兵应该不离左右，班布理怎么又与他成为邻居？还有一点，根据时间顺序推断，那个时期努尔哈赤是住在佛阿拉，朝鲜人申忠一勾画的佛阿拉城图，并没标出班布理家的方位，更没有文字阐明。

族谱记载虽有疏漏，但暗示班布理与努尔哈赤的渊源关系——很有可能，他的祖上是德世库。

不管怎样，父辈的纠纷没有影响班布理兄弟捍卫汗王的决心，兄弟俩对努尔哈赤忠心耿耿。班布理的弟弟老坎，在一次交战中，为保护努尔哈赤，劈手抢夺敌人腰刀，手指被齐刷刷地削掉。让努尔哈赤感动的还不止于此，招抚马尔墩寨时，班布理分析形势，认为马尔墩寨未必真心降服，力劝努尔哈赤不可冒险亲临。努尔哈赤不听，班布理拦在马前，攥住马缰绳，说："大汗可派使者前往，商榷有关事宜，当真归顺，再去不迟。"努尔哈赤一想也对，真要是陷阱，自己恐怕有去无回。他采纳了班布理的建议，派使者去马尔墩寨。果然不出班布理所料，马尔墩寨反将使者杀死。本来，他们想设计诱骗努尔哈赤上当，而班布理识破诡计，救了努尔哈赤的命。

二

班布理兄弟肝胆相照，从心理和感情上赢得了努尔哈赤的尊重。有上述前奏，努尔哈赤给予班布理极高的待遇。譬如耕牛、奴隶、马匹等私财，全由国家特供，他成了享受国家津贴的人员。最突出的一件事，表现为修建赫图阿拉。凭后金国力，修建赫图阿拉是一项浩大的工程，皇室人员都得参加建设。但班布理家族获努尔哈赤特旨，不用派人到一线劳动。有人不理解，问努尔哈赤，班布理家为何免除劳役。努尔哈赤说："他于我有救命之恩，你有吗？"

班布理实在是聪明人，他自忖既无安费扬古、扈尔汉等人的作战才能，又没有额尔德尼之流的学问，在竞争和机遇并存的后金国，躺在救命之恩的功劳簿上吃老本儿是很愚蠢的。自己得做点别人想不到的，在众多将领中才能独树一帜。思虑再三，班布理申请去看守孟古皇后的陵墓。

折子呈上去，努尔哈赤满口应允。为什么呢？他需要一个可靠的人，守护心爱女人的陵墓。

班布理的肺腑之言像一支箭，不偏不倚地正射中努尔哈赤的心事，这样做既可以表示忠诚，又可以在战功赫赫的大将们面前立于不败之地，可谓招数奇绝。以后，他一直承担守护皇家陵墓的职责——兴京陵（永陵）、东京陵。努尔哈赤死后，念及老主人的恩情，他又跟皇太极申请去看守福陵。他既回避了刀光剑影的残酷，又享受到清王朝的崇高礼遇，这个出生于觉尔察的女真人是识辨高手，真正做到了知己知彼，稳操胜券。所幸，班布理是忠臣，心思只放在如何为君王减压上面。

三

终于轮到说达海了。

达海是什么人？额尔德尼之后，后金唯一的大学士！达海自幼聪敏，《清史稿》说他九岁通晓满、汉文义，弱冠之年就被努尔哈赤招至赫图阿拉，承担后金的一切文案工作。

明眼人一看便知，这里面隐含着一个问题：达海出生于1595年，后金1603年迁至赫图阿拉，刚满八岁，他就逐渐在星光灿烂的后金政权中崭露头角，一跃为一人之下，万人之上的特殊地位。

达海以青年出任后金国的高级文官，这个事实不容否认。同时，这也说明两种倾向，一、达海绝顶聪明；二、后金奇缺文化人才。文化人才的奇缺，使努尔哈赤有了警醒的认识。迁至赫图阿拉后，他命人在城西南坡地修造启运书院，进学堂学习的人，都是皇室儿孙。

开皇室人员学习文化之风，是后金尚武思想观念的一大转变，而“物以稀为贵”的达海，更加受后金政权的重视。没有达海，后金的许多事情都得瘫痪，诸如起草文件、发布各种命令等。除处理堆积如山的公函外，努尔哈赤还让他翻译《明会典》《素书》《三略》。这么浩繁枯燥的工作，由一个青年人来干，只能说明达海智慧超群。

达海在废寝忘食地苦心钻研经典的时候，皇太极在干什么呢？两人虽然只相差三岁，但两个人的人生方向迥然——一个注定生而为王者，一个注定要为王者服务。这既是天命，也是个人的命运抉择。

皇太极继位后，对达海的器重更甚于父亲。他建设文馆，任达海为总馆长。达海不负众望，独挑后金的文化大梁。1629年至1631年，达海干了三件极其漂亮的大事。一是代皇太极以书信形式与满桂谈判。二是攻克永平后，城中军民拒不投降，达海手执黄旗，登上城墙，用汉语招降。他言辞恳切，态度和善，感动了城中军民，最后放弃抵抗，跪地高呼大金皇帝万岁——达海一介书生，冒性命之险，不战而屈人之兵，征服民心军心，对于后金来说，胜于占领几千顷沃土。三是他劝降吴三桂的舅舅祖大寿。祖大寿假降后金，几次失信于皇太极，最终被达海劝降。他一倒戈，大凌河和锦州连续失守，明王朝仅剩下兴城、榆关两道防线。

达海更卓著的功勋，是改制满文。他系统地对老满文进行语法、发音、词态等五个方面的改进，确定了字形、音义，并创制特定字母，以弥补老满文字母数量不够、字形不统一、结构不严谨、语法不规范、清浊辅音不分的缺憾。

成功改制满文后，达海又受皇太极之命，翻译了《资治通鉴》《孟子》《三国志》和《大乘经》。在极其有限的时间内，达海做完了他人一辈子做不完的事。但这些事，是在屈辱的心理状态下进行的。这种屈辱于一个常人，算不了什么，放在达海身上，却格外沉重。

四

最初知道纳扎青的名字，颇是吃惊，因为努尔哈赤的元妃也叫纳扎青。后来知道，此纳扎青非彼纳扎青，涉案人纳扎青是努尔哈赤的庶妃德因泽的侍女。在后金史上，纳扎青是一小人物，没有过多笔墨勾勒。对达海来说，能让风流倜傥的大才子动情动性的女人，就算不赛西施，也是沉鱼落雁，仪态万千。

纳闷的是，达海博览群书，该不陌生吕布戏貂蝉的历史故事。恐怕书生的迂腐就在于此，他没多想想，侍女不该随便爱，搞不好会粉身碎骨——达海的恋情轰轰烈烈，闹得满城皆知，终被德因泽告发。事情传到努尔哈赤的耳朵里，他大发雷霆，差点儿当场杀了达海，又觉不妥，便将达海关监囚禁。

这件事情发生于天命五年（1620年），达海当时二十五岁，年轻，朝气勃勃，才高八斗，似乎一切美好的东西都赋予一身。但是，他的命运在奔放活泼的二十五岁急转直下，仅仅因为一场错位的爱情。

思考这场恋情的前因后果，或许没那么简单。虽然后金有不准通奸的铁律，但达海等于后金的“国宝”，努尔哈赤怎会因一个微不足道的侍女而严惩达海？按努尔哈赤的一贯做法，既然达海喜欢，索性做个顺水人情，将纳扎青赏给他便是。达海受恩，美女在怀，岂有不誓死为后金效命的道理？努尔哈赤为什么一反以婚姻方式拉拢人心，不惜处罚幼年就效力后金的达海？极有可能——纳扎青是努尔哈赤在庶妃之外的情人。与其说是侍女，不若说是侍妾更妥帖。否则，德因泽为何告发，她自己就有权力处置她的侍女。她告发的动机是什么？因为她奈何不了纳扎青，出于忌妒和报复才这么干。达海动了努尔哈赤的女人，焉有不被重罚之理？没有立即杀掉他，努尔哈赤已是很宽容。

对此事做如此推想的突破口，是在告发人德因泽身上找到的。这个庶妃专司告人揭秘的勾当。阿巴亥和代善的所谓私情，也出自她的嘴巴。她为什么告发？两个字：忌妒。她忌妒阿巴亥的大妃地位、努尔哈赤对阿巴亥的爱、阿巴亥的三个儿子等。不过，她也窝囊，揭发了大妃和未来的皇位继承人，努尔哈赤仅赏赐她允许同桌吃饭——但德因泽已经心情欢畅，努尔哈赤却情绪不佳，瞥一眼献媚的德因泽，能不想念阿巴亥的娇柔？德因泽的结局并不好，努尔哈赤死后，她被皇太极胁迫，和阿巴亥一起生殉，两个人的官司打到另一个世界。

再比较一下阿巴亥和代善、达海和纳扎青的私情。努尔哈赤不忍杀掉自己的骨肉，只对他严厉制裁；阿巴亥风光扫地——被贬入冷宫，三年不见，并被废掉大妃名分。而纳扎青被杀，达海被关禁闭，处理结果极为相似。

也许达海被关禁闭时，孤零零地待在屋子里，做了深刻反思。反思的结论是，为人臣者，当殚精竭虑为君谋。参悟了这个道理，在禁闭期结束后，他便将全部精力投入改制满文和翻译汉书上来。他抛却了爱，沦为自己的奴隶，足不出户，秉烛编撰。天聪六年（1632年），劳累过度的达海患上重病弥留人世。皇太极前往探望为后金鞠躬尽瘁，却穷得穿不起靴子的文官，流下愧疚的眼泪，说：“你的儿子，我会优待他们。”达海也流下眼泪，闭上了泪水婆娑的双眼。

皇太极的话，还有另外一层意思：达海，后金有愧于你，理应分封你的，今后将由你的儿子们继承。达海的眼泪，除了感激，也隐含着复杂的情感：我还年轻，只有三十八岁，魅力四射的年龄。我还有很长的路要走，有太多事情要做，这一切，终将化成泡影。他闭上眼睛的一瞬，看到纳扎青在召唤他：走吧，我们回你的老家去，过闲云野鹤的日子。达海含混不清地答应：觉尔察，它在哪里——文弱书生为王者献身，迷惘中，已找不到回家的路。

谒阿布达里

阿布达里岗距赫图阿拉五十公里，在拉法河、加哈河分水岭处的老道沟岭，地形复杂，三面环山，向南敞开。刘綎走到此，中了后金埋伏，一腔精忠报国的热血洒在这片土地上。东路军一败，彻底注定明王朝在这场战争中的颓势。

一

黎明时分，天气骤然变坏，风雪大作，山谷晦暝，咫尺难辨。树梢呜呜摇动，像鬼魅在头顶盘旋，风雪刮得人睁不开眼，一万多人互相搀扶，一边咒骂辽东的鬼天气，一边深一脚浅一脚地在崎岖的山路艰难行进。士兵们不堪路途遥远，大川萦纡，又数次领教辽东神秘莫测的气候，人人心里敲鼓，这一趟估计出师不利，凶多吉少。雪大路窄，马不能骑，主帅刘綎牵马徒步，在队伍前面探路。

刘綎带的是一支杂牌军，武器装备极差，有的士兵甚至只拿着一根棍子。没有大炮、火器，其余像样的辎重也没有。给养配得不够，士兵们吃不饱，牢骚满腹。刘綎也窝火，四路大军，老弱病残的兵员都塞给他，武器落后，粮草不足，要什么没什么，这仗怎么打。抱怨、牢骚，冒着风雪前进——一万多人没有退路，前面即使是万丈深渊、刀山火海，也得跳下去。军人的天职是服从，哪怕命令压根儿就是错的。

狂风暴雪中，刘綎和他的部队同朝鲜元帅姜弘立会师，两路大军合成三万人之众，在陌生的险远道路上摸索。每一步都在探险，没有谁知道，前面等待他们的是什么。他们只记得，这一天是万历四十七年（1619年）二月二十五日。

二月二十七日，这支东拼西凑的东路军走到鸭儿河，鸭儿河水深没马腹，水呈黑色，水下藏着巨石。士兵们各持行装，渡河不及一半，已疲惫不堪。要命的是，士兵的粮食已经吃尽，饥肠辘辘，加之气候恶劣，好多士兵生病，又无医药，军心越发涣散。士兵没饭吃，刘綎焦急，派出先头部队到村庄找，但宽甸一带人烟稀少，好不容易找到村寨，也早已人去屋空，一粒粮食没有——后金村寨的粮谷早埋藏了，哪里去找。

军粮短缺，行军迟缓，走了十几天，才到深河；深河到牛毛寨六十里，大军又走了三天。蚂蚁搬家似的效率，打乱了原定四路大军共同出击的计划。东路军的路线山高谷深，消息闭塞，杜松和马林战败，刘綎竟全然不知。他还在赶羊群似的驱赶着士兵，前往赫图阿拉城。他还想象着，赫图阿拉城几天后将不复存在，努尔哈赤举手投降，东路军立首功，受朝廷嘉奖。刘綎不是空想家，而是实干家——在这段艰难的行军中，他经历了几场小战斗，生擒斩获二百多人。但这二百多人只是后金喂给他这条鱼的诱饵，人家已经张好网，等着大鱼上钩。刘綎和努尔哈赤没照面，输赢却已成定局。

二

秋天的阿布达里岗一派肃杀，小路旁竖一块碑，上刻：阿布达里岗古战场。阿布达里，满语，意为婆罗树。秋末的风夹着嗖嗖寒意，劈面吹来，吹得人身上起毛刺。沿泥泞的小路北行，山坡裸露，玉米秸秆横七竖八，土壤沙化，呈指甲大小的颗粒状。太阳升高，气温回升，冻僵的泥土表层融化，黏糊糊地粘在鞋底。山岗上松林密布，金色松针在秋风中翻飞，飘落地面。近四百年时间干枯了山岗的婆罗树，灌丛、松林和瘠土是它的全貌。在这里，很难将这里和那场战争对应起来。

刘綎的小型战役发生在牛毛寨和马家寨一带，他碰上了皇太极。皇太极兵少，越打越胆怯，弃马家寨撤到阿布达里岗。打退皇太极，刘綎的心里有点小小的骄傲——四贝勒自诩武功超群，遇上“刘大刀”，武功也成了花拳绣腿。四贝勒徒有虚名，后金的那些猛将也是吹出来的蜡人。继而，他暗讽丢掉城池的同僚们，后金不过尔尔，居然一个个被吓得屁滚尿流，城陷池落，黎民遭殃。刘綎恨自己分身乏术，不能以一当十，为朝廷把落在后金手中的土地尽数夺回来。他这么想着，丹东那边的乔一琦汇报说：我部三月初一至赫图阿拉一百二十里处，与后金相遇，部将马进忠单骑杀敌，砍伤三人，斩首一级，向前五里又斩首三级，鼓舞人心，士气大振。朝鲜军也报捷：副元帅金景瑞与延苏斩首一级。把总崔茂光称，叆阳守备徐九思，在叆阳边外口二百里遇后金兵，斩首十五级，生拎男妇五名……刘綎拖拖拉拉，边走边打，焚毁女真逃民的栅寨，杀死残疾人。

三月十三日，他在董鄂路附近又与皇太极打了个照面。皇太极被刘綎吓怕了，应付几下便掉头就跑。刘綎豪气顿生，乘胜追击。大贝勒代善率骑兵救援皇太极，刘綎一刀砍断其马腿，代善翻身落马，若不是亲兵救护及时，险些做了刘綎的刀下鬼。后金两大贝勒战败，刘綎更加相信自己的判断——后金几大贝勒浪得虚名，只不过是一群刚开化的乌合之众。越战越勇，刘綎连破十阵，士兵们饿着肚子打仗，早就疲乏劳累，只得驻营休息。

翌日凌晨，后金派出守将托保、厄里纳、厄黑乙三人，率五百人与刘綎交战。刘綎的兵力是后金兵的数倍，团团围住后金兵，几口就给吃掉。厄里纳、厄黑乙二人战死。托保带残部逃走，与扈尔汉会合。连连取胜，刘綎日益骄狂，却不知道在前方，在阿布达里岗，后金已为他掘好了坟墓——努尔哈赤牺牲局部，诱他深入，要来一个蛇吞象。

阿布达里岗距赫图阿拉五十公里，在拉法河、加哈河分水岭处的老道沟岭，地形复杂，三面环山，向南敞开。刘綎走到此处，中了后金的埋伏，一腔精忠报国的热血洒在这片土地上——三月初四，天气放晴，一路挨冻的明军士兵感觉到久违的温暖。他们看见一股女真兵在树林中若隐若现，刘綎下令追击。这股女真兵是扈尔汉做的诱饵，目的是引诱刘綎放松警惕西进。后金的埋伏圈早已设好：皇太极率右翼四旗，在阿布达里岗的丛林中埋伏；阿敏在山岗南谷，待放过一半明军，拦腰两段，砍刘綎军的尾巴；代善率左翼四旗，在山岗隘口前的旷野正面进攻。

刘綎毫不知情，这位江西籍武士，是明万历初年以膂力著称的广东总兵刘显的儿子，与杜松齐名，身经大小数百战，闻名全国。他初功累官至四川总兵，讨杨应龙后进左都督。同杨镐出辽东，他任辽阳总兵。刘綎善使大刀，刀重一百二十斤，抡起来有如风车，人送绰号“刘大刀”。有一个故事，说刘綎臂力过人：无锡有个叫秦灯的人，可以力举千斤，滁州武状元陈锡亦力大无穷，三人较力，将柏木八仙台列十六盏、果盒，设酒具。秦灯上场，手握柏木案足，能举而不能行。陈锡举起来，仅走几步，气喘。唯刘綎“绕庭三匝，而爵盏如故，其力更有独绝者”。美女爱脂粉，勇士好烈酒。“刘大刀”尤其喜欢酒，每临阵前先饮斗酒，以激发斗志。孔武有力的刘綎，恰恰栽在努尔哈赤手里，葬身辽东，魂游他乡。

杜松战败，是因为犯了一个致命错误——抢头功。不等兄弟部队上来，他自己就撸胳膊、挽袖子夜渡浑河，分兵出击，因此中了努尔哈赤的诡计。刘綎也犯了抢功的错误，他被沿途的小胜利迷惑，头脑发热——过阿布达里岗，上分水岭，再下行三十多公里就到赫图阿拉。在他的想象中，此时的赫图阿拉应该是座空城，因为努尔哈赤在忙着应对其他三路军，没有太多兵力留在老巢。他要钻这个空子。

美梦虽好，可惜未能成真。代善设了一计，刘綎就上当了。代善派出一伙人，乔装成杜松的士兵，前去给刘綎送信，告诉他：大军在攻赫图阿拉城。你部应加快速度，四路大军合围，活捉努尔哈赤，捣毁后金国。接到信，刘綎有些怀疑，问间谍，即将总攻，为何不发信号？间谍很机灵，说道：塞外烽堠，多有不便，这里距赫图阿拉五十公里，三里传一炮，不如飞骑传递快。间谍的鬼话，刘綎竟信以为真，生怕被他人抢头功，策马加鞭地往前跑，只恨坐骑少生四条腿。

三

万历四十七年，岗上丛林茂密，山下杳无人烟，通向赫图阿拉的是一条羊肠小道。东路军走到这里，单骑列阵，一字长蛇。立功心切的刘綎，忽略了观察地形，放松警惕性，队伍刚通过一半，埋伏的后金兵就如同天降，密林、溪谷、山麓，到处布下天罗地网，把刘綎罩在网中。

陷入埋伏圈的刘綎久经战阵，意识到自己犯了不知彼之强弱的严重错误，只可惜，人总是在错误无法挽回的时候才觉醒。东路军没有选择，只能背水一战。然而，刘綎部队的战斗力实在太差，士兵老弱病残，不谙地理，不服水土、气候，且整日饥肠辘辘，无心作战；后金士兵土生土长，体格健硕，以逸待劳，刚打胜两场仗，士气高昂，刘綎军无论哪方面的条件都与对方没有可比性。两军在阿布达里岗展开肉搏战，东路军在刘綎的指挥下苦苦支撑。

萨尔浒大战的第三场战役，打得激烈、惨烈、悲壮、撼人心魄："建州兵假杜将军旗帜奄至，綎不之备，遂阑入阵。阵乱，綎中流矢，伤左臂；又战，复伤右臂，綎犹鏖战不已。自巳至酉，内外断绝。綎面中一刀，截去半颊，犹左右冲突，手歼数十人而死。刘招孙救之，亦死。”后金假借杜松的旗帜、军衣，迷惑刘綎，趁其不备，闯入阵中。东路军阵脚大乱，刘綎指挥失灵，知道唯有奋力一搏，为国效死。他不愧是一员名震全国的大将，抡起大刀上下飞舞，刀光闪烁之处，血肉横飞。但猛虎招架不住群狼，刘綎先中一箭左臂受伤，右臂再伤，血流如注，但犹鏖战。这场战从巳时打到酉时，刘綎内外无援，面中一刀，被削掉半张脸。少了半张脸的刘綎仍左冲右突，手刃十几人，气绝。义子刘招孙抱着刘綎的尸体突围，亦战死。

刘綎兵败身死，“尾巴”上的数千浙江籍士兵还屯在阿布达里岗山顶，他们被后金兵逼得无路可退，瑟缩在林中。群龙无首，只有挨宰的份儿。朝鲜人李民奂在《栅中日录》中记载：“几百名后金骑兵驰突而上，浙江兵立即崩溃，像受惊的离巢鸟，不知道飞向哪里，须臾之间，尽遭斩杀。其景之惨，目不忍睹。”

东路军覆没，既有总体战略决策的失误，也有刘綎的主观因素。他对敌情估计不足，地理形势分析不充分，甚至根本就忽视了辽东山区复杂的地理情况。后金的诱敌之术并不高明，纯属雕虫小技，却使身经百战的大将军受骗。想为国立功，却为国捐躯，刘綎精神可嘉，却也为后世反思——大将军不在蛮力过人，而在知己知彼，未雨绸缪。《孙子兵法》说：“多算胜，少算不胜。”刘綎不算，如何能胜。不算即赌，刘綎的一场豪赌，丢掉了成千上万人的性命。

东路军将士血染疆场，另一支朝鲜部队还在富察附近的山野里转悠，元帅姜弘立边走边等刘綎。阿布达里岗的杀声在他听来，是二月寒冬的呼呼北风，风声覆盖了杂沓的马蹄，金戈碰撞的交鸣。姜弘立若知道刘綎战败，肯定不会再去送死。朝鲜军的给养比刘綎军还差，有人夸张地说其是披纸作甲，柳条为胄。朝鲜军饥饿数日，焦渴难耐，他们想等等刘綎，两军会合后再一起走。监军乔一琦不同意，催促姜弘立行军。朝鲜军被迫出战，情绪不高，慢慢腾腾地于三月四日才到达富察。姜弘立到达预定地点，下令扎营休整，部队分左、中、右安营，自住中营。

富察，距阿布达里岗十华里，位于今桓仁县与新宾县分水岭南侧旷野。此处地形比阿布达里岗还险要，群山环绕，沟深林密。

朝鲜军刚把营地扎好，代善就突然率领骑兵出现。监军乔一琦是纸上谈兵的主儿，实战中不堪一击，慌慌张张地逃往姜弘立的中营。姜弘立难以自保，急令左右营放火铳，但后金骑兵速度太快，第一批火炮、火铳放完，第二批还未来得及装，敌人已冲入营中。朝鲜兵卒又冷又饿，浑身无力，被动作战，有的干脆抛弃器械，坐在地上不动。经后金骑兵一冲击，朝鲜军即溃。霎时间，富察之野血流成河。姜弘立缴械投降，乔一琦见大势已去，还算有点气节，自杀身死。

萨尔浒大战的整个作战计划太过仓促，接下去又一错再错，刘綎作为主帅，先天条件不足，后天意气用事，不重视信息，终酿成恶果。虽是烈士，但是死不得其所。据实说，就算刘綎真能走过阿布达里，走过富察，当真在赫图阿拉交战，也必败无疑。他手中的三万大军，与努尔哈赤的三万大军相比，仍处于劣势。刘綎高估了自己，命丧他乡。杜松败，萨尔浒大战还没最后分出输赢，倘东路军和北路军联合，至少能挫伤后金的汹汹气焰。东路军一败，彻底注定明王朝在这场战争中的颓势。

——秋谒四世纪前的古战场，风声入耳，如大战犹酣。那些有名无名的主人公，已化为泥土，留下生前身后事，供后人凭吊。

柳条长城

崇德三年（1638年），皇太极站在盛京城的制高点，俯瞰这座年轻城市的全貌。由此往东，兴京、吉林、黑龙江，是祖辈生活的老家，再没有谁比满族人更亲近和熟悉那里，不到万不得已，绝不容他人染指。要守住祖辈生存的土地，并非易事。皇太极迎风伫立，在心里琢磨，惯于握战刀的手轻轻揉地捏着太阳穴，猛然，头脑中灵感闪现——圈禁，像明长城一样划地为界，禁止汉人及其他民族踏入故土半步。于是，从1638年起，中国东北的崇山峻岭、河川沟谷，蔓延开一道翠绿屏障——柳条边。

一

崇德三年（1638年），皇太极站在盛京城的制高点，俯瞰这座年轻城市的全貌。如今想来，他由衷地佩服父亲的远见卓识。父亲不顾群臣反对，硬把国都从辽阳东京迁回，是看中盛京沈阳四通八达的地理位置——城东四百里，是赖以发祥的故乡；西部是辽河、浑河的冲积平原，直抵辽东重镇辽阳；北控开原、铁岭，乃至蒙古；辽南物产丰饶，面临大海。四方勾连，盛京刚好处于这大片领土的中心。

越细揣摩，皇太极越觉得这片土地的重要——由此往东，兴京、吉林、黑龙江，是祖辈生活的老家——再没有谁比满族人更亲近和熟悉那里，不到万不得已，绝不容他人染指。要守住祖辈生存的土地，并非易事。皇太极迎风伫立，在心里琢磨，惯于握战刀的手轻轻地揉捏着太阳穴，猛然，头脑中灵感闪现——圈禁，像明长城一样划地为界，禁止汉人及其他民族踏入故土半步。

从皇太极的执政期可以看到，他是位雷厉风行的帝王，擅长像父亲那样捕捉机会，一旦做出决定，即着手办理。于是，从1638年起，中国东北的崇山峻岭、河川沟谷，蔓延开一道翠绿屏障——柳条边。

这道屏障比灰突突的长城养眼多了，长城的色彩过于阴郁，像一条冻僵的巨蟒，一动不动地附着在山峦之巅。与此相反，皇太极别出心裁的作品落地生根，长出枝叶，活泼地亮相在世人眼里，繁衍出一道“绿色长城”。

二

柳条边与明长城的修筑意义截然不同，朱元璋建国伊始，为防御漠北草原的蒙古，花费了很大气力修缮长城。他是吃一堑长一智，认为金朝没有挡住蒙古大军的马蹄，是因为长城不够坚固。成吉思汗和忽必烈建立起横跨欧亚大陆的蒙元帝国，产生麻痹思想，两位帝王自认为再没有哪个游牧民族能够战胜他们。所以，长城在蒙古统治者眼里，不过是一堵巨大的挡风墙。结局是不幸的，元朝不足一世纪而亡，草原之鹰犯了历史性错误，不可一世的蒙古大军折戟沉沙。

尽管草原之鹰的翅膀断了，但朱元璋认为斩断鹰的利爪会收效更大。基于防御的动机，朱元璋从1368年开始启动修缮长城的浩繁计划。几十年当中，大明修建了居庸关、嘉峪关、雁门关、山海关、偏头关、紫荆关、娘子关、倒马关等著名关隘。总而言之，朱元璋为防止蒙古残余势力入侵不惜血本。

朱元璋死后三年，朱棣夺权篡位，他对北方少数民族的防范心理甚于其父，先后五次深入漠北，迫使瓦剌和鞑靼接受册封，把明王朝的北部边防线推进到大兴安岭、阴山、贺兰山以西以北一带——说白了，明长城是在北魏、北齐、隋长城的基础上加以修复拓展，主要是为了防御北方游牧民族的入侵。很显然，明王朝持续百余年的庞大军事工程是失败的，按下葫芦起来瓢，蒙古苍狼销声匿迹，女真民族又悄然崛起，并以摧枯拉朽的气势鲸吞朱氏江山。

皇太极的军事才能比努尔哈赤还高，一继位，就大刀阔斧地施展身手。天聪九年（1635年），皇太极派多尔衮西征河套，灭察哈尔部林丹汗，娶其老婆为妾，占有他的部众和财产。皇太极喜欢疾风骤雨式的做事风格，仅隔一年，又分兵出击，千里奔袭，征服朝鲜，统治了东起日本海、库页岛、鄂霍次克海，北达外兴安岭，西北抵贝加尔湖和南近长城的广大地区。同时，他还不忘“关照”老对手明王朝，好几次绕过长城偷袭，虽未得手，但明王朝已如惊弓之鸟，仍希望依靠那堵瓦灰大墙来防卫。

三

长城的目的是防御，柳条边则在于保护。皇太极不愿意其他人在故国这口大锅里分一杯羹，于是植柳为墙，实行全面封禁。如此一来，无数娇媚多姿的柳树，无情地摇曳着独断和霸权。皇太极的金点子在儿孙辈得到发扬，他死之后，顺治皇帝接着干这项空前绝后的工程，然后是康熙皇帝，祖孙三代历时四十三年终于完成。

这道“人”字形的绿色长廊，总长一千三百余里。撇捺交点位于今辽宁开原市北威远堡，威远堡至吉林市北法特东亮子山为北段。威远堡向西南至山海关，构成“人”字的一撇；威远堡向东南至海，构成“人”字的一捺。

花四十三年心血培植出来的翠绿“泥人”，比不了雄伟壮观的前代杰作，也没有孟姜女哭倒秦长城的凄苦传说。但作为一项划时代意义的工程，耗用的劳动力不在少数，它需要成千上万人的不懈努力。那么，劳动力从何而来?

中国历史上，每有大项目，都离不开数目惊人的民工，如隋炀帝开凿的运河。大业元年（605年），隋炀帝在开通济渠的同时，征淮民十余万开邗沟，自山阳至扬子江，打通南北交通大动脉。再如岷江的都江堰，水利专家李冰也是组织上万民众施工。秦长城工期长，也动用民工三十万。而清代柳条边，民工主要来自流放的囚犯。据阎崇年先生提供的数字，满族入关后，东北人口平均每平方公里仅1.7人，劳动力严重不足，千顷良田遭弃耕。在这种情况下，囚犯就被流放到荒凉之地。其中比较著名的是黑龙江宁古塔，再就是开原尚阳堡。史载，康熙七年（1668年）尚阳堡聚集的流放犯人不下一万。区区弹丸之地，竟然拥挤上万人口，真是蔚然。但这些人不是来这片土地垦荒的，而是被充作植柳的苦役。在官兵的严密看护下，犯人们使用简陋的工具，分段挖沟，沟呈倒梯形，底宽五尺，口宽八尺，深八尺，然后在沟外筑堤，堤上植柳，柳与柳之间结绳连成篱笆。

日复一日的机械式劳动，给东北大地栽下一片帝国的阴凉。然而，这片帝国的阴凉并不好乘。它设置了很多边门，实行严格的军事化管理，设防御衙门，派驻文武官员，辖全副武装的士兵三十名至四十名；还有边台，每个边台千总三至四人，士兵一百五十到二百人。这些人的主要职责是看守，以及柳条边的日常维护。他们还建立了一套边门制度，凡出入边门的人，须持政府核发的通行证，上面写明持票人的姓名、年龄和肤色。如果没有特殊身份证，想出入关难比登天，守边的士兵会把你抓起来投进大狱。

四

柳条边按修筑时间分为“老边”和“新边”，兴京境内的旺清门属于老边。

旺清门在当地政府东一华里，通往吉林的公路南，没有门，没有柳，视线内只是生长期的水稻、玉米和豆子。跨过荒草丛生的水沟，踏着稻埂往地中央走，平坦的稻田突然凸起一道土堤，隔着稻田无法靠近，看不清绿荫覆盖下的土堤状况，只看见外端暴露出大小不一的石块。向导说，这个位置就是边门遗迹。这段柳条边的走向，顺着他的手指指向对面的山垭口，又回指身后高低起伏的山脉，说柳条边通过垭口，穿越稻田，直奔正北，再折向西。向导还说，夏天来看不到痕迹，只有在秋天，树叶落尽，北山才能寻觅到清晰的土堤，现在看到的只是虚拟的轮廓。

垭口现在是吉辽分界线，吉林省辖东，辽宁省辖西。沿分割线下来，山下流淌着富尔江，两省以江为界，上游归吉林，下游归辽宁。

辽宁与吉林，一步跨两省，两家既熟悉又陌生，敞开大门随意进出。但若追溯到清初，旺清门却是“禁中之禁”，满族的大后方。如果说兴京西至开原乃至辽沈地区是清帝国的皇家禁地，那么，兴京东的吉林则是禁区中的禁区，它绝对不许其他民族随便进入破坏资源。清帝国对大后方感情深厚，他们知道自己从乌苏里江和松花江走出来，更知道那里出产大马哈鱼、东珠、人参和貂皮、海东青。在他们的心目中，这是私产，只能归满族的统治阶级享用。所以，这道柳条界令一直维系到乾隆皇帝乃至嘉庆皇帝以后。而乾隆皇帝对祖籍地的封禁，较前朝尤为严厉。

五

公平地说，清初政府对东北的封禁多半雷声大，雨点小，就像在庄稼地里插假人，摇摇着吓唬偷嘴雀子而已。

康熙皇帝一辈子执行仁政政策，虽然屡有严惩私自越关挖人参者，但总体上是睁一只眼闭一只眼，甚至招募内地百姓开发东北。雍正皇帝更加放宽尺度，视私挖人参为芝麻蒜皮的小事。据记载，1724年，即雍正二年，他刚刚继位的第二年，晓谕刑部："禁止私刨人参旧例，不论已得、专得俱解刑部，往返拖累，故于盛京刑部监禁。每年差官前往审理。朕思伊等俱系图利穷民，春夏时被获，监至九月十月方得审结。延挨月日，身受寒暑，多致疾病死亡。甚属可悯。宁古塔有将军、办事御史，盛京有将军、刑部，并副都御史永福，嗣后，将各地方所获者，即行审理作速完结，年底汇齐具本启奏。自今将审理偷刨人参之部院衙门堂官停其遣往，如此则案内之人无久禁冻馁之苦果矣。"

这部手谕，让我们看到雍正皇帝悲天悯人的一面，他旗帜鲜明地道出观点：私自越边挖人参的犯人，不用再千里迢迢地押送刑部，黑龙江一带的归宁古塔结案；辽宁一带的归盛京结案，就地查办。这样的话，犯案人将少受监禁的苦楚，可以早些被释放回家。

父子俩的态度表明，柳条边只是一个形式，至少，这两朝没有太多苛刻，并对犯案人网开一面。诚然，修筑柳条边，在维护统治者利益的同时，却给人民的生活生产造成不便，阻碍了东北地区的社会发展，这都是抹不掉的弊端。

六

但是，乾隆皇帝继位第一年，就对松懈的封禁政策开始收口。首先，他下令停止往东三省发配汉族人犯，不论是几级官职还是下等贱民，统统改发烟瘴之地。光改发人犯，他仍不放心，还得改建制，加强边卡的军事力量。第三年，他降旨把包括威远堡在内的六个关口的文官皆改成武职。乾隆皇帝的紧箍咒一道接一道，第三道，应刑部右侍郎韩光基、工部右侍郎索柱等人请求，谕旨山海关官兵，严查出入关的闲散人等。第六年，他又下令严禁吉林等处的八旗官兵招募汉人耕种。

乾隆皇帝继承了皇太极式的行事风格，对查办流民不利的官员果断制裁，而且出手生猛，被降职调任或卸任的官员一个接一个。奉天府尹霍备，因核查四万七千余口流民出关案责任心不强，敷衍懈怠，“请将霍备解任来京，交部议处”。还有倒霉的吉林界内的武将，因禁流民不力而步霍备后尘。

清政府眼中的流民，多数从旺清门偷渡吉林，挖人参、垦荒地，以图填饱肚子，养家糊口。乾隆中期，为解决八旗兵生计和屡禁不止的汉民出关问题，不得不大批移京旗返迁拉林和阿勒楚喀等地区。乾隆皇帝的规划中途夭折，在国家利益的需求下他只能让步。乾隆八年、九年，天津、河间大旱，关内人民流离失所，大量涌向关外。这时候想禁也禁不了，乾隆皇帝于是下道密旨，传谕守口官兵，如有灾民出口，不必阻拦，即时放出。但是，他令各职官对此事须慎重，以防止消息走漏，或者有人鱼目混珠，带来更大的难民潮。

乾隆末期，山东、直隶大旱，灾民如蚁，纷纷涌向关口。山海关查验甚紧，乾隆皇帝得知后，一反五十多年戒严的政令，斥责道：“贫民携眷出关者，自可籍资口食，即人数渐多，断不致滋生事端，又何必查验禁止耶。”别管皇帝金口玉牙地说什么是什么，他也是迫不得已——灾民没有生路，滋生事端，造反都有可能。当皇帝的，不就为让老百姓吃饱饭而忙活吗？民不聊生，岂不昏庸无道？乾隆皇帝晚年虽然好大喜功，但本质上并不想背负骂名。

一次次的水灾、旱灾，使柳条边废弛了十几年。清末，内忧外患的清帝国再也提不起心气儿去管一管柳条边了，一任绿色长廊被刀砍斧劈。而东三省的沃土广袤无垠，移旗屯边和闯关东的汉人人口远远不足，尤其旺清门东的吉林、黑龙江，在《北京条约》和《瑷珲条约》签订后，被沙俄割去黑龙江以北、乌苏里江以东一百五十万平方公里的土地。沙俄得着便宜卖乖，认为和清政府签订的是“无主土地”条约。所谓的“无主土地”，就是因为人口真空而投入熊腹的。

尝到甜头的沙俄嗅着蜂蜜的味道强行推进，以经商筑路的借口跑到东北内地，妄图实质上占有东三省！咸丰皇帝和光绪皇帝都看出危机，两代晚清帝王不得不开禁，并招募流民垦荒黑龙江——以民守边，保护国土。